Comentarios
LOGOI

JUAN

En Dr. Gutzke nos muestra cómo este evangelio contiene el testimonio del mismo Jesucristo.

Manford George Gutzke

Página titular

©2018 Logoi, Inc.
12900 SW 128th St. Suite 204
Miami, Florida 33186
Derechos electrónicos
www.logoi.org

Diseño y portada: Patricia Torrelio

©2007 por Logoi, Inc.,
14540 SW 136th St. suite 200
Miami, Florida, EE.UU.

©1978 por Logoi, Inc.,
P.O. Box 350128,
Miami, Florida, EE.UU.
Todos los derechos reservados. Prohibida su reproducción total o parcial de esta obra sin permiso escrito de los editores.

Contenido

Página titular 2
Contenido 3
Introducción 4
Capítulo 1: La venida del hijo de Dios (Juan 1) 8
Capítulo 2: El comienzo del ministerio de Jesús (Juan 2) 26
Capítulo 4: Jesús y la mujer en el pozo (Juan 4) 35
Capítulo 5: El testimonio de su poder (Juan 5) 49
Capítulo 6: El testimonio de su persona (Juan 6) 65
Capítulo 7: El testimonio de su obra (Juan 7) 83
Capítulo 8: La realidad gloriosa del evangelio 98
Capítulo 9: La fuente del pecado (Juan 9) 113
Capítulo 10: El buen pastor (Juan 10) 119
Capítulo 11: Jesús y Lázaro (Juan 11) 129
Capítulo 12: Jesús y sus seguidores (Juan 12) 140
Capítulo 13: El momento de la traición (Juan 13) 153
Capítulo 14: No se turbe vuestro corazón (Juan 14) 164
Capítulo 15: El Mayor Mandamiento (Juan 15:1-26) 178
Capítulo 16: Preparación (Juan 15:27-16:33) 191
Capítulo 17: La oración de Jesús (Juan 17) 200
Capítulo 18: Jesús ante Pilato (Juan 18) 209
Capítulo 19: La crucifixión (Juan 19) 221
Capítulo 20: La resurrección (Juan 20) 237
Capítulo 21: La continuación del ministerio de Jesús (Juan 21) 248

Introducción

La fe del cristiano se centra en Jesucristo. Su evangelio nos habla sobre todo de lo que él hizo, de lo que está haciendo ahora, y de lo que hará; todo lo que trata la persona de Jesucristo.

Hoy en día todo el mundo sabe que Jesús de Nazaret fue un niño que nació en Belén, y que los cristianos afirman que a este mismo Jesús Dios lo hizo Señor y Cristo. No importa que sepan mucho o poco acerca de él, o que crean o no en él; el nombre de Jesucristo viene a la mente de todos dondequiera que se hable del mensaje evangélico.

El significado de la fe cristiana

La fe de todos los cristianos tiene sus raíces en él, y en él confían. ¿Qué se entiende por "la fe cristiana"? Los hombres pueden adquirir una cierta visión del mundo a medida que estudian la Biblia y comprenden mejor el evangelio, pero esto no es el fundamento primario de la fe cristiana. La Biblia expone en forma bien clara ciertas verdades sobre el hombre, su creación a imagen de Dios, su naturaleza, su destino, y su necesidad de un Salvador. Todo esto está comprendido dentro de la fe cristiana, pero no es su esencia.

El evangelio se centra en Jesús de Nazaret como el Cristo de Dios. En Jesucristo y sólo en él deben creer los hombres para ser salvos. Pedro dijo: "*...porque no hay otro nombre bajo el cielo, dado a los hombres, en que podamos ser salvos*" (He 4:12). Pablo les escribía a los creyentes de Corinto que cuando llegó a su ciudad a predicar, se había propuesto "*...no saber entre vosotros cosa alguna sino a Jesucristo, y a este crucificado*" (1 Co 2:2). También se decía de Pablo que, cuando predicaba, hablaba de "*...un cierto Jesús, ya muerto, el que Pablo afirmaba estar vivo*" (He 25:19b).

Hoy en día algunos afirman que esta idea es demasiado sencilla, o incluso demasiado estrecha. Por sencilla que parezca, bendita sencillez: ¡sigue siendo cierta! El brillo del sol es sencillo, sin embargo, es esencial para la vida. El hecho de que el evangelio sea sencillo no debería llevar a nadie a la duda. Casarse es algo muy sencillo en realidad. Afecta a muchos, tiene serias consecuencias, pero en realidad no tiene nada de complicado en sí. Un hombre y una mujer pueden hacerlo con toda facilidad. Ahora bien, una vez que lo hayan llevado a cabo, la realidad del matrimonio, con todo lo que implica, no puede ser alterada.

De igual manera el recibir a Jesucristo es algo muy simple. Hasta un niño puede hacerlo. Pero cuando se ha tomado la decisión, es definitiva. Como con el matrimonio, aunque en un sentido mucho más profundo y santo, este sencillo acto de fe que es aceptar a Cristo como Salvador tiene vastas ramificaciones y profundas consecuencias.

Hubo un hombre enviado de Dios, el cual se llamaba Juan. Este vino por testimonio, para que diese testimonio de la luz, a fin de que todos creyesen por él. No era él la luz, sino para que diese testimonio de la luz (Jn 1:6-8).

A medida que vayamos avanzando en nuestro estudio del Evangelio de Juan, se hará evidente que su atención se enfoca en primer lugar sobre la persona de Jesús de Nazaret.

Jesús nació hace más de 2000 años en Belén. Vivió cerca de 33 años y murió en una cruz. En aquellos tiempos la cruz no era un símbolo sagrado de expiación sino un instrumento de justicia usado por los romanos para infligir la pena máxima que se le podía imponer a un criminal. Jesús de Nazaret pasó tres años en su ministerio público como maestro, al mismo tiempo que obraba señales y prodigios. Afirmaba ser el Hijo de Dios y permitía que los demás lo identificaran así. Finalmente fue condenado a muerte porque no quiso negar su deidad. En realidad, Jesús afirmó ante el sumo sacerdote que él era el Hijo de Dios. Anteriormente les había dicho a otros: "...*el Hijo del Hombre vino a buscar y a salvar lo que se había perdido*" (Lc 19:10). "...*el Hijo del Hombre no vino para ser servido, sino para servir, y para dar su vida en rescate por muchos*" (Mt 20:28). Y en otra ocasión, "*Yo he venido para que tengan vida, y para que la tengan en abundancia*" (Jn 10:10).

El impacto del evangelio de Juan

Este testimonio de Jesús de Nazaret es el que se recoge en el Evangelio de Juan. En los 2000 años transcurridos desde que estas palabras fueron dichas por el Salvador, su mensaje ha afectado de manera profunda los asuntos humanos. La historia contiene el testimonio grandioso, el recuento impresionante de la cristiandad. Con todo, mientras que las naciones y las culturas han sido transformadas por medio de este testimonio, y el evangelio ha ido penetrando en todos los asuntos de los hombres, siempre, dondequiera que ha sido proclamado, lo que hay en el centro de los cambios históricos es que los hombres y las mujeres han creído personalmente en Jesucristo como su Salvador y Señor individual.

Dondequiera que ha operado la dinámica básica de todo lo que recibe el nombre de cristiano, la experiencia ha sido personal: ha tenido lugar en los individuos, y no en los grupos. Podrán haber llegado en grupo muchos conversos cuando alcanzaron la fe, pero en cada uno de los casos de regeneración, fue la persona la que elevó su corazón y le rindió su vida a Dios: siempre fue algo muy personal. *"Mas a todos los que le recibieron, a los que creen en su nombre, les dio potestad."* (Jn 1:12).

Recuerdo que en los días en que aún no había creído, mi problema no era que no creyera en Dios: simplemente, no creía que existiera un Dios. Y por supuesto no creía que Jesús de Nazaret fuera el Hijo de Dios. Había oído hablar de él, y pensaba que si las narraciones eran ciertas debía haber sido un hombre maravilloso, pero no tenía la menor intención de considerarlo como otra cosa que no fuera un hombre igual que yo. En aquellos días, cuando comencé a preguntarme si habría algo válido en el evangelio cristiano, lo primero que me impresionó, sin poder quitármelo del pensamiento, fue la inmensa cantidad de realizaciones que el evangelio había hecho durante estos 2000 años.

Una simple mirada a los hechos conocidos nos mostraría que este movimiento tuvo su comienzo en una pequeña provincia de un oscuro país, cuando unos pocos judíos, ciudadanos de una nación cautiva bajo el yugo del gran Imperio Romano, se pusieron en pie y comenzaron a proclamar con valentía a todos que Dios había enviado a su Hijo en la persona de Jesús de Nazaret al mundo para buscar y salvar lo que se había perdido. El evangelio de Jesucristo que comenzó con aquel puñado de judíos se ha esparcido por todo el mundo.

La fe cristiana ha traspasado todas las barreras naturales: ni desiertos, ni montañas, ni océanos han impedido su expansión. El evangelio cristiano es predicado hoy entre los esquimales en sus iglúes de hielo en el norte helado, y a los nativos del corazón de África que viven en chozas bajo los inmensos árboles de la selva en el sofocante calor ecuatorial. Ha sido proclamado a hombres de todas las clases sociales. Los reyes han creído en él, y los hombres del pueblo han hallado en él regocijo. Lo han escuchado ancianos y jóvenes, ricos y pobres, hombres educados y hombres sin letras, los muy sabios y los muy simples. En todos esos grupos hay quienes han creído. El mensaje del evangelio ha llegado a todas partes, y todo el que ha recibido a Jesucristo ha experimentado el gozo y la bendición interior de ser pertenencia de Dios.

Mi propia mente y mi corazón estaban llenos de escepticismo, pero no podía ignorar este testimonio de la cristiandad. Siempre en el fondo de mi ser, y confrontándome a menudo con una insistencia tenaz, sentía una clara impresión de que era inmensamente importante —aun para mí— que Jesús de Nazaret hubiera nacido en Belén.

El testimonio de la cristiandad en la historia del mundo es impresionante, pero es más vital aun para la fe el estudio del Evangelio de Juan. Contiene un testigo más directo: el mismo Jesucristo. La narración de los incidentes relacionados con Jesús de Nazaret, y la relación de las palabras que dijo en sus enseñanzas y en sus promesas, nos muestran quién es, qué hizo, y qué hará:

Hizo además Jesús muchas otras señales en presencia de sus discípulos, las cuales no están escritas en este libro. Pero estas se han escrito para que creáis que Jesús es el Cristo, el Hijo de Dios, y para que, creyendo, tengáis vida en su nombre (Jn 20:30,31).

Capítulo 1: La venida del hijo de Dios (Juan 1)

El Verbo (1:1-14)

En el principio era el Verbo, y el Verbo era con Dios, y el Verbo era Dios. Este era en el principio con Dios (Jn 1:1-2).

Estos dos primeros versículos del Evangelio según Juan nos presentan un uso poco corriente de la expresión que traducimos al español como Verbo. En la mayoría de las versiones de la Biblia, está escrita con mayúscula. Algunas veces está impresa totalmente en mayúsculas, así: **VERBO**. El término usado por Juan era una palabra griega que hace referencia al ámbito total de la consciencia o a la voluntad manifiesta de Dios. Estos versículos podrían interpretarse así:

En el principio era [la mente de Dios, la voluntad de Dios] la idea expresa de Dios, y esta idea expresa de Dios [esta voluntad de Dios] era realmente con Dios, y esta idea [esta voluntad de Dios] era realmente Dios. Esta era en el principio con Dios.

Con estos versículos presenta Juan a Jesucristo. El lector podrá sentirse inseguro con respecto al significado total de **λογος**, Verbo, si no sabe griego, pero cuando se leen los dos primeros versículos de este capítulo de Juan, hay una verdad que se abre paso con toda claridad: este Verbo estaba con Dios y este Verbo era Dios.

El versículo tres afirma: "Todas las cosas por él [Verbo] fueron hechas, y sin él nada de lo que ha sido hecho, fue hecho". En el versículo catorce se ve con claridad que se está refiriendo a Jesucristo: "...aquel Verbo fue hecho carne, y habitó entre nosotros... lleno de gracia y de verdad". Esto señala claramente el hecho de que el nacimiento de Jesucristo fue diferente del de todos los demás hombres. De ningún otro recién nacido se podría haber dicho esto.

Juan está declarando esta asombrosa verdad en toda su plenitud y gloria: Jesucristo existía realmente antes de que el mundo comenzara. Entonces, ¿quién era él? Juan afirma con mucha claridad que era y es el Hijo de Dios, eterno como el Padre. También afirma que fue el Creador. "*Todas las cosas por él fueron hechas, y sin él nada de lo que ha sido hecho, fue hecho*" (Jn 1:3). Es difícil comprender esto con nuestras mentes finitas. No podemos abarcar la obra del Dios Todopoderoso en la creación del mundo. Los cristianos repiten con frecuencia el Credo de los Apóstoles: "Creo en Dios Padre, Todopoderoso, Creador del cielo y de la tierra." y esto es cierto.

Una de las formas en las que el creyente comprende a Dios es separando su persona y sus funciones. Pero cuando repite hasta esta sencilla declaración de fe, el cristiano está hablando del Dios uno y trino: Padre, Hijo, y Espíritu Santo. Y en su evangelio Juan está declarando que el Hijo de Dios es el Hacedor de todo lo creado.

Vida y luz

A fin de preparar a sus lectores para lo que les habrá de decir sobre el Hijo de Dios, Juan continúa diciendo: "*En él estaba la vida, y la vida era la luz de los hombres*" (Jn 1:4). Estas palabras son también sencillas, pero su significado es profundo. Podemos comprenderlas en parte por nuestra experiencia humana, pero hay parte de su significado que va más allá de nosotros y de este mundo.

Escuchar estas palabras es algo así como mirar al océano. Cuando una persona va a la playa puede caminar entre las olas que van a morir a la orilla. Pero puede alzar la vista y dejar que sus ojos contemplen el cielo donde se pierde en el horizonte, y su imaginación le hace comprender que hay vastas distancias que no puede ver. El océano va más allá, mucho más allá, hasta perderse de vista. Una persona puede sentirse sobrecogida por su inmensidad y, sin embargo, darse cuenta bien de que se trata del mismo océano por cuya orilla va tranquilamente.

"En él estaba la vida, y la vida era la luz de los hombres". La vida que los hombres viven ahora les permite moverse y comunicarse dentro de un mundo conocido. Sin embargo, ¿qué es la vida? Así como el océano alcanza mucho más allá de la vista, la vida también continúa y entra en la eternidad, más allá de toda vista y comprensión.

Este mismo misterio es cierto con respecto a la luz. Si se encienden las luces, la persona puede ver. Si lleva consigo una linterna cuando va por un camino en el campo puede caminar sin temor. Pero

¿cuál es la causa de la luz? ¿De dónde viene? Génesis 1:3 nos dice: "Y dijo Dios: Sea la luz, y fue la luz". El sol no había sido creado todavía, pero la luz ya estaba allí. ¿Y cuál es "la luz de los hombres"? Estas interrogaciones levantan nuestra mente a gran altura sobre nuestra existencia terrena para enfocar nuestra atención en las verdades eternas.

"*La luz en las tinieblas resplandece, y las tinieblas no prevalecieron contra ella*" (Jn 1:5). Entonces, ¿qué son las tinieblas? Para decirlo con sencillez, la palabra tinieblas abarca todo aquello en lo que no hay luz. A lo sumo, es un término negativo: significa ausencia de luz. Esto nos trae de nuevo a la palabra luz. Juan escribió: "La luz en las tinieblas resplandece." Para poder comprender esto es importante explorar el sentido total de "luz". Más adelante, en su evangelio, Juan recogerá estas palabras del mismo Señor Jesús: "*Yo soy la luz del mundo.*" (Jn 8:12).

El significado de la palabra 'prevalecieron' es difícil de captar en este caso, porque de ordinario la palabra significa una especie de ejercicio mental. Tiene en este caso el sentido de comprender. Así vemos a los hombres hablar en términos de "comprender la lección" o "comprender la proposición del comité", para indicar que la mente ha captado los datos de la cuestión. Pero, ¿cómo pueden tener mentalidad las tinieblas para poder comprender algo? La afirmación griega original podría ser traducida diciendo que las tinieblas no pudieron contener la luz; no la pudieron vencer. La traducción moderna de la Biblia Viviente expresa el sentido con estas palabras: "Las tinieblas no pueden extinguirla".

Aquí tenemos algo maravilloso. No importa lo pequeña que sea una luz; aunque sea la luz de una cerilla que brille en la oscuridad, las tinieblas no pueden extinguirla. No tienen poder cuando se las compara con la luz.

Juan le atribuye esto de inmediato a Jesucristo. Habla sobre su venida al mundo, para decir que en él estaba la vida; y la vida era la luz de los hombres; la luz brilla en las tinieblas, y no hay nada que la pueda apagar. Juan está diciendo la clara afirmación de que el poder del Señor Jesucristo puede vencer a todo en este mundo.

El testimonio de Juan el Bautista

"Hubo un hombre enviado de Dios, el cual se llamaba Juan. Este vino por testimonio, para que diese testimonio de la luz, a fin de que todos creyesen por él" (Jn 1:6,7).

El ministerio de Juan el Bautista en la tierra fue preparar al pueblo para que creyese en la Luz del mundo. *"No era él la luz, sino para que diese testimonio de la luz"* (Jn 1:8).

Aquí Juan señala que *"aquella luz verdadera, que, alumbra a todo hombre, venía a este mundo"* (Jn 1:9), refiriéndose a Jesucristo. Hasta este momento, Juan en su relato ha declarado varias cosas sobre Jesucristo. Ha sido llamado el Verbo, estaba en el principio con Dios, era Dios, es la Luz verdadera, y en él estaba la vida.

Resumen

Juan presenta a seguidas un sumario de todo el testimonio del Señor Jesucristo. Vino a este mundo, vivió en él, enseñó en él, y finalmente murió en él, pero el mundo nunca lo apreció. *"En el mundo estaba, y el mundo por él fue hecho; pero el mundo no le conoció"* (Jn 1:11).

Generalmente se entiende que esto se refiere a la gente de aquellos días, Israel, el pueblo judío; sin embargo, no tiene que limitarse necesariamente a ellos. "A lo suyo vino". ¿Lo suyo? Él hizo el mundo: era de él; hizo al hombre, que también era de él. "Sin él nada de lo que ha sido hecho, fue hecho". Vino a lo mismo que él había hecho, y "no le recibieron". ¡Ah, qué pena dan esos ojos ciegos y esos oídos sordos!

Una gran verdad resalta. El Hijo de Dios vino a este mundo

para buscar y salvar lo que se había perdido, y fue repudiado. Vino a este mundo para que los hombres pudieran creer por medio de él, y le volvieron la espalda. Rehusaron al Hijo de Dios que vino en su gracia para ayudar a los hombres, que estaban en dificultades. Esta es la trágica realidad que Juan resume aquí, al principio mismo de su evangelio.

Por la gracia de Dios, hubo excepciones a esta actitud general: *"Mas a todos los que le recibieron, a los que creen en su nombre, les dio potestad de ser hechos hijos de Dios; los cuales no son engendrados de sangre, ni de voluntad de carne, ni de voluntad de varón, sino de Dios"* (Jn 1:12-13).

¡Qué afirmación tan maravillosa! Será reiterada a través de todo el libro de Juan con muchos ejemplos de personas que no fueron engendrados "de sangre, ni de voluntad de carne, ni de voluntad de varón, sino de Dios".

Y aquel Verbo fue hecho carne, y habitó entre nosotros (y vimos su gloria, gloria como del unigénito del Padre), lleno de gracia y de verdad (Jn 1:14).

El Mesías (1:15-34)

Los judíos del Antiguo Testamento esperaban al Ungido de Dios, que sería para ellos el Siervo Justo, el Salvador Compasivo, y el Rey de Reyes. A este que habría de venir le llamaban Mesías, y el Nuevo Testamento afirma que Cristo y el Mesías predicho en el Antiguo Testamento eran la misma persona.

La palabra hebrea Mesías significa el ungido, y esto es exactamente lo que significa la palabra griega Cristo. En inglés algunas personas usan la palabra 'christen' (cristianar) cuando hablan de una ceremonia de consagración. Dicha palabra procede de la misma raíz que la palabra Cristo, que significa ungido. La unción se usaba para designar a una persona que ocuparía un determinado oficio o posición. Significaba prácticamente lo mismo que la palabra instalación, o coronación. Algunas veces se usa la palabra ordenación para expresar la misma idea.

Aunque los eruditos judíos estudiaron las Escrituras del Antiguo Testamento, con sus profecías y predicciones sobre estas personas, y después esperaron que Dios enviara a su Ungido, no podían comprender que los sufrimientos del Mesías y la gloria que les habría de seguir pudieran referirse a la misma persona. En los días del Antiguo Testamento Israel creía en la ley de Dios. La reconocían como la exigencia eterna de Dios con respecto al hombre. Creían que la ley de Dios debía ser obedecida y sabían que habían caído en desobediencia. Sus profetas les dijeron que Dios enviaría al Mesías y que este viviría una vida perfecta, obedeciendo la ley de Dios en toda su extensión, y los salvaría de sus pecados (Mt 1:21).

Este pueblo del Antiguo Testamento creía también en la misericordia de Dios, en su paciencia, y su amorosa bondad. La expresión "la bondad de Dios permanece para siempre" aparece una y otra vez en los Salmos. Las manifestaciones de esta misericordia, esta paciencia, y esta bondad amorosa de Dios para con su pueblo tendrían su cumplimiento, según ellos creían, en el Mesías, quien volvería a traer a su pueblo ante Dios.

Israel creía en la soberanía de Dios. Reconocía su dominio sobre él, confiaba en su sabiduría, y aceptaba su Palabra tal como la conocía por las Escrituras del Antiguo Testamento. Por eso esperaba al Mesías que lo libraría y gobernaría sobre él. Además, los profetas del Antiguo Testamento predecían que el Mesías nacería en Belén (ver Mi 5:2; Mt 2:4-6).

En el momento en que nació Jesucristo, la nación judía se hallaba en una situación difícil. Vivía bajo el dominio de un conquistador. Sus hijos añoraban la libertad, y muchos sentían que los tiempos estaban maduros para que se cumpliesen las profecías antiguas y llegara el Mesías.

Juan el Bautista

Durante esos días de tribulación apareció en la tierra de los judíos alrededor de Jerusalén y en Galilea un admirable predicador joven llamado Juan. Era hijo de un sacerdote. Había crecido en el campo y andaba vestido con las ropas corrientes de los hombres del campo. Marcos nos dice que usaba ropas de "pelo de camello" y tenía un cinto de cuero alrededor de sus lomos, como los usaría un hombre acostumbrado a vivir en el campo al aire libre. Su dieta nos parece extraña. Consistía en langostas y miel silvestre. Sin embargo, esto tampoco se salía de lo normal. Era la comida de la gente pobre, y Juan vivía entre los pobres de su pueblo.

Era un predicador de gran poder. No sé cómo expresar de manera elocuente lo extraordinario que era este joven como predicador. Es evidente que había comenzado a predicar cuando tenía unos treinta años, o quizá un poco antes, y era un hombre lleno de poder y convicción. El pueblo se había sentido muy atraído por él. Leemos en uno de los evangelios que *"salía a él Jerusalén, y toda Judea y toda la provincia de alrededor del Jordán, y eran bautizados por él en el Jordán, confesando sus pecados"* (Mt 3:5-6). Jerusalén era la ciudad mayor de la nación, y los judíos no eran del tipo de gente que sale en multitudes al desierto de Judea para oír a cualquier joven ordinario. Sin embargo, acudían en masa a oír el mensaje de este joven evangelista llamado Juan el Bautista. Algunos se preguntaban si este predicador eminente y joven no sería en realidad el Mesías. Quizá fuera este el que los rescataría de todos sus problemas y los liberaría.

Los primeros catorce versículos de este capítulo primero de Juan han estado tratando sobre "el Verbo de Dios". Cuando Juan, el escritor del evangelio, hablaba de este Verbo de Dios, se refería a Jesucristo. Ahora aparece Juan el Bautista creyendo que Jesús es el Cristo. *"Juan dio testimonio de él, y clamó diciendo: Este es de quien yo decía: El que viene después de mí, es antes de mí; porque era primero que yo"* (Jn 1:15).

Entre los que le oían predicar, había algunos que se preguntaban si Juan sería el Mesías, y le hicieron la pregunta con toda franqueza. La respuesta de Juan fue rápida y firme: "No, no lo soy. Hay uno que viene detrás de mí; él es mayor que yo, y es a quien ustedes deberán volverse". Entonces Juan habló con un énfasis mayor aun: "Yo no soy digno de desatar la correa de su calzado".

Hallamos el resumen y la sustancia de lo que Juan el Bautista afirmaba sobre Jesús en Juan 1:16-17:

> *Porque de su plenitud tomamos todos y gracia sobre gracia. Pues la ley por medio de Moisés fue dada, pero la gracia y la verdad vinieron por medio de Jesucristo.*

Esta es una forma poderosa y concisa de decir que Jesús no sólo era más grande que Moisés, sino que además trajo una revelación de la gracia y la bondad de Dios como Moisés no las había conocido en sus días.

Cuando los judíos enviaron sacerdotes y levitas de Jerusalén a preguntarle: "Tú, ¿quién eres?", Juan respondió con palabras de profundo significado espiritual. Les dijo llanamente que no era el Cristo sino tan sólo su mensajero enviado por Dios.

Confesó, y no negó, sino confesó: Yo no soy el Cristo. Y le preguntaron: ¿Qué pues? ¿Eres tú Elías? Dijo: No soy. ¿Eres tú el profeta? y respondió: No. Le dijeron: Pues ¿quién eres? para que demos respuesta a los que nos enviaron. ¿Qué dices de ti mismo? Dijo: Yo soy la voz de uno que clama en el desierto: Enderezad el camino del Señor, como dijo el profeta Isaías (Jn 1:20-23).

Muy llanamente, por cierto, Juan se identificó a sí mismo con la profecía de Isaías: "*Voz que clama en el desierto: Preparad camino a Jehová; enderezad calzada en la soledad a nuestro Dios*" (Is 40:3) ¡Preparad! ¡Abajad las colinas y rellenad los valles, haced una senda recta para la venida del Señor, abrid camino delante de Él!

Dios usa sendas humanas para ayudar al hombre. Cuando su misión era redimir las almas de los hombres, vino en forma de hombre. En la misma forma en que usó a este Juan tomado del desierto, así hoy envía hombres como mensajeros suyos para que le preparen el camino.

Cuando Juan hablaba de su propio ministerio, decía: "...Yo bautizo con agua." (v 26). ¿Qué quería decir con esto? Da la impresión de que usaba el agua en el sentido de limpieza. Lo que en realidad estaba diciendo era: "Mi oficio es preparar; mi función particular en la preparación de este banquete es lavar los utensilios y limpiar las calderas. Yo bautizo con agua para que los pecados sean lavados y los corazones queden limpios en preparación para la venida del Mesías. El viene pronto, y cuando venga, usará los utensilios que hayan sido lavados. Yo estoy llenando este requisito previo de limpiar la cocina, pero será el Mesías quien les prepare la cena. ¡El será el que llene el caldero!"

El Cordero de Dios

"He aquí el Cordero de Dios —grita Juan (v 29)— que quita el pecado del mundo". Esto no tiene que significar necesariamente que fuera esta la primera vez que Juan viera a Jesús. Elisabet, la madre de Juan, y María, la madre de Jesús, eran primas. Es completamente posible que Juan y Jesús se conocieran en aquel reducido círculo familiar. Pero parece que Juan no reconoció a Jesús como el Mesías hasta el momento del bautismo de Jesús.

Juan nos aclara cómo llegó a darse cuenta de que este era en verdad el Mesías, el Hijo de Dios. También dio Juan testimonio, diciendo: Vi al Espíritu que descendía del cielo como paloma, y permaneció sobre él. Y yo no le conocía; pero el que me envió a bautizar con agua, aquél me dijo: Sobre quien veas descender el Espíritu y que permanece sobre él, ése es el que bautiza con el Espíritu Santo. Y yo le vi, y he dado testimonio de que este es el Hijo de Dios (Jn 1:32-34).

En otras palabras: "El mismo que me envió a bautizar con agua, me hizo ver también que este era su Hijo". De esta manera, se anuncia la identificación, cuando Juan el Bautista proclama a Jesús de Nazaret como el Cristo, el Mesías largo tiempo esperado.

Diciéndoselo a los demás (1:35-42)

¿Cuál parece ser el plan de Dios para esparcir las buenas nuevas de la salvación por todo el mundo, para decirles a todos los hombres que el Hijo de Dios vino "a buscar y a salvar lo que estaba perdido"? La salvación es una obra gratuita de Dios, que resulta de su gracia abundante, y no cabe duda alguna que él ha puesto en obra su bondad y su misericordia a favor de los hombres. Sin embargo, él da a las almas salvadas la encomienda de compartir las nuevas de salvación con los demás. Cuando consideramos seriamente esta comisión es casi alarmante, por la responsabilidad que pone sobre los hombros de quienes han creído.

¡Qué reto al corazón de todo cristiano! La noticia del evangelio tiene que ser esparcida por el mundo por los hombres y las mujeres que han experimentado su poder. El corazón mismo del mensaje evangélico es que Cristo Jesús vino a salvar a los hombres de sus pecados. Uno de los primeros efectos de esta salvación en un alma humana es convertirla a su vez en causa: ahora ese hombre o esa mujer quiere contarles a otros lo que le ha sucedido.

Cuando el Señor Jesús entra en el corazón de un creyente, experimenta inmediatamente un impulso que lo lleva a contarle a otros la paz mental y el gozo espiritual que inundan su alma, como si fuera la luz del sol surgiendo por detrás de un banco de nubes oscuras.

Esta verdad la veremos demostrada repetidamente en el estudio del Evangelio de Juan. En Juan 1:35-37 hay una ilustración muy interesante e importante sobre la eficacia de la predicación de Juan el Bautista.

El siguiente día otra vez estaba Juan, y dos de sus discípulos. Y mirando a Jesús que andaba por allí, dijo: He aquí el Cordero de Dios. Le oyeron hablar los dos discípulos, y siguieron a Jesús. Parece una reacción sencilla, sin complicaciones. ¡Y así fue! Todo sucedió en forma muy natural, ¡pero qué importante era! Juan había predicado de forma tal que aquellos que oían su mensaje seguían al Señor Jesucristo. Este resultado es algo notable. Podrían haber estado tentados a seguir al propio Juan, o sus corazones se podrían haber endurecido de tal manera que no siguieran a nadie. Podrían haber oído predicar a Juan y regresar después a su hogar con el corazón y la vida sin transformar. Pero estos hombres oyeron predicar a Juan y después siguieron a Jesús. Este es un gran tributo a la predicación de Juan.

Al parecer Juan no insistió en que habían estado actuando mal, aunque es posible que esto fuera cierto. También parece que no los presionó para que comprendieran la necesidad de actuar rectamente, aunque es probable que ellos mismos se dieran cuenta de ello. Parece que no les dijo que la comunidad necesitaba de sus servicios, aunque también eso pudo ser verdad. No quiso poner énfasis en ninguna de estas cosas. Lo que hizo fue decirles: "¡He aquí el Cordero de Dios!" Este era su tópico; este era el tema de su mensaje. Hablaba acerca de la salvación por medio de Cristo, con el resultado de que esta gente, al mirar a Jesús, se sentía impulsada a seguirle. ¿Qué motivo había para que la visión de Jesús, el Cordero de Dios, produjera un resultado así? El Espíritu Santo había usado la predicación de Juan para abrirles los ojos de su entendimiento.

Si un hombre o una mujer, un muchacho o una muchacha, recibe ayuda para ver y considerar a Jesucristo, él se le presentará con los brazos abiertos, diciéndole: "*Venid a mí todos los que estáis trabajados y cargados, y yo os haré descansar*" (Mt 11:28). Cuando un alma ve realmente a Jesús, dejará de ser para él un simple cuadro en la pared o una estatua en una iglesia para convertirse en un Salvador vivo y amante. Sus ojos se fijarán en pecador; sus manos se extenderán para ayudarle, y entonces, con los oídos del alma, el pecador le oirá decir "¡Ven, sígueme!"

Juan el Bautista predicó sobre Jesús de Nazaret de una manera tal que sus oyentes despertaron para seguir a Jesús. Esta predicación suena como la de Pablo el apóstol cuando fue a Corinto: "*Pues me propuse no saber entre vosotros cosa alguna sino a Jesucristo, y a este crucificado*" (1 Co 2:2). Este parece ser el sello distintivo. Juan decía: "He aquí el Cordero de Dios." Pablo afirmaba "...no saber entre vosotros cosa alguna sino a Jesucristo, y a este crucificado". En ambos casos, los oyentes eran impulsados a poner su fe en el Señor.

La palabra Cordero trae en sí el significado del sacrificio por el pecado en el ritual del Antiguo Testamento. "He aquí el Cordero de Dios" es un llamado de atención para que la persona se fije en Aquel a quien Dios ha enviado a morir en satisfacción por el pecado.

La respuesta al mensaje

En respuesta a estas palabras, los dos discípulos de Juan el Bautista siguieron a Jesús. En su experiencia podemos ver una realidad nueva y conmovedora (v 38,39). Cuando una persona ve a Jesucristo como el sacrificio por el pecado, y se siente movida a dejarlo todo para seguirle, entonces el Señor se convierte en su maestro. De ahora en adelante será su guía y su compañero. En este caso, él mismo señaló el significado real de esta relación cuando les preguntó: "¿Qué buscáis?"

Sería de gran ayuda que toda persona que entre a un culto público de adoración tenga esto en cuenta. El adorador podría oír al Señor diciéndole: "¿Qué buscas tú?" En realidad, podría ser bueno que cada adorador se preguntara a sí mismo esto cuando llega ante la presencia de Dios.

La respuesta de estos dos hombres es un poco difícil de comprender. "Rabí (que traducido es, Maestro), ¿dónde moras?" Es posible que quisieran decirle: "Quisiéramos saber qué te propones.

¿Cuál es la fuente de tu fortaleza? ¿De qué o de quién dependes? ¿Dónde se halla tu lugar de descanso? ¿Dónde habitas? ¿Cómo es tu vida personal, Maestro?" Esto podría sonar presuntuoso, pero no tiene que serlo necesariamente.

"Venid y ved"

La respuesta de Jesucristo a estas dos almas investigadoras tiene un alcance mucho mayor: "Venid y ved". No hubo discusión, ni explicación o descripción, ni intento de justificación. Sólo hubo una invitación directa: "Venid y ved".

Aquí hallamos una verdad importante. Cuando una persona acepta a Jesús como Salvador y Señor, toda su fe se centra en él. Él quiere que el creyente "venga y vea", para que comparta el secreto más profundo de su fortaleza espiritual. Pero notemos una cosa. No exhibe nada de esto ante el mundo. No se dedica a ofrecer sus ideas, o a proclamar las riquezas de su gracia o las grandezas de su poder a quienes no estén interesados. Aquí no hallamos "perlas tiradas a los cerdos". Sólo hay unas sencillas palabras de invitación: "Venid y ved".

La verdad aparece presentada en forma muy llana: si alguien quiere conocer al Cordero de Dios, el camino está abierto. Lo único que necesita el alma es responder a la invitación de venir y ver, y penetrar en el círculo de intimidad por fe. "*Fueron, y vieron dónde moraba, y se quedaron con él aquel día; porque era como la hora décima*" [es decir, las 4 PM] (Jn 1:39). Pasaron el atardecer y la noche en compañía de él. Podemos aprender algo sobre la naturaleza de esta comunión por el efecto que tuvo en Andrés. Al día siguiente salió no sólo con el recuerdo de una noche luminosa y feliz. Fue en busca de su hermano Simón porque había tenido una experiencia personal profunda. Había estado con el Señor y por eso buscó de inmediato a su hermano para compartir esta bendición con él.

En muchos lugares hay Sociedades de Andrés, las que prestan un valioso servicio al animar a los hombres a que busquen a sus hermanos o a sus amigos y conocidos y los traigan al Señor. Hay iglesias que llevan el nombre de Andrés, y esto está bien, porque ese nombre trae a la memoria al hombre del que fue dicho: "Este halló primero a su hermano Simón." ¡Esto es algo maravilloso!

¿Qué dijo Andrés cuando encontró a Simón? "*Hemos hallado al Mesías... el Cristo. Y le trajo a Jesús.*" (Jn 1:41-42). No se narra que hubiera ninguna discusión ni debate. No hay indicación de que se dialogara sobre lo que Simón debería hacer. No hay intento de interpretar qué exigía la situación, o un estudio del vecindario con la expresión de sus necesidades, ni siquiera una conversación sobre su estado de pecado y lo que se podría hacer. No se menciona ninguna de estas cosas. Todos estos tópicos podrán ser válidos al tratar de presentar a Cristo a un hombre o una mujer, pero quizás no son lo primero que debe considerarse. Aquí sólo se menciona que Andrés había llegado personalmente ante Jesús, había pasado la noche con él, y se había sentido impulsado a ir en busca de su hermano. No hubo necesidad de discusión. Simplemente le dijo: "Hemos hallado al Mesías." y trajo ese hermano suyo a Jesús. Eso era lo más importante.

...y mirándole Jesús, dijo: Tú eres Simón, hijo de Jonás; tú serás llamado Cefas (que quiere decir, Pedro) (Jn 1:42).

Jesús puso de relieve el gran cambio que tendría lugar en el corazón de Simón. "Tú eres Simón... tú serás llamado Cefas". Simón significa arena, mientras que el nombre Cefas significa roca. Más tarde se diría que Jesús "*sabía lo que había en el hombre*" (Jn 2:25). Él era capaz de discernir el aspecto inestable del carácter de Pedro: cambiante, impulsivo, lleno de debilidades. No se puede erigir un edificio permanente sobre un fundamento de arena. Es necesario tener roca para construir una estructura fuerte y duradera. Lo que Jesús parece estar diciendo en realidad es: "Ahora eres Simón, un hombre que no era digno de confianza, y vacilante, a veces bueno y a veces malo, con sus altas y sus bajas, completamente inseguro. Pero yo haré de ti un hombre seguro, semejante a la roca en tu fortaleza de carácter".

A medida que vayamos avanzando en nuestro estudio de este libro maravilloso, iremos notando a menudo que el Señor Jesucristo establece una relación personal con cada individuo. Aquí, al principio mismo, invitó a dos hombres a hacer noche con él, y con este toque personal cambió sus vidas.

Andrés actuó de inmediato como resultado de la experiencia y salió enseguida a traer a su hermano a Jesús. Este, habiendo captado bien a Simón, lo trató según sus características personales. Es bueno que nos demos cuenta de que es así como el conocimiento de Cristo se extiende a los corazones y a las vidas de los hombres y mujeres de hoy; exactamente como sucedió aquella tarde en que Juan el Bautista encaminó a dos hombres hacia "el Cordero de Dios".

Felipe y Natanael (1:43-51)

Las Escrituras exhortan a todos los creyentes: "*Díganlo los redimidos de Jehová.*" (Sal 107:2). En esta clara exhortación, se les dice a los cristianos que testifiquen a los demás. Alguno podría muy bien preguntarse: "¿A quién habré de decirlo? ¿Dónde debo presentar mi testimonio?" La respuesta es sencilla. Hay un viejo refrán que dice: "La caridad empieza por casa". ¡Lo mismo sucede con el testimonio cristiano! "*...Id pronto y decid a sus discípulos.*" (Mt 28:7) fue el mandato de los ángeles. "Vayan y den al grupo más allegado a él las buenas y alegres nuevas de la resurrección de Jesús". El principio sigue siendo el mismo hoy. Juan relató cómo un ministro lleno del Espíritu Santo, como Juan el Bautista, podía hacer que la gente se volviera hacia Cristo. Y cuando los hombres recibían el conocimiento de Jesús, salían a ganar a sus propios familiares y amigos.

Ahora Juan presenta en su historia la preocupación personal de Jesús por los corazones de los hombres. "*El siguiente día quiso Jesús ir a Galilea, y halló a Felipe, y le dijo: Sígueme*" (Jn 1:43). Aquí hay un nuevo aspecto de la verdad. Notemos el uso de la palabra quiso: "Jesús quiso ir", lo que indica que tenía una intención y un plan, e implica una acción deliberada. Es norma que los hombres y las mujeres no se lleguen hasta Cristo por su propio deseo. Hay alguien que les ha dado testimonio; la semilla ha sido sembrada en algún momento a lo largo del camino. Como la semilla sembrada puede no dar fruto inmediatamente sino cuando sea el momento de Dios, es posible que sea otro quien coseche el fruto glorioso de aquella semilla sembrada.

Cuando el Señor trata con una persona, invariablemente la primera palabra que le dice es "Ven a mí", o como en el caso de Felipe, "Sígueme". Este asunto parece ser siempre personal. El Señor salió a encontrarse con Felipe, y este no es ni con mucho el único caso en que haya tratado con una persona en particular. Es importante reconocer el hecho de que el individuo es la unidad básica de la experiencia cristiana. Es bueno con la gracia de Dios hacer planes, comenzar una escuela dominical en una comunidad de esta forma o la otra. Sin embargo, es importante recordar que hemos de comenzar ese trabajo con la dirección del Señor, buscando a las personas en particular, ya sean niños, jóvenes, o adultos. A fin de cuentas, Tomás, Ricardo, Antonio, María, Juana, Isabel... cada uno tiene que decidirse por su cuenta a asistir a esa escuela dominical. Podemos tratar sobre la fundación de la escuela con nuestros amigos, hablar sobre ella en la ciudad y en el barrio, pero no tendrá sentido alguno si Tomás, Ricardo, y Antonio no quieren asistir a ella. Es necesario que haya una respuesta personal de parte de los individuos.

Cuando nos narra la historia de cómo Felipe se convirtió en creyente, Juan deja constancia de un asunto posiblemente significativo al decir: "*Y Felipe era de Betsaida, la ciudad de Andrés y Pedro*" (Jn 1:44). Aquí se nos dice dónde encontró Jesús a Felipe. Parece evidente la posibilidad de que cuando Andrés y Pedro regresaron a sus hogares, comenzaron de inmediato a testificar en aquella comunidad. Cuando se dispersó la asombrosa noticia que traían, es muy posible que se suscitara la curiosidad de Felipe, y que en realidad estuviera deseando ver a ese Jesús del que toda la gente había empezado a hablar. Si se tira una piedra en una laguna provocará ondas que partirán en todas direcciones, hasta llegar a tocar todas las orillas.

Sea cual fuere la forma en que se encontró con Jesús, parece cierto que algo sucedió en el corazón de Felipe. Apareció en él el mismo celo que sintió Andrés cuando "halló primero a su hermano Simón". Leemos que *"Felipe halló a Natanael."* (Jn 1:45). No sabemos nada sobre quiénes eran, ni cuáles eran sus circunstancias. Es muy posible que Felipe y Natanael fueran viejos amigos, y el primer impulso de Felipe fue hallar a su amigo para contarle: *"Hemos hallado a aquel de quien escribió Moisés en la ley, así como los profetas: a Jesús, el hijo de José, de Nazaret"* (Jn 1:45).

Juan dice algunas cosas sobre Natanael con más detalle. Recoge su respuesta a Felipe: "¿De Nazaret puede salir algo de bueno...?" Parecería que Natanael había estado pensando sobre las cosas de Dios. Evidentemente, tenía sus ideas sobre qué debería esperar, y es posible que se hubiera enfrentado con problemas concernientes a su relación personal con Dios. Quizá él y Felipe habían estado discutiendo estos asuntos con anterioridad. De todos modos, Felipe lo encontró y le dio su sentido testimonio: Allí estaba el cumplimiento de las profecías.

De pasada, digamos que la frase "el hijo de José", que añade, no indica que Felipe diera por sentado que Jesús era el hijo carnal de José. Esta era la expresión corriente en aquella época. Jesús había crecido en el hogar de José y María. José debía ser considerado como su padre, aunque sólo fuera su guardián terrenal ante la ley.

Es muy significativo que Felipe no dijera algo como esto: "Ven y ve. Acabamos de encontrar al hombre más maravilloso que haya visto esta comunidad. Tiene una verdadera actitud de preocupación por los demás, incluso por los siervos. No se preocupa ni por el dinero ni por las comodidades. Tiene buenas ideas sobre la forma en que se debe llevar adelante el gobierno, y sus planes para la comunidad son formidables". No; Felipe no dijo nada parecido a esto. No señaló a Jesús como un personaje sobresaliente. No dijo nada sobre sus principios morales, su ética, o sus planes. Lo que dijo fue: "Hemos hallado a uno en quien se cumplen las Escrituras. Hemos hallado al Hombre de quien escribieron Moisés y los profetas. ¡El Cristo está aquí!"

Criterio para reconocer a Jesús

He aquí, pues, el criterio para reconocer al Señor Jesús como el Cristo: creer en él y aceptarlo como el Mesías. No hubo alabanza de su persona o su obra sino la convicción de que Jesucristo cumplía las promesas del Antiguo Testamento y de que satisfacía las profecías.

La respuesta a Natanael estaba llena de escepticismo natural. Todavía hoy se puede oír una reacción parecida en cualquier persona. El sentimiento popular en esa comunidad parecía ser que Galilea era una zona de la cual no podía salir nada bueno. Nazaret era una ciudad pequeña, y da la impresión de que hay un tono latente de menosprecio y escepticismo en su comentario.

Pero Felipe le dio una respuesta que debería servir de guía a todo aquel que dé testimonio de Cristo. No perdió el tiempo discutiendo sobre el asunto ni intentó detallarle todas las formas en que Jesús de Nazaret cumplía las profecías. Le dio la respuesta clásica que ha de ser dada a todos los escépticos: "Ven y ve", una invitación a que observara, a que fuera testigo de una demostración.

A medida que prosigue la narración podemos ver cómo se debe tratar con la duda sincera. De entrada, se da conocimiento a la integridad. Jesús reconoció que estaba en presencia de un hombre sincero, un hombre bueno, auténticamente honesto, y mientras Natanael se le acercaba, dijo: "*He aquí un verdadero israelita, en quien no hay engaño*" (Jn 1:47).

No tenemos manera de saber a qué se refería Jesús cuando le dijo: "*...Antes que Felipe te llamara, cuando estabas debajo de la higuera, te vi*" (v 48). Es muy posible que Natanael hubiera estado pasando por algún tipo de experiencia espiritual un día mientras se hallaba sentado a la sombra de una higuera. Es posible hasta que haya orado a Dios acerca de ello mientras meditaba en el problema. Cualquiera que fuere lo que sucedió aquel día, Jesús lo había visto, y había conocido su experiencia. Al decirle: "Cuando estabas debajo de la higuera, te vi", el escepticismo de Natanael desapareció, y su respuesta fue: "*Rabí, tú eres el Hijo de Dios; tú eres el Rey de Israel*" (v 49).

Vale la pena hacer notar que se ve claramente que Felipe no sabía nada del incidente de Natanael junto a la higuera. Pero Jesús sí lo sabía, y se lo mencionó. El amigo que le da testimonio a un escéptico podrá desconocer la historia espiritual de dicho escéptico, pero Dios la sabe perfectamente. Cuando Felipe trajo a Natanael para que conociera a Jesús de Nazaret había hecho todo lo que estaba a su alcance. Sucedieron cosas entre Natanael y Jesús que hicieron desaparecer todas las dudas. Felipe no estuvo envuelto en ese proceso. Él había hecho lo suyo cuando trajo a Natanael ante Jesús. Fue el mismo Señor el que guió a Natanael hacia una convicción real.

Capítulo 2: El comienzo del ministerio de Jesús (Juan 2)

El porqué de los milagros (2:1-12)

La pregunta suscitada con frecuencia por los que no son salvos, o por los que son infantes en Cristo y todavía no comprenden mucho la Palabra de Dios, es: "¿Por qué hizo milagros Jesucristo?" Estas personas, al preguntar, no ponen en duda que Cristo haya hecho milagros, ni dudan tampoco de su poder para hacerlos. Aceptan el hecho de que esos milagros demostraban que tenía control y dominio sobre la naturaleza y los fenómenos naturales. El móvil de su pregunta está en por qué eran necesarios.

En este momento del estudio sobre el evangelio de Juan parecería oportuna una advertencia. El intento de interpretar un milagro a través de un criterio racional, implicando así que lo que parecía ser un milagro fue un hecho natural que Jesús de Nazaret usó para cumplir sus propósitos, es una interpretación incrédula que debe ser evitada por todo aquel que quiera conocer la auténtica verdad.

Las Escrituras enseñan claramente que Jesús era y es el Hijo de Dios en forma humana mientras estuvo en la tierra, y que, habiendo sido levantado a su propio lugar, está ahora a la derecha del Padre. Ahora los cristianos creen en él y lo sirven con el poder del Espíritu Santo que habita en ellos. Pero en los días en que él estaba entre nosotros en carne, no había iglesias, ni himnos en alabanza suya, como los que se cantan hoy. No existía aún la crónica del testimonio cristiano. Sólo existía el Antiguo Testamento, que aún no había sido completado con el Nuevo. Entonces, ¿cómo podría la gente saber que él era el Hijo de Dios encarnado y hecho hombre? Él llegó como su Mesías, pero ¿cómo podrían estar seguros? Incluso en el caso de que quisieran creer, entonces, al igual que ahora, había escepticismo en el fondo de sus corazones. Es en este punto donde se puede apreciar la importancia de los milagros. Los milagros realizados por Jesús de Nazaret mientras andaba en medio de los hombres en los primeros días de su ministerio, tenían el propósito de demostrar su poder como Hijo de Dios. Fueron la causa de que las gentes de aquel tiempo se dieran cuenta de que el Dios viviente controlaba y manipulaba a voluntad los procesos y fuerzas de la naturaleza. Hay una expresión salida de los labios de Nicodemo que pone énfasis en esto con toda claridad: "*...porque nadie puede hacer estas señales que tú haces, si no está Dios con él*" (Jn 3:2).

Era como si los milagros, las obras que Jesús realizaba, fueran sus credenciales, su certificado de capacidad, por decirlo así. Habrían de ganarle la confianza del pueblo que venía a ver y oír.

Para ganar la confianza y para retar la fe del pueblo que le rodeaba, Jesús demostró que tenía poder sobre la naturaleza. La gente podía esperar que este Maestro obrara un milagro en sus almas cuando lo veían ejercer su poder sobre la naturaleza. Cuando un hombre veía un poder en acción, suspendiendo los procesos naturales; venciendo o deteniendo el orden de las obras de la naturaleza, para que sucediera un milagro, se daba cuenta de que Dios se había hecho cargo de la situación y estaba obrando a través de Jesús de Nazaret. La consecuencia natural es que un hombre así podía confiar en que ese poder obrará en beneficio suyo. Este es un razonamiento lógico que lleva al desarrollo de la confianza, incluso en nuestros días.

Esta necesidad de milagros no es tan corriente hoy: como lo era entonces. Ahora el pueblo tiene la Palabra, de Dios en las Escrituras, incluyendo las narraciones del Nuevo Testamento, y también el testimonio de los siglos con respecto al poder del evangelio de Cristo. Estos factores ayudan a inspirar convicción en los hombres de hoy y permiten a las almas poner su confianza en él.

El milagro de Caná

Los versículos iniciales del capítulo segundo del Evangelio de Juan muestran cómo obraba Jesús sus milagros para ganarse la confianza de la gente. Se narra la celebración de una boda en la ciudad de Caná de Galilea. Parece haber sido normal que Jesús y su familia asistieran a un evento semejante. La madre de Jesús estaba allí, y él y sus discípulos habían sido también invitados a la ceremonia. En aquellos momentos Jesús era tratado como cualquier otro miembro de la comunidad. Aunque no sabemos cuáles eran las circunstancias, se hallaba presente como un huésped más entre el grupo.

El relato continúa diciendo:

"Y faltando el vino, la madre de Jesús le dijo: No tienen vino" (Jn 2:3).

Cuando María le dijo a Jesús: "No tienen vino", hay una sugerencia de que ella sabía algo sobre su poder, y se ve que tenía confianza en que él haría algo para remediar la situación.

Su respuesta parece casi extraña: "¿Qué tienes conmigo, mujer? Aún no ha venido mi hora" (v 4). Este uso de la palabra mujer no era tan descortés en su idioma, como parece en el nuestro hoy. No indicaba ninguna falta de cortesía o de gracia de parte de Jesús con respecto a su madre. En aquellos días, puede muy bien haber sido considerado como inadecuado que él se dirigiera a ella públicamente llamándole "madre". Lo que sí es importante notar es su respuesta: "...aún no ha venido mi hora". Es como si dijera: "¿Por qué me buscas ahora? Todavía no estoy listo para el ministerio público". Proporcionarles vino ahora por medio de un milagro inevitablemente significaría que habría de recibir notoriedad. Esto lo lanzaría de inmediato al centro de la atención pública, y es evidente que no era esto lo que él quería en aquel momento.

La narración continúa diciendo que "su madre dijo a los que servían: Haced todo lo que os dijere" (v 5). Esto parecía indicar que María era bien conocida y respetada; de no ser así, no se hubiera dirigido a los sirvientes de esa manera. Fuera así o no, lo que les dijo implica que ella sabía más que lo que él había revelado hasta entonces sobre su poder y, además, que él habría de ayudarlos. Esta narración nos muestra la confianza tan firme que María tenía en su Hijo.

Cooperación

Aquí hay una lección para todos los cristianos. En su obra en el mundo de hoy el Señor necesita de obediente cooperación. Si él iba a cambiar el agua en vino, ¿qué falta hacía llamar a los sirvientes? ¿Por qué pedirles ayuda? La respuesta a esta pregunta ayudará a comprender por qué, en el día de hoy, él usa a los creyentes en su amor misericordioso para que trabajen por él y con él.

Había "seis tinajas de piedra" allí, y Jesús les dijo a los sirvientes que las llenasen hasta el borde con agua. ¿No podía él, ya que iba a cambiar el agua en vino, haber puesto agua en las tinajas, o haber hecho que las tinajas se llenaran milagrosamente? Es posible, pero se ve claramente que quería que los demás participaran en la operación, y aquí está la lección para los cristianos de este siglo. Por medio de la operación del Espíritu Santo, Dios puede obrar en los corazones y las vidas, trayéndoles convicción y salvando a hombres y mujeres, sin necesidad de agentes humanos. Pero es evidente que escoge una forma que en su parecer es mucho mejor. Le ha parecido mejor darles a los creyentes el trabajo de arar el campo, esparcir la semilla, cultivar el suelo, e incluso cuidar de la cosecha (1 Co 3:6-9).

Hay otra lección en este primer milagro. Cuando Jesús les dijo a los siervos que llenaran las tinajas, ellos hicieron "hasta arriba". Si un creyente es llamado: cooperar con su Señor misericordioso, deberá hacerlo al ciento por ciento. Deberá "llenar las tinajas hasta arriba", con obediencia contenta y expectante.

Cuando se sirvió este nuevo vino, los huéspedes hicieron comentarios sobre su calidad. Sin embargo, para Jesús el propósito de esta obra no era solamente promocionarles un buen vino. El milagro tenía un propósito más específico, como parece implicar el versículo once. "Este principio de señales hizo Jesús en Caná de Galilea, y manifestó su gloria; y sus discípulos creyeron en él". En el milagro puso de manifiesto su poder y su relación con Dios. Así fue como sus discípulos sintieron robustecer y enriquecerse su propia fe. Vieron a Jesús, a quien habían llegado a obedecer, y en quien habían llegado a confiar, como un obrador de milagros por el poder di Dios. Esta es la forma en que los hombres necesitan verlo hoy: como el Obrador de Milagros.

Él obra hoy en los creyentes y por medio de ellos, mientras dan testimonio de su Palabra, para producir los milagros de su gracia. ¿Qué milagro puede ser mayor que la redención de las almas? Los testigos llenos de fe, y su testimonio por el poder del Espíritu de Dios, producen grandes milagros por medio de su gracia en corazones y vidas transformados.

La purificación del templo (2:13-25)

A lo largo de la narración el lector va conociendo variado ministerio de Jesús de Nazaret y descubriendo más y más toda la verdad acerca de él. Un aspecto de personalidad escapa con frecuencia a la atención de gente: el hecho de que Jesús de Nazaret podía ser intolerante. Hoy en día es corriente considerar la intolerancia como algo merecedor de rechazo, de tal forma que la desaprobación pública recae sobre todo hombre tenido por intolerante, como si ello fuera una indignidad. Este tan difundido parecer requiere ser sujeto a revisión. ¿Podría un cristiano tolerar el pecado?

Al principio mismo del ministerio público de Jesús de Nazaret tuvo lugar un incidente que muestra con claridad que él no toleraría ninguna irreverencia para con Dios. Su enfoque de la mentalidad humana empieza con un severo juicio de cuanto sugiera falta de reverencia. No hay lugar alguno en la Palabra de Dios donde se pueda encontrar la más mínima evidencia de que Dios pueda contemplar con tolerancia a todo aquel que se le acerque en forma descuidada, o aun indiferente.

Esta verdad quedó demostrada con claridad en el incidente relatado en Juan 2:13-25, conocido como la "purificación del templo". En el mismo Jesús manifestó a las claras que Dios, su Padre, merece la honra, el respeto, y la reverencia más profundos. El relato nos presenta las circunstancias: "*Estaba cerca la pascua de los judíos.*" (Jn 2:13). Como era tiempo de pascua, era de esperar que Jerusalén, adonde iba Jesús, estuviera llena de gente. Había grandes multitudes en todas partes, y Jesús entró con ellas en el templo. Allí estaban los que vendían bueyes y ovejas y palomas, y se hallaban sentados los cambistas de moneda (vv 13,14). Por extraño que nos parezca hoy, había varias razones que hacían esto posible. El templo era no solamente un edificio sino más bien un grupo de edificios, algo así como un recinto universitario de hoy. El grupo de edificios era considerado como "el templo", y los terrenos que rodeaban a los edificios formaban parte de todo el complejo. En el patio que había entre algunos edificios, había un lugar para guardar el ganado destinado a los sacrificios. Vender ovejas, bueyes, y palomas dentro de la zona del templo era más correcto de lo que pudiera sonar a nuestros oídos modernos. La gente venía a Jerusalén para adorar procedente de todo el mundo mediterráneo. Como los sacrificios formaban parte de las ceremonias judías, y los peregrinos que venían de lejos no podían traer consigo su ganado desde distancias tan grandes, tenían que comprarlo. Es posible que algunos pudieran traer consigo palomas, pero como sólo los más pobres ofrecían palomas, lo que sucedía corrientemente es que los que podían pagarse un viaje a través de largas distancias, quisieran ofrecer un cordero o una oveja. Por lo tanto, era natural que esperaran encontrar animales que pudieran ser ofrecidos en sacrificio, para, durante el ritual de purificación, ofrecerlos por sus pecados.

Fueron estos animales los que Jesús encontró en la zona del templo. Como es natural, en esta compra y venta de animales para ser usados en los sacrificios, los propietarios de estas criaturas querían tener ganancias. La habilidad en los negocios los impulsaba a tratar de acercarse lo más posible al lugar de los sacrificios, para que cuando los adoradores vinieran buscando una ofrenda adecuada, estuvieran al alcance de la mano. Así fue como se fueron moviendo y poniendo cada vez más cerca, hasta que llegaron a usar realmente parte del patio del templo. Era como si, en la parte exterior de alguna iglesia, quizá en la sala de entrada del santuario, alguien abriera una florería y comenzara a venderles flores a los fieles que quisieran poner flores en la iglesia en memoria de algún ser querido. La presencia de los cambistas de dinero era también algo normal. Muchos de estos peregrinos procedían de Arabia o del África. Traían la moneda de su tierra natal. Todo viajero cuando se halla en otros países sabe que tiene que cambiar los billetes y las monedas de su país por la moneda de la tierra en la que quiere hacer una compra. La misma situación existía hace siglos en la tierra de Palestina. Normalmente, había un pequeño descuento por este cambio. El cambio de dinero se había convertido en un negocio muy próspero suscitando el mismo tipo de competencia que se había desarrollado en la venta del ganado.

Cuando Jesús entró en la zona del templo, y pasó al patio exterior, lo encontró repleto de comerciantes peregrinos. La compra y la venta se hallaban en toda su animación. Es posible que las funciones que cumplían aquellas gentes fueran totalmente legítimas, pero las circunstancias no eran las correctas. Los vendedores buscaban grandes ganancias, las tasas eran altas, y sin duda la escena estaba muy lejos de conducir hacia ningún espíritu de adoración.

Jesús reacciona con celo

Juan nos dice de Jesús de Nazaret que:

...haciendo un azote de cuerdas, echó fuera del templo a todos, y las ovejas y los bueyes; y esparció las monedas de los cambistas, y volcó las mesas (Jn 2:15).

Ciertamente que esta acción parece haber sido violenta. Podrá parecerles extraña a los lectores. Es frecuente que la gente prefiera una imagen de Jesús como un hombre de faz delicada, suave y lleno de gracia. Sin embargo, este incidente nos muestra a Jesús actuando con firme resolución.

"*Quitad de aquí esto, y no hagáis de la casa de mi Padre casa de mercado*" (Jn 2:16).

Es posible que los discípulos asistieran a la escena con asombro mientras se acordaban de que

"*...está escrito: El celo de tu casa me consume*" (Jn 2:17).

¿Es necesario concluir que Jesús perdió su compostura en esta ocasión? No, de ninguna manera: Lo podemos ver cumpliendo las palabras del Salmo 69:9, y obligando a esta gente a pensar en la santidad, majestad, y poder de quien era su Padre y el Dios de ellos. Hay aquí por cierto una lección para todo el que cree en Dios y viene a adorarlo. En el culto público a Dios todo debe hacerse en humildad y sinceridad; nunca para obtener ventajas de tipo personal.

Es el espíritu en que adora una persona y la intención de sus actos lo que califica todo lo que haga. En el servicio de adoración del domingo por la mañana, en la escuela dominical, en el servicio de mediados de semana, e incluso en las reuniones de los consejos y organizaciones de cualquier iglesia, cada creyente debería estar preguntándose a sí mismo: "¿Por qué estoy aquí?" La respuesta definitiva debería ser siempre que está allí para adorar a Dios en sinceridad, en espíritu y en verdad, y en ese marco de pensamiento servirle al máximo de sus capacidades y su talento.

Cabe en esto otra observación. No es raro el caso de cristianos que condenan a otros porque los juzgan demasiado entusiasmados en sus manifestaciones de fe. Cada cual debe preguntarse a sí mismo: "¿Me siento agitado alguna vez, me siento animado en la expresión exterior de mi fe, estoy lleno de celo en mi culto a Dios? ¿Es mi ánimo espiritual algo digno de Dios?" No basta con una actitud fría, ni siquiera tibia.

¿Es verdad que la gente de hoy experimenta el fervor más que en otros tiempos? Los mismos que critican a los cristianos porque muestran fervor de espíritu en su culto consideran natural vitorear a su equipo local con gran celo, y frecuentemente con gritos enronquecidos. ¿Es que acaso la agitación producida por un juego (en sí misma legítima) debe ser considerada como un sentimiento correcto, mientras que el fervor y el celo en el culto de Dios han de ser condenados como cosas indeseables?

En el incidente que Juan ha narrado, Jesús nos dio un ejemplo de su celo por la casa de Dios. No hay duda de que se presentan situaciones hoy en día en las cuales aquellos que honran a Dios deberían expresar sus sentimientos con fervor y en forma vigorosa.

Puede que los creyentes de hoy no usen los medios físicos que Jesús usó aquel día en el templo, pero no deben ser tibios. Hay un pasaje austero en Apocalipsis 3:15-18 que nos da la imagen de lo que el Señor Jesucristo piensa sobre el siervo tibio.

Yo conozco tus obras, que ni eres frío ni caliente. ¡Ojalá fueses frío o caliente! Pero por cuanto eres tibio, y no frío ni caliente, te vomitaré de mi boca (Ap 3: 15-16).

Cuando Jesús regresó de su obra de purificación del templo, se encontró con que los judíos se le enfrentaron preguntándole: "¿Qué señal nos muestras, ya que haces esto?" (Jn 2:18). No comprendieron su respuesta: "Destruid este templo, y en tres días lo levantaré" (v 19). Ellos sabían que el gran templo se había estado construyendo durante años. Pero mucho después sus discípulos recordaron sus palabras, y se dieron cuenta de que él hablaba del templo de su cuerpo, el templo del Espíritu Santo.

De nuevo hay aquí una lección para los creyentes. Puesto que Dios habita dentro del creyente, en la persona del Espíritu Santo, todo lo que el cristiano hace deberá ser hecho para el Señor. Tratar el cuerpo como si fuera pertenencia de cualquier hombre es una actitud profana. Se ve que esta verdad estaba implícita en el hecho de que fue después que Jesús se había levantado de entre los muertos cuando sus discípulos recordaron lo que él había dicho, "*...y creyeron la Escritura y la palabra que Jesús había dicho*" (Jn 2:22). En otras palabras, la resurrección de su cuerpo a los tres días les hizo recordar esta predicción y les infundió confianza. Y la fe en esa resurrección de su cuerpo, junto con la confianza de que él se halla aún hoy a la mano derecha de Dios el Padre intercediendo por nosotros, produce fruto en la vida de los creyentes cuando dan testimonio de él en su vida diaria.

Capítulo 4: **Jesús y la mujer en el pozo (Juan 4)**

El camino hacia la vida (4:1-26)

En todo el mundo el principal deseo de los hombres y mujeres de hoy parece ser ganar todo lo que puedan. Cuando el hombre se ve próspero anhela tener una prosperidad mayor aún. Nuestro deporte favorito es una carrera entre vecinos a ver quién tiene más cosas que el otro. Las mujeres suspiran por todos los últimos aparatos para ahorrar trabajo en la cocina. El centro de interés es "cosas, cosas, y más cosas"; nunca el bienestar espiritual de la familia o del vecindario. Se considera triunfador a un hombre si ha vencido a sus rivales y se halla a la cabeza de su negocio o profesión.

Es evidente que el orgullo y el egoísmo se hallan en la raíz misma de todo esto, y por ello es muy natural en el hombre. Pero qué peligroso es que sea una de las características principales de nuestros días.

Este no es el camino de Dios; esto no está en el evangelio de Jesucristo. El Padre celestial, que nos ama, no quiere esta lucha por las posesiones para sus hijos, especialmente los que están en Cristo Jesús. Por supuesto que los hombres y las mujeres no son sus hijos hasta que llegan a él en la forma que fue señalada por él mismo: por medio de Jesucristo. Pero, atrapados como están en esta búsqueda material, qué pocos son los que buscan este camino hoy. Los hombres buscan lo que quieren, aunque con frecuencia, al lograr lo que consideraban la meta suprema de su vida, se sienten infelices, insatisfechos, y con una profunda ansia interior por algo distinto, sin saber que esto se debe a que no han encontrado a Dios.

Sin embargo, el Buen Pastor se halla siempre buscando a sus ovejas perdidas. Esta es una verdad maravillosa que hace llegar el evangelio muy cerca de nuestro corazón. Las almas no necesitan entrar en una iglesia para que Dios las encuentre. Este hecho se pone de evidencia en la confrontación entre Jesús y la mujer samaritana.

Jesús se encuentra con la mujer

Cuando, pues, el Señor entendió que los fariseos habían oído decir: Jesús hace y bautiza más discípulos que Juan (aunque Jesús no bautizaba, sino sus discípulos), salió de Judea, y se fue otra vez a Galilea (Jn 4:1-3).

Jesús salió de la zona en la que estaba predicando porque no quería que la atención fuera desviada nuevamente de Juan el Bautista hacia él. Juan había vivido al máximo su parecido con Cristo anteriormente cuando había dicho: "Es necesario que él crezca, pero que yo mengüe". Pero el Señor ha de haber sabido también que había una mujer en Samaria que se hallaba confundida y herida por sus propios pecados, y estaba lista para ser liberada de ellos, de manera que salió en su busca, viajando de Judea a Galilea a través de Samaria.

Aunque no se la podía evitar en una ruta directa entre las dos regiones de Palestina, Samaria no era un lugar adonde los judíos fueran con gusto. Quienes hayan estudiado la historia de la Biblia saben que los judíos despreciaban a aquellos judíos mezclados por medio del matrimonio con los pueblos vecinos, a quienes llamaban samaritanos, y que vivían dentro de sus fronteras.

Pero incluso en Samaria, los viajeros fatigados han de descansar y comer, así que vino, pues, a una ciudad de Samaria llamada Sicar, junto a la heredad que Jacob dio a su hijo José. Y estaba allí el pozo de Jacob. Entonces Jesús, cansado, del camino, se sentó así junto al pozo. Era como la hora sexta (Jn 4:5-6).

"La hora sexta" equivale al mediodía, cuando el sol se halla en lo alto. Jesús estaba agotado de la caminata, y este lugar, el pozo de Jacob, era una parada acostumbrada para que los viajeros descansaran un rato. Su llegada allí parece una simple situación corriente.

"Vino una mujer de Samaria a sacar agua." Esta era también la tarea diaria de rutina para las mujeres de la ciudad.

A continuación: Juan nos relata cómo lo ordinario se convirtió en extraordinario:

Jesús le dijo: Dame de beber. Pues sus discípulos habían ido a la ciudad a comprar de comer (Jn 4:7,8)

No se acostumbraba que un extraño le pidiera a una mujer ningún tipo de favor ni servicio. El hecho de que Jesús se hallara a solas con la mujer hizo la situación más fuera de lo corriente. La mujer se dio cuenta de lo poco ordinarias que eran las circunstancias, y se lo dejó notar en su respuesta:

La mujer samaritana le dijo: ¿Cómo tú, siendo judío, me pides a mí de beber, que soy mujer samaritana? Porque judíos y samaritanos no se tratan entre sí. Respondió Jesús y le dijo: Si conocieras el don de Dios y quién es el que te dice: Dame de beber; tú le pedirías, y él te daría agua viva (Jn. 4:9-10).

El agua viva

Cuando Jesús habló de "agua viva" se estaba refiriendo al agua corriente, salida de una fuente, borboteante, como sacada de un pozo artesiano. Es evidente que la mujer se sintió curiosa sobre la razón por la que él le pedía esto a ella. Le dijo que él no tenía nada con qué sacar el agua, y le advirtió: "... y el pozo es hondo. ¿De dónde, pues, tienes el agua viva?" (v 11). Todas las palabras rezuman escepticismo, y es posible que se sintiera hasta sarcástica cuando le siguió preguntando: "¿Acaso eres tú mayor que nuestro padre Jacob, que nos dio este pozo, del cual bebieron él, sus hijos y sus ganados?" (v 12). Esta recepción no parece haber sido muy cortés, porque prácticamente, lo que está diciendo es: ¿Quién te has creído que eres?

El encuentro mismo fue algo fuera de lo corriente, y no tenemos por qué sorprendernos con su reacción ante palabras así dichas por un extranjero al que no conocía en absoluto. Jesús no le respondió sus preguntas en forma directa, pero tampoco la reprendió. Levantó la conversación a un nivel más alto, al decirle:

Cualquiera que bebiere de esta agua, volverá a tener sed; mas el que bebiere del agua que yo le daré, no tendrá sed jamás; sino que el agua que yo le daré será en él una fuente de agua que salte para vida eterna. La mujer le dijo: Señor, dame esa agua, para que no tenga yo sed, ni venga aquí a sacarla (Jn 4:13-15).

Toda la desconfianza que pudiera haber sentido desapareció cuando se dio cuenta de que él le estaba ofreciendo algo que no esperaba. En realidad, es probable que no esperara que él hiciera nada a favor de ella. El uso de la palabra Señor indica el comienzo de un cambio en su actitud. Se había dado, cuenta de que no estaba delante de un viajero cualquiera. Le pidió de esta agua de la que le había hablado. Hay mucho que aprender aquí con respecto a la manera de tratar con un alma pecadora y endurecida. No debe haber ira ni falta de cortesía. Debemos llevar la conversación a un punto en el que sea posible ofrecerle algo. De esta forma, algo del amor de Dios podrá brillar hasta llegar al corazón pecador.

Pero nuevas sorpresas esperaban a la mujer del pozo. Pronto descubrió que Jesús sabía mucho sobre ella.

Cuando le dijo que fuera a buscar a su esposo, le contestó que no tenía. Entonces Jesús le reveló que conocía su estado pecaminoso. Pero ella no estaba dispuesta a tratar sus asuntos personales con él. Juzgando que sería una persona religiosa, cambió el tema hacia una controversia religiosa, tratando de arrastrar su atención a las diferencias que existían entre judíos y samaritanos con respecto al lugar correcto y a la forma del culto. Al sacar a la luz uno de los puntos más discutidos en aquellos tiempos, parece haber querido distraer a este extraño de lo que para ella era tan personal.

Cristo no se dejó enredar en dicha discusión; al contrario. Le dijo en forma breve y clara que "Dios es Espíritu; y los que le adoran, en espíritu y en verdad es necesario que adoren" (v 24). Podemos evitar muchas controversias cuando damos testimonio, si recordamos, que "*...el hombre mira lo que está delante de sus ojos, pero Jehová mira el corazón*" (1 S 16:7). Esto debería ayudarnos a no vernos envueltos en distracciones externas.

La mujer le dijo entonces a Jesús que ella creía en la venida del Mesías, quien revelaría la verdad de todas las cosas. Él le respondió con una oración corta que resumía todo lo que ha de ser dicho sobre su persona: "Yo soy, el que habla contigo" (v 26). Es asombroso que Jesús, que raras veces se identificó a sí mismo como el Cristo ante los demás, lo hiciera ahora ante esta mujer pobre y pecadora de la comunidad samaritana. No lo reveló al principio de su conversación, cuando ella estaba escéptica todavía, sino más bien se lo reveló al final, cuando la había hecho enfrentarse con la realidad de que era una pecadora que necesitaba el agua viva que tanto había despertado su curiosidad al principio.

Este incidente sirve de modelo para todo aquel que trate de guiar a hombres o mujeres hacia Jesucristo. Sin duda el Espíritu de Dios puede obrar en forma instantánea, y es posible que un corazón reaccione de inmediato. Pero con frecuencia puede haber curiosidad, escepticismo, o incluso un franco antagonismo que ha de ser superado. Según el Espíritu lo guíe, puede ser su gozo y privilegio guiar en forma delicada pero firme a los que sean sinceros, hasta el punto en que puedan reconocer su necesidad. Entonces será posible presentarles a Jesucristo como Salvador y Señor.

El testimonio resultante (4:27-38)

Cuando los discípulos regresaron y vieron a Jesús sentado al lado del pozo conversando con la mujer desconocida no le pidieron una explicación de su conducta tan poco corriente. Esto sugiere la idea de que ya él había actuado en forma independiente con respecto a la tradición social con anterioridad, y también la de que tenían una confianza plena en su sabiduría y buen juicio. Se "maravillaron" de esta conducta suya, pero ninguno de ellos le preguntó nada.

Juan no ofrece explicación alguna, sino que continúa narrando:

> *Entonces la mujer dejó su cántaro, y fue a la ciudad, y dijo a los hombres: Venid, ved a un hombre que me ha dicho todo cuanto he hecho. ¿No será este el Cristo? Entonces salieron de la ciudad, y vinieron a él* (Jn 4:28-30).

Dar testimonio de las bendiciones recibidas de Jesucristo es siempre algo de verdadera importancia. Las Escrituras dicen:

"Díganlo los redimidos de Jehová, los que ha redimido del poder del enemigo" (Sal 107:2). Los cristianos han de ser sus testigos. Este asunto de decirles a los demás lo que Dios ha hecho por nuestra alma es mucho más importante de lo que muchos piensan. Es bueno que el creyente lo diga, y es bueno que los demás lo oigan, cuando lo que se dice es para alabanza de Dios. Algunos testimonios parecen un desfile de las propias obras de la persona, o una glorificación de sí misma. Esto realmente no le sirve de ayuda a nadie. Tampoco es señal de profundidad y madurez espiritual dar testimonio de viejos pecados con una nota apologética en la voz, junto con la observación de que "espera comportarse mejor". El testimonio debería ser una simple narración, ceñida a los hechos, sobre lo que Dios ha hecho por usted: nada más, nada menos, siempre dada en un espíritu de genuina humildad. La gloria le pertenece a Dios, y no se le ha de dar mérito alguno a la persona que ha recibido su bendición.

El testimonio personal

Un hombre me contó recientemente cómo había sido guiado para que aceptara a Jesucristo. Había ido a una iglesia muy conocida y había escuchado a un predicador estupendo. Cuando se hizo la invitación, sintió el llamado de Dios ciertamente, pero se dijo a sí mismo: "Bueno, esta noche no; otra vez será, pero no ahora. No me siento de humor para dar un paso así en este momento". Ya se iba a marchar de la iglesia en la misma condición en que había entrado en ella, excepto que quizá su negativa haría más fácil todavía otra negativa más.

Justamente cuando se marchaba, se encontró con un amigo que lo invitó a ir a la casa de otro miembro de la iglesia por un rato. Iban a tener una reunión sólo para hombres, y el visitante se preguntó qué podría hacer un grupo de hombres creyentes en una reunión así después del servicio nocturno de su iglesia. Se sintió curioso, así que decidió ir. Cuando llegaron a la casa, había un grupo de unos veinticinco hombres reunidos en una amplia sala. Lo presentaron al dueño de la casa y tomó asiento. El dueño de la casa presidía la reunión. Dijo: "Esta noche vamos a usar nuestro tiempo diciendo lo que el Señor ha hecho por nosotros en respuesta a nuestras oraciones. Pero hay una condición. Cada uno de ustedes deberá decir lo que Dios ha hecho por él en las últimas veinticuatro horas. Todo lo que haya pasado antes del ese tiempo está demasiado atrasado para esta reunión".

Hubo un momento de silencio, como si cada hombre; se estuviera comunicando en el corazón con el Señor. El visitante pensó para sí: "Bueno, bueno, nunca acabaremos. Todos están esperando, porque no pueden cumplir con el requisito. En primer lugar —seguía pensando— nunca se le debe pedir a la gente que hablen en público sobre sus cosas, porque se sentirán turbados. Los hombres no dirán lo que el Señor ha hecho, si es que ha hecho algo por ellos, y por supuesto que no ha sido en las últimas veinticuatro horas". Pero cuando pensaba estas cosas, y comenzaba a sentirse turbado él también, un hombre se levantó, y con la cara radiante, comenzó a relatar una respuesta a su oración. Después otro, y otro, y en ocasiones, había dos o tres que comenzaban a hablar al mismo tiempo. El asombro del visitante crecía a medida que se alargaba esto, que duró hora y media. El peso aplastante de estos testimonios personales fue, usado por el Espíritu para atravesar todo el escepticismo y las reservas del visitante. La realidad del evangelio se hizo clara y pudo creer personalmente en Jesucristo y aceptarlo como su Salvador. Siempre dice ahora que no había sido ganado —y quizá nunca lo hubiera sido en un culto de la iglesia— escuchando a un predicador. Pero cuando estuvo en aquel hogar, con un grupo de hombres que decían lo que el Señor había hecho por ellos, no pudo resistir el peso de la evidencia, y así pudo llegar hasta Dios.

Esta es la forma en que el Espíritu Santo nos dirige para ganar personas para Cristo. Nunca sabemos cuándo el testimonio que demos sobre nuestra salvación, sobre una oración contestada, o alguna evidencia reciente del amor de Dios y de la gracia derramada en nuestra vida o sobre nuestra familia, va a tener un efecto favorable sobre alguno de los que están escuchando. Sin duda, muchos se han sentido conmovidos por esta canción muy conocida en nuestro país:

No es secreto lo que Dios puede hacer; Lo que por otros ha hecho, lo hará por ti.

Con los brazos abiertos te dará la bienvenida. No es secreto lo que Dios puede hacer.

Todo esto nos ayuda a comprender lo que sucedía en el corazón de aquella mujer samaritana mientras corría de vuelta a su ciudad gritando: "¿No será este el Cristo?"

"Yo tengo una comida"

Después de que ella se fue del pozo, los discípulos le ofrecieron un poco de comida a Jesús, y comenzaron a conocer de él más de lo que habían conocido hasta entonces. Es evidente que ellos estaban reverentes en su presencia. No se precipitaban preguntándole mil porqués. Aquí tenemos una guía excelente para nuestro estudio de la Biblia: pasar mucho tiempo con la Palabra, y esperar que el Señor nos hable mientras nosotros escuchamos.

Cuando él rechazó la comida que le ofrecían, comenzaron a comentar entre ellos: "... ¿Le habrá traído alguien de comer?" (v 33). Le habían instado a que comiera, pero su respuesta los dejó confundidos, porque les dijo: "Yo tengo una comida que comer, que vosotros no sabéis". Entonces, les explicó qué era exactamente lo que quería decir:

Mi comida es que haga la voluntad del que me envió y que acabe su obra. ¿No decís vosotros, aún faltan cuatro meses para que llegue la siega? He aquí os digo: Alzad vuestros ojos y mirad los campos, porque ya están blancos para la siega (Jn 4:34-35).

Es posible que mientras Jesús decía esto, estuviera mirando a los hombres de Sicar, que se acercaban por el campo. Venían a solicitud de la mujer para oírle. Aquí hallamos de nuevo una aplicación muy real para el día de hoy. No hay momento alguno en que no haya un "campo blanco" en el cual trabajar de acuerdo con la voluntad de Dios, hablándoles a los demás de él.

Jesús planteó aquí otro principio sobre el arte de ganar almas:

> ...y el que siega recibe salario, y recoge fruto para vida eterna, para que el que siembra goce juntamente con el que siega. Porque en esto es verdadero el dicho: Uno es el que siembra, y otro es el que siega (Jn 4:36,37).

Esta es una gran realidad en el trabajo de Dios ganando almas. "Los campos están blancos para la siega." ¿Por qué? Porque otros hombres han sembrado la semilla.

Todos los que viajan predicando la Palabra saben que esto es cierto. ¿Por qué hay almas que buscan, y están listas esperando, ansiosas de aceptar? Porque alguna otra persona, quizá una madre llena de fe en el hogar, o a lo mejor un maestro de escuela dominical de hace muchos años, o un pastor cuando esa persona se unió por primera vez a una iglesia, fue quien sembró la semilla.

Siempre que alguien a quien se invita a ir a la iglesia o a la escuela dominical lo hace de buen grado, podemos estar razonablemente seguros de que el Espíritu Santo está trabajando en alguna semilla sembrada que se halla enterrada en lo profundo de su corazón.

Esto explica algo que es común cuando un evangelista tiene pensado realizar reuniones: les ruega a los cristianos del lugar que oren antes de que él llegue. Él sabe que gran parte de la labor de alcanzar a los perdidos será hecha antes de su llegada. Así podrá gozarse cosechando donde otros han sembrado. Si hay otras personas que han estado orando —y trabajando—, sabe que está entrando en una situación en la cual Dios ha estado preparando su camino. Juan señala que la persona que sembró: esa preciosa semilla recibirá bendición en la cosecha, aunque sea otra la que la realice. Este es un caso en que, cada cual es "...*hechura suya, creados en Cristo Jesús para buenas obras, las cuales Dios preparó de antemano, para que anduviésemos en ellas*" (Ef 2:10).

Este principio es cierto de muchas maneras. Cuando se hace oración por los demás, Dios ya está obrando en sus corazones. Cuando alguien se halla en necesidad, Dios puede haberle dado a otra persona los recursos necesarios para aliviar esa necesidad. El misionero sale al campo extranjero, y el creyente ha sido bendecido en su tierra de tal manera que puede mantener a aquel misionero con sus oraciones y sus donaciones. Así es como se puede segar la cosecha y la obra del Señor puede ser llevada a cabo.

Compartiendo (4:39-42)

Hace poco, pasando por cierto pueblo, me detuve a altas horas de la noche en una estación para comprar gasolina. Cuando acerqué el auto a la bomba y salí de él, dejé en el asiento delantero un cartapacio marcado con unas letras más bien grandes que decían: LA BIBLIA PARA USTED, INC. Era un panfleto que estaba usando en conexión con mi programa de radio. El empleado de la estación acertó a mirar dentro del auto y vio el cartapacio. Me dijo:

—¿La Biblia para usted?

—Sí, señor— le contesté, y comencé a hablarle de mi programa de radio. El hombre del garaje me dijo:

—Usted quiere decir el que sale al aire todas las mañanas a las 11:45—, no me estaba haciendo una pregunta, sino señalando un hecho. Le pregunté:

—¿Lo escucha usted?

—Siempre— me contestó, y buscando en el bolsillo, sacó un Nuevo Testamento. Lo puso delante de mis ojos y me dijo: —La Biblia para usted, ¿no es eso?

Imagínense la alegría profunda que sentí. Ahora sabía que estaba en presencia de un hermano cristiano. Me sentí conmovido al pensar que estaba tratando con él.

Algo así sucedió con la mujer de Samaria. Su entusiasmo era contagioso.

Y muchos de los samaritanos de aquella ciudad creyeron en él por la palabra de la mujer, que daba testimonio diciendo: Me dijo todo lo que he hecho. Entonces vinieron los samaritanos a él y le rogaron que se quedase con ellos; y se quedó allí dos días (Jn 4:39-40).

El testimonio de la mujer era tan claro y convincente, que muchos creyeron en él. Entonces el pueblo le pidió a Jesús que se quedara por un tiempo, y pasó cuarenta y ocho horas en medio de ellos, compartiendo su propio ser con ellos. Esto tuvo como resultado que muchos más creyeran también. "*Y creyeron muchos más por la palabra de él*" (v 41).

Tales son las cosas que pueden suceder hoy. Me doy cuenta

perfecta del hecho de que no podemos invitar a Jesús a presentarse en carne y hueso en nuestro hogar o nuestra comunidad. El ya no está en este mundo en la carne ahora. Pero como cristianos tenemos al Espíritu Santo y tenemos nuestras Biblias. La Biblia es la Palabra escrita de Dios, así como Jesús era, como declara Juan, la Palabra viviente de Dios. Así como aquellos vecinos le pidieron que permaneciera en el pueblecito de Sicar, una persona puede abrir su Biblia hoy y estar en la presencia misma del Señor. Como fue cierto entonces que "creyeron muchos más por la palabra de él", puede serlo igualmente hoy.

Y decían a la mujer: Ya no creemos solamente por tu dicho, porque nosotros mismos hemos oído, y sabemos que verdaderamente este es el Salvador del mundo, el Cristo (Jn 4:42).

El tipo de convicción que alcanza a la persona que lee y estudia la Biblia es más profundo. Es algo maravilloso tener a un predicador lleno de fe que nos señale al Cordero de Dios. También es maravilloso estar en fraternidad con otros cristianos y que todos ellos crean verdaderamente en Jesucristo y den testimonio de él. Pero cuando esta persona abre las Escrituras y comienza a leer la Biblia está escuchando al mismo Señor hablándole personalmente. Esta persona puede así llegar a creer en Cristo porque él le ha mostrado alguna santa verdad acerca de sí mismo en su Palabra.

Esta experiencia es frecuente. Cuando los creyentes son constantes en la lectura y el estudio de la Biblia, su conocimiento del Cristo va en aumento. Hay muchas personas que pueden decir: "Ahora creo, no por lo que dicen otros, pues no tengo que depender enteramente de ello. Lo he oído a él mientras he estado leyendo la Palabra de Dios, y sé que él es en verdad el Cristo". Hay una bendición especial de Dios en la lectura y el estudio de la Biblia. Sería muy bueno que los cristianos se reunieran unos con otros de la misma fe en estudio a fondo y regular de la Biblia. Esto desarrolla la fe y aumenta el gozo que da la comprensión, porque en la Palabra escrita de Dios el alma oye la voz del Señor y sabe sus promesas.

Crecimiento por medio de la oración (4:43-54)

El crecimiento de la fe en el corazón y la vida del cristiano es más maravilloso aun que el crecimiento de un niño. La fe en Jesucristo crece por medio del conocimiento de su voluntad y la obediencia. Es así de sencillo. Después del nuevo nacimiento la fe en Jesucristo puede crecer cuando el alma del creyente recibe como verdaderas las promesas de Cristo, y ora y recibe respuestas a sus oraciones. No hay duda de que muchos creyentes no adelantan porque oran muy poco. Algunos parecen pensar que a la oración se recurre solamente cuando nos enfrentamos con una emergencia desesperada. Es ciertamente maravilloso poder orar cuando nos vemos ante el peligro o la tentación. Pero es aún más asombroso y alentador que podamos orar a Dios en todas las circunstancias. Es maravilloso ver cómo va creciendo la fe a medida que van llegando las respuestas.

Hacia el final del capítulo cuarto hay otra clase de situación capaz de engendrar fe. La historia del noble y su hijo nos enseña que la fe puede descansar en la respuesta a la oración (Jn 4:45-54). Después de los dos días que pasó con los samaritanos, Jesús se marchó de Sicar en Samaria y fue a Galilea. Este había sido su plan antes de que interrumpiera su viaje. Es evidente que en esos momentos Jesús de Nazaret deseaba escapar de la atención pública. Si se hubiera quedado en Samaria, el alboroto habría alcanzado grandes proporciones. Por extraño que parezca, Jesús sabía cuál era el mejor lugar adonde podía ir para que no le hicieran caso. Ese lugar era su propia tierra (Jn 4:44).

Aun allí, su llegada llamó la atención, pero no por la razón que hubiera alegrado a Jesús. Sólo estaban fascinados con sus milagros.

Cuando vino a Galilea, los galileos le recibieron, habiendo visto todas las cosas que había hecho en Jerusalén, en la fiesta; porque también ellos habían ido a la fiesta (Jn 4:45).

Según parece, los galileos que habían estado en la fiesta y estaban de vuelta esparcieron noticias sobre las cosas que habían visto y oído con respecto a este hombre de Nazaret. Por eso, cuando Jesús llegó a Galilea, había una gran cantidad de gente que venía a verlo y a oírlo. Juan relata: Vino, pues, Jesús otra vez a Caná de Galilea, donde había convertido el agua en vino. Y había en Capernaum un oficial del rey, cuyo hijo estaba enfermo (Jn 4:46).

Caná no se halla lejos de Capernaum, y cuando este hombre noble supo que Jesús estaba en Caná, vino a verlo. El hombre estaba bajo intensa angustia. Le pidió a Jesús que descendiera para sanar a su hijo, porque el muchacho se hallaba a punto de morir. Esto es oración. Este hombre, que llegaba a él porque su hijo estaba gravemente enfermo, demostró tener fe suficiente para creer que Jesús sanaría al joven.

La fe del hombre noble

La primera reacción de Jesús de Nazaret fue poner en tela de juicio los motivos que llevaban al hombre a pedirle un milagro. Aun hoy el Señor puede probar a las personas que llegan ante él orando por algún asunto en especial:

Entonces Jesús le dijo: Si no viereis señales y prodigios, no creeréis (Jn 4:48).

Era como si dijera: ¿Quieres que vaya y haga esto para poder ver algo tremendo? ¿Tu única intención es ver algo fuera de lo corriente, como el resto de los galileos? Este tipo de prueba podría haber desalentado a una persona superficial o frívola. Pero la respuesta del hombre noble nos muestra la sinceridad de su oración:

El oficial del rey le dijo: Señor, desciende antes que mi hijo muera. Jesús le dijo: Ve, tu hijo vive. Y el hombre creyó la palabra que Jesús le dijo, y se fue (Jn 4:49-50).

Es admirable la fe que mostró este hombre, porque obedeció como se le dijo, y se encaminó hacia su casa. Todavía no había visto ningún resultado externo, pero confiaba ya en que le había sido concedido lo que había pedido.

Aquel padre debe haber experimentado un gran gozo cuando sus siervos le trajeron la buena noticia:

Cuando ya él descendía, sus siervos salieron a recibirle, y le dieron nuevas, diciendo: Tu hijo vive (Jn 4:51).

Entonces, el hombre noble les preguntó cuándo había "comenzado a estar mejor" su hijo. Los siervos le contestaron que había sido el día anterior, "a la hora séptima la fiebre le dejó".

El padre entonces entendió que aquella era la hora en que Jesús le había dicho: Tu hijo vive; y creyó él con toda su casa (Jn 4:53).

Aquí hay mucho que aprender con respecto a la fe. En primer lugar, el hombre noble había tenido fe suficiente en Jesucristo para llegarse a él en busca de ayuda. Además, tuvo más fe para poder regresar a casa después de haber llegado hasta allí. Por último, hubo una fe creciente que abarcó a toda la familia cuando les contó lo que había sucedido. Esto demuestra que la fe crece realmente cuando una persona recibe respuestas a sus oraciones.

Capítulo 5: **El testimonio de su poder (Juan 5)**

La salvación es la obra de Dios ofrecida al hombre por medio de Cristo Jesús.

Su fuente se halla solamente en Dios, pero él le permite y a la vez le exige al hombre que juegue un papel en ella. Dios salvo a Noé del diluvio, pero fue necesario que él construyera el arca y siguiera las instrucciones de Dios entrando en ella. Dios sacó a los israelitas de Egipto, pero ellos tuvieron que creer en Moisés como caudillo y salir tras él. Dios le dio a David la victoria sobre Goliat, pero David tuvo que escoger las cinco piedras pulidas, y ejercitar su habilidad con la honda.

En el Nuevo Testamento se halla escrito que Dios envió a su Hijo para redimir a los que se hallaban atados en el pecado, pero esto fue para "todos los que le recibieran."

De manera que parece evidente el hecho de que, aunque Dios proporcione salvación, el hombre tiene que creer; tiene que recibir el don gratuito de Dios. El hombre debe responder: Dios no lo obliga a hacerlo. Este principio acerca de la necesidad que tienen el hombre y la mujer de estar dispuestos a recibir la bendición de Dios para ser bendecidos por él es presentado en el capítulo quinto del Evangelio de Juan.

Curación en Betesda(5:1-9)

El escenario en que se desarrolla el suceso es muy interesante y tiene varios elementos fuera de lo ordinario. Este lugar era lo que hoy se llamaría un santuario de sanidades. Era un lugar llamado el estanque de Betesda, donde la gente se reunía. Había dos cosas extraordinarias en este estanque. Una era que de vez en cuando un ángel descendía hasta las aguas y las tocaba. El otro era que quien entrara el primero en el estanque después de que las aguas habían sido agitadas por el ángel quedaba curado de toda enfermedad que tuviese.

Para tratar de comprender este relato es bueno recordar que en la Biblia nunca se describe cómo es un ángel. No hay ningún lugar en todas las Escrituras en que se haga una descripción verbal de los ángeles. En realidad, la palabra ángel es un término relacionado con la función realizada, y significa mensajero. Dios enviaba un mensajero a mover las aguas. Cómo lo hacía es algo que no se dice.

No hay indicación alguna de que esta agua tuviera un mineral especial que tuviera efectos curativos. Tampoco hay ninguna insinuación de que tuviera algún tipo de propiedades magnéticas que afectaran al primero que entrara en el estanque. No hay más evidencias que las declaraciones llanas de las Escrituras. Quien lea una historia así en la Biblia no deberá tratar de hallarle explicación. Si no la comprende, puede ser lo suficientemente humilde como para aceptar que no siempre es posible entender la manera en que obra Dios.

Jesús llegó allí un día y vio a un cierto hombre acostado junto al estanque. "Hacía treinta y ocho años que estaba enfermo" (v 5).

Cuando Jesús lo vio acostado, y supo que llevaba ya mucho tiempo así, le dijo: ¿Quieres ser sano? (Jn 5:6).

Parece extraño que Jesús le preguntara: ¿Quieres sanarte? Él sabía lo que hay en los corazones de los hombres. Además, cualquiera de los que se hallaban en aquella multitud que rodeaba Betesda sabía que los enfermos querían ser curados. Claro que Jesús lo sabía.

Entonces, ¿por qué le hizo esa pregunta?, ¿para que él también tuviera su parte?, ¿para que pudiera darse cuenta de su propia incapacidad e inutilidad y confesara lo necesitado que se hallaba? Es posible que Jesús quisiera arrancarle al hombre la admisión de su inutilidad, tal como él la expresó en el versículo siete: "Señor, ...no tengo quien me meta en el estanque cuando se agita el agua; y entre tanto que yo voy, otro desciende antes que yo".

Entonces Jesús le dio la orden más asombrosa que pueda recibir un hombre que no ha podido caminar durante treinta y ocho años: "*Levántate, toma tu lecho, y anda*" (Jn 5:8).

¿Comparte usted mi sentimiento de profunda reverencia ante estas palabras? ¿No se queda igualmente conteniendo el aliento, esperando a ver qué sucederá?

Obediencia inmediata

Y al instante aquel hombre fue sanado, y tomó su lecho y anduvo. Y era día de reposo aquel día (Jn 5:9).

Inmediatamente. No esperó para reaccionar en obediencia a la orden de Jesús de Nazaret. Esto sucedió para que sirviera de ejemplo clásico a todo el que lo leyera; a todos los que buscan servir al Señor en cualquier edad. La narración nos dice que este hombre estaba "enfermo", significando con ello inutilidad total. Esto es importante. Es frecuente que los hombres se vean acorralados por las murallas de la desesperación, y el Señor Jesús está tan listo hoy como lo estaba entonces para darles la voz de mando y sacarlos del hoyo de sus dificultades, si ellos están dispuestos a obedecer su mandato.

En segundo lugar, fue Jesús quien se aproximó al hombre y no el hombre quien buscó a Jesús. Es consolador fijarse en esto. Dios está interesado en los hombres, y el Señor Jesucristo, vivo y ansioso, se halla muy junto a todo el que esté en angustia.

En tercer lugar, el hombre fue llamado a confesar su necesidad. Tuvo que reconocer que por sí mismo no podía hacer lo que necesitaba. Los cristianos de hoy no están exentos de la necesidad de comprender su propia incapacidad, además de la presencia y el poder del Espíritu Santo que habita en ellos.

Y, en cuarto lugar, la palabra de Jesús liberó al hombre enfermo; lo capacitó de inmediato para caminar cuando él reaccionó con fe. ¡Qué grande es el poder y el amor que Dios les tiene a los hombres!

Los directores se irritan (5: 10-16)

Los caminos de Dios, aunque rectos y buenos, no son preferidos por los hombres. Este incidente del hombre inválido del estanque de Betesda es la primera manifestación de la oposición de los judíos a

Jesús. Sería de suponer que ellos se alegrarían por el bien que había recibido uno de los suyos, que había estado inválido de por vida. Sin embargo, en lugar de regocijarse, se pusieron a hallar faltas, señalando que la sanidad había tenido lugar en el día de descanso. Por lo tanto, según ellos, no le era lícito al hombre sanado andar cargando su lecho; eso era contra la ley.

El motivo de esta oposición es fácil de ver. Jesús había demostrado ante los ojos de ellos que tenía un poder muy superior al que puede alcanzar un hombre mortal, y era natural que esto atrajera atención sobre su persona. La gente acudía en muchedumbres a verlo. Las cosas no sucedían a su alrededor en forma ordinaria. Era revolucionario en el sentido de pasar por alto las reglas, sanando en el día de descanso. Esto lo convertía en una seria amenaza para los dirigentes judíos. Sus capacidades constituían una amenaza, porque podía hacer más de lo que ellos hubieran podido realizar. Era una amenaza en su popularidad, porque acudían más personas a verlo y a oírlo de las que jamás hubieran ido al templo. Era una amenaza también por su ejemplo, porque era cierto que hacía cosas en el día de descanso, lo que ellos no aprobaban en absoluto. De manera que en vez de regocijarse por el bien que había hecho, se pusieron a criticar.

En efecto, al hombre que había sido sanado, los judíos le dijeron: "No tienes derecho a caminar por la ciudad cargando con tu lecho. Sabes que no se puede trabajar en el día de descanso". Pero el hombre les respondió llanamente: "*El que me sanó, él mismo me dijo: Toma tu lecho y anda*" (Jn 5:11).

Es evidente que este inválido había sentido el poder de Jesús. Este le había indicado que caminara y que cargara con su lecho. Probablemente no vaciló en obedecer lo que Jesús le dijo que hiciera. No se había dado cuenta de que era el hombre de Nazaret el que lo había hecho, pero sí sabía que había sido sanado, y que obedecería todo lo que él le dijera que hiciera.

Después le halló Jesús en el templo, y le dijo: Mira, has sido sanado; no peques más, para que no te venga alguna cosa peor. El hombre se fue, y dio aviso a los judíos, que Jesús era el que le había sanado.

De manera que Jesús no se contentó con revelársele a este hombre, sino que le dio nuevas instrucciones. "Has sido bendecido por Dios —le dijo— ahora debes serle agradecido. No intentes hacer nada que sea contrario a su voluntad". Ahora, los jefes de los judíos tenían más razones aún para atacar a Jesús.

Aquí hay algo muy extraño; realmente irónico. Los enemigos más implacables y encarnizados que tuvo el Señor se hallaban entre los principales religiosos. Se enojaban por todo lo que fuera contrario a sus ideas y esquemas. No le pusieron atención alguna al bien que Jesús había hecho, y lo condenaron por no haber seguido las reglas y los mandatos de ellos.

Esta situación sigue siendo corriente. Puede ser hallada en la iglesia. Las actividades de las congregaciones locales son dirigidas por cristianos que son, después de todo, seres humanos. Las personas que están en la iglesia, aunque sean salvas y estén entregadas a la obra del Señor, pueden sentirse preocupadas por su posición personal ante los ojos de los demás. Les gusta ser objeto de admiración, ser considerados a la altura de los demás, y tienen la tendencia a hacer las cosas sólo a su manera. Si alguna otra persona intenta otro sistema que tiene éxito, estas personas se sienten agraviadas de inmediato por lo que alguien distinto de ellas está realizando. Este es uno de los obstáculos más serios que afligen a la obra de Dios.

Una situación como la siguiente podría presentarse: un cristiano emplea su tiempo para dar un rodeo y recoger a la familia de un vecino para que asista a la escuela dominical. Tiene que salir de su casa más temprano para hacerlo. La gente debería sentirse contenta por ello. Sin embargo, no ocurre así necesariamente. Es frecuente que critiquen a esa persona porque gasta tiempo y gasolina para recoger a unos niños para la escuela dominical. Claro que esto no es razonable, pero es tristemente frecuente entre la gente religiosa. Deberíamos estar alertas para combatirlo. Es fácil ser farisaico; ser como Cristo no es tan sencillo.

Jesús y Su padre (5:17-31)

Jesucristo revelaba en sí mismo la voluntad de Dios. No había nada en su aspecto externo que sugiriese nada especial. No era su estatura, ni su ropa, ni la forma en que caminaba. Eran su estilo de vida y las cosas que hacía lo que a través de él revelaba la voluntad de Dios con respecto al hombre. El cumplió la ley de Dios en todos sus aspectos, pero esto no es el sentido esencial de su vida y su obra.

Más bien era esto: que hizo lo que hizo porque Dios estaba en él. No era simplemente Jesús de Nazaret leyendo las leyes de Dios, tal como aparecen en el Antiguo Testamento, y entonces reuniendo energías y esforzándose por seguir todo lo que había leído. Él tenía dentro de sí la vida misma de Dios, y era Dios. De esta forma, su justicia, su forma de vida, eran las de Dios. Jesús demostró en sí mismo el poder y la fortaleza de Dios, cómo sería la vida si se viviera con Dios, y cómo sería el trabajo cuando se hiciera con Dios.

Juan 5:17-31 explica esto. "*Yo y el Padre, uno somos*", decía Jesús. Por supuesto que esto no significa que Dios Padre habitara en el cuerpo de Jesús de Nazaret como una sola persona. Él no quería decir que en ese momento su cuerpo humano fuera parte de Dios en el cielo. Lo que realmente quiere decir es que él, como Jesús de Nazaret, y Dios como el Padre en el cielo, eran uno en la unidad de la divinidad, así como Adán y Eva eran uno en la unidad del hombre; como el esposo y la esposa son "una carne". En su forma humana estaban las obras de la voluntad de Dios, en las cuales él compartía la unidad con su Padre.

Los judíos lo acusan de blasfemia

La forma misma en que Jesús dijo estas cosas ofendió a los principales de los judíos. Ellos pensaron que él se estaba equiparando a Dios, y era cierto. Pero él quería decir más que esto. No sólo era igual a Dios, sino que era uno con su Padre, en comunión viviente por el Espíritu único que estaba en ellos.

Y Jesús les respondió: Mi Padre hasta ahora trabaja, y yo trabajo. Por esto los judíos aún más procuraban matarle, porque no sólo quebrantaba el día de reposo, sino que también decía que Dios era su propio Padre, haciéndose igual a Dios (Jn 5:17-18).

Notemos la forma en que Jesús expresa esto. Mi Padre está

trabajando en todo lo que respecta a este mundo y a sus habitantes, y yo también trabajo junto con él. Es decir, que voy andando por el camino de mi Padre. La reacción de los judíos fue rápida y cortante; ahora lo acusaban no sólo de quebrantar las leyes relativas a las observancias sabáticas sino también de blasfemia contra Dios.

Respondió Jesús y les dijo: De cierto, de cierto os digo: No puede el Hijo hacer nada por sí mismo, sino lo que ve hacer al Padre; porque todo lo que el Padre hace, también lo hace el Hijo igualmente (Jn 5:19).

Esta declaración junta a las dos personas y presenta al Padre y al Hijo como sólo uno. Son uno en sí mismos. El Hijo no hace nada de sí mismo; no actúa por su propia cuenta.

Hoy en día se emplea con frecuencia la palabra unilateral para significar una obra emprendida o hecha por una persona sin participación de las demás. Este proceder es muy humano y se puede ver al natural en los niños. Todo niño normal tiene sus propias ideas, y quiere llevarlas adelante según su voluntad. Esto nos indica que es un ser humano de verdad, y que habrá de desarrollarse naturalmente en un egoísmo de pecado.

Mayores obras

Sin embargo, en lo que a un cristiano se refiere, el cuadro debe ser muy diferente. Todo hijo de Dios ha de luchar por ser como el Señor Jesús, quien es el único Hijo de Dios. El Hijo no engendra acción salida de su propia voluntad, sino que lleva adelante los planes del Padre, haciendo lo que ve al Padre hacer. Jesús continuó su explicación mostrándoles verdades aún más profundas:

Porque el Padre ama al Hijo, y le muestra todas las cosas que él hace; y mayores obras que estas le mostrará, de modo que vosotros os maravilléis (Jn 5:20).

Mientras se hallaba en la tierra, Cristo Jesús realizó numerosos milagros, tales como la curación del inválido en el estanque de Betesda. Ahora les dice que esto es sólo el principio: habrá "obras mayores que estas, para que vosotros os maravilléis". Cuando nos preguntamos de qué obras mayores hablaba, y cuándo serían realizadas, todo lo que tenemos que hacer es recordar el día de Pentecostés. En aquel momento, miles de corazones fueron tocados y tres mil vidas fueron cambiadas. Pedro se levantó para predicar un mensaje que estaba en la voluntad de Dios, y mientras Dios obraba en aquella gran muchedumbre, sucedió una de estas "mayores cosas". Las palabras de Pedro produjeron convicción, porque Dios estaba actuando dentro de aquella multitud. Todavía hoy estas "obras mayores" son posibles en el evangelismo, la predicación, y el testimonio personal, en que hombres y mujeres son ganados para Cristo.

Porque como el Padre levanta a los muertos, y les da vida, así también el Hijo a los que quiere da vida. Porque el Padre a nadie juzga, sino que todo el juicio dio al Hijo, para que todos honren al Hijo como honran al Padre. El que no honra al Hijo, no honra al Padre que le envió. De cierto, de cierto os digo: El que oye mi palabra, y cree al que me envió, tiene vida eterna; y no vendrá a condenación, mas ha pasado de muerte a vida. De cierto, de cierto os digo: Viene la hora, y ahora es, cuando los muertos oirán la voz del Hijo de Dios; y los que la oyeren vivirán (Jn 5:21-25).

Estas palabras suenan muy sencillas, pero su significado es sumamente profundo. Porque Dios Todopoderoso levantaba a los muertos, el Hijo los levantará: "...porque todo lo que el Padre hace, también lo hace el Hijo igualmente". Aquí se habla de Dios dándoles vida a los muertos, a través de su Palabra, por medio del Señor Jesucristo. Esto es lo que se ha venido realizando por medio de la predicación de su Palabra, hasta el día de hoy. "...aquellos que oigan vivirán" porque Dios los levantará de entre los muertos, y el Hijo hará lo mismo. Pero aún no ha terminado Jesús con esta asombrosa declaración. Continúa su enseñanza sobre la maravillosa relación que existe entre Padre e Hijo.

Porque como el Padre tiene vida en sí mismo, así también ha dado al Hijo el tener vida en sí mismo; y también le dio autoridad de hacer juicio, por cuanto es el Hijo del Hombre (Jn 5:26-27).

Cristo está indicando aquí una posibilidad admirable para aquellos que le pertenezcan. Los hombres y las mujeres que han sido redimidos, mientras anden en la voluntad de su Señor, por la capacidad que les da el Espíritu Santo podrán hacer también las obras de Dios. Así será no porque ellos lo hagan por sí mismos sino porque el Padre está obrando por medio de ellos. No importa dónde se halle un cristiano; puede estar haciendo las mismas cosas que Dios quiere llevar a cabo mientras por la fe ande en sus caminos y de acuerdo con su Palabra.

El testimonio de Juan (5:32-35)

Otro es el que da testimonio acerca de mí, y sé que el testimonio que da de mí es verdadero. Vosotros enviasteis mensajeros a Juan, y él dio testimonio de la verdad. Pero yo no recibo testimonio de hombre alguno; mas digo esto, para que vosotros seáis salvos. Él era antorcha que ardía y alumbraba; y vosotros quisisteis regocijaros por un tiempo en su luz (Jn 5:32-35).

La vida y la experiencia del cristiano están enraizadas en la fe. Cuando un hombre afirma que cree se está refiriendo a algo que no ha visto. Si lo hubiera visto, no tendría que expresar su fe, porque podría decir entonces que ha visto. Pero cuando dice que cree, se está refiriendo a algo que por el momento no se halla dentro del alcance de su vista. Podrá estar hablando de algo que aún no ha sucedido; algo que espera de verdad que habrá de suceder, y que prevé. *"Es pues, la fe la certeza de lo que se espera, la convicción de lo que se ve"* (Hb 11:1). Creer significa aceptar como verdad algo que no solamente no vemos, sino que tampoco podemos comprobar.

Cuando los hombres y mujeres de aquel tiempo veían a Jesús de Nazaret, ¿qué veían en realidad? Veían un hombre; sabían que era un hombre bueno pues hasta Pilatos lo sabía. Cientos y miles lo vieron obrar milagros. Que comprendieran esos milagros o no, no es lo importante; el hecho de que obrara milagros nunca fue negado. No había un problema de fe en nada de esto, porque fueron miles de ojos los que lo vieron realizarlos.

Entonces, ¿qué necesitaban para creer? Necesitaban creer que él era el Cristo, el Mesías largo tiempo esperado. Necesitaban creer que Jesús era en realidad el Hijo de Dios; el camino de salvación que les había sido prometido. Necesitaban aceptar, por fe, que el plan de salvación de Dios era revelado en aquella persona que caminaba por sus calles.

Cuando miramos a Jesús tal como nos lo presentan los evangelios, vemos a una persona que era exteriormente humana en su forma pero que en realidad era el Hijo de Dios.

Para ayudar a los israelitas a creer esto, Jesús puso ante su consideración varias formas de testimonio. Primero dirigió su atención hacia Juan el Bautista. ¿Qué había dicho Juan el Bautista sobre Jesús? Cuando lo vio por primera vez dijo: "*He aquí el Cordero de Dios, que quita el pecado del mundo*" (Jn 1:29). Juan estaba así identificando a Jesús como el que cargaría con el pecado y nos libertaría.

Ahora bien, ¿quién era aquel hombre que había hablado así, identificando a Jesús como el Salvador? Varias cosas se dicen respecto a Juan el Bautista. En primer lugar, que era un hombre lleno del Espíritu Santo desde el día de su nacimiento. Esto significaba que se hallaba de continuo bajo la influencia de Dios, lo que hacía de él una persona honrada y sincera. Era un hombre consagrado, dedicado a una sola cosa: el servicio de Dios. Era un hombre que tenía un don: ser un predicador poderoso y eficiente de la Palabra de Dios. Toda Jerusalén salía a oírle. Por último, era valiente y predicaba la verdad sin importarle las circunstancias con las que hubiera de enfrentarse. Esto terminó por costarle la vida. Este hombre consagrado, de mente espiritual y valiente, era el que había dicho que Jesús era el Cristo.

El Bautista fue precursor de los innumerables cristianos del mundo que son hombres y mujeres de Dios sinceros, auténticos, y llenos del Espíritu. Sus vidas manifiestan su integridad y tienen algo sobresaliente en común: su fe en Cristo. ¿Qué dicen todas estas personas? Lo mismo que Juan el Bautista dijera hace mucho tiempo: "He aquí el Cordero de Dios". No hay un solo cristiano verdadero que niegue que Jesús es el Cristo, el Hijo del Dios viviente.

Hasta la mente más escéptica debe sentirse impresionada al comparar la personalidad de los hombres y las mujeres genuinamente cristianos —con su efecto sobre el mundo de hoy— con la personalidad y el efecto de quienes rechazan a Cristo, muchos de los cuales son personas indiferentes, perversas, y descreídas. El testimonio de una comparación así, basada en la diferencia entre estas personalidades, es abrumador.

Cuando Jesús señaló el testimonio de Juan el Bautista, puso de relieve el gran prestigio que Juan había tenido como hombre honrado, competente y capaz, y como predicador de la Palabra.

La fe arraigada en las obras de Jesús (5:36-38)

Jesús les habla a sus oyentes sobre un testimonio mayor que los testimonios de los demás: reta a cada persona a "venir y ver".

Mas yo tengo mayor testimonio que el de Juan; porque las obras que el Padre me dio para que cumpliese, las mismas obras que yo hago, dan testimonio de mí, que el Padre me ha enviado. También el Padre que me envió ha dado testimonio de mí. Nunca habéis oído su voz, ni habéis visto su aspecto, ni tenéis su palabra morando en vosotros; porque a quien él envió, vosotros no creéis (Jn 5:36-38).

Ciertamente, las obras de Cristo Jesús son más poderosas para enraizar la fe que el testimonio de aquellos que han sido bendecidos. Las consecuencias de la predicación del evangelio son un auténtico testimonio de su verdad. Cuando una persona oye a un evangelista de fama o a un predicador notable puede impresionarse grandemente por su lógica, su vocabulario, el tono de su voz, o su fervor. Pero en última instancia, el factor más impresionante, lo que inclinará más a una persona a creer en el mensaje, es hallar que ha habido un cambio real en quienes aceptan lo que se está predicando. La conversión real de un hombre o una mujer, con frecuencia resulta más convincente que todas las palabras que el predicador pueda usar.

Estas demostraciones de poder pueden ser literalmente vistas. Un esposo, o una esposa, o ambos, oyen el evangelio; su hogar estaba a punto de naufragar, si no es que ya estaba roto. Ambos viven la reconciliación, y se salvan el hogar y los hijos. Un adicto a drogas acepta a Cristo, y el hábito que lo esclavizaba desaparece. Una mujer conocida por su vida disoluta acepta a Cristo, y su vida entera queda transformada, convirtiéndose en un modelo de pureza y fidelidad a

Dios. Estas transformaciones pueden suceder, y de hecho suceden, y son las "obras mayores" que nos fueron prometidas. Esta es la obra que el Padre le dio a Cristo Jesús para que la terminara; el cumplimiento de su voluntad.

Hay un viejo canto espiritual, que se oye pocas veces hoy en día, y que dice: "Oh, yo conozco al Señor, yo conozco al Señor, yo sé que el Señor puso sus manos sobre mí". Este canto pone de relieve el contacto con Dios basado en la experiencia personal. Hay un sentido en el cual la respuesta personal a la oración, la certidumbre en el corazón con respecto a la presencia de Dios, de su mano "puesta sobre mí", es lo que confirma la fe de una manera especial.

Estas experiencias les suceden, en su mayoría, a quienes leen la Biblia en comunión con el Espíritu Santo, y se alimentan de ella día tras día. Jesús sugería esto cuando decía: "...ni tenéis su palabra morando en vosotros." (v 38). Es evidente que había personas allí, delante de él, que no creían en él. Estaba indicándoles que la razón por la que no creían era que nunca habían oído la Palabra de Dios. Esto no significa que Dios no estuviera tratándolos por vías providenciales. Pero sí que no habían reconocido su voluntad para sus vidas. Es posible que la mano de Dios se hallara activa en sus asuntos. Dios está atento a toda su creación, y obra con todos los hombres para hacerlos volver hacia él. Pero cuando un hombre se niega a escucharlo, y hace oídos sordos u ojos ciegos a cuanto intento haga Dios para alcanzarlo, nada puede hacerse. Dios no se le impone a nadie. Lo que él busca es la rendición espontánea de la voluntad y el corazón a él.

El testimonio de las Escrituras (5:39-47)

Jesús de Nazaret continuó su enseñanza sobre las situaciones que ayudarían al hombre a creer. Primero había señalado el testimonio de Juan el Bautista. Siempre es de ayuda tener en cuenta el testimonio directo de las personas que han sido afectadas por el evangelio y que han experimentado en sí mismas la gracia de Dios en Cristo Jesús. Después, les había recordado que había un testimonio mayor que el de Juan en las obras mismas que Dios había hecho. Hay algo tan imposible de rechazar en los resultados del poder de Dios que la fe se ve confirmada por evidencias visibles.

Es posible que Jesús se haya referido a la voz procedente del cielo que se había oído al recibir el bautismo de Juan: "También el Padre que me envió ha dado testimonio de mí". (v 37). Pero ahora señala algo más; otro factor de este asunto de la fe, el crecimiento en la gracia, el convencimiento, y la confianza: el testimonio de las Escrituras.

Jesús les presentó este detalle exhortándolos a escudriñar las Escrituras. Esto nos sugiere de inmediato que toda la verdad contenida en las Escrituras no se halla en su superficie, a la vista de cualquier lector ocasional. Es necesario comparar unas Escrituras con otras, para alcanzar la verdad escondida y lograr una comprensión verdadera.

Escudriñad las Escrituras; porque a vosotros os parece que en ellas tenéis la vida eterna... (Jn 5:39).

Los judíos, que estaban criticando a Jesús y oponiéndosele abiertamente, pensaban que podían descubrir las cosas de Dios en sus Escrituras; y estaban en lo cierto: esto era verdad. Jesús sigue diciendo que las Escrituras daban testimonio de él. Él sabía lo que hallarían si querían estudiarlas. La palabra Escrituras significa lo mismo que la palabra Biblia: las Escrituras son la Biblia, y la Biblia se compone de las Escrituras. La verdad sobre Cristo Jesús no es un asunto de opinión pública ni de consenso general. No se encuentra cuando los hombres revisan la Biblia seleccionando las partes que les agradan o que aprueban, y tomando después esas partes escogidas como base de su fe con respecto a Jesucristo. Lo que debería hacer la persona es preguntar humildemente: ¿Qué dicen las Escrituras? ¿Qué afirma la Biblia sobre Cristo Jesús? La Palabra de Dios se nos ha dado para que todas estas cosas sobre su Hijo Jesucristo queden bien claras.

Una actitud dispuesta

Toda la experiencia de llegar a un convencimiento con respecto a Jesucristo a través de las Escrituras descansa en una cierta disposición positiva de acercarse a él. Si esa actitud es negativa estaremos impidiendo que obre la gracia de Dios. Esto se lo dijo Jesús a los judíos que estaban allí con él y presenciaron el milagro del hombre inválido y otras maravillas. Aun así, no querían llegarse a él, y él les señala el porqué. Para tener fe para aceptar a Cristo hay que estar dispuesto a creer. Aquella gente no tenía el corazón dispuesto.

Aquí hallamos una verdad muy significativa. Todo indica que si una persona desea gozar de popularidad y tener la aprobación de la gente del mundo evita el basar sus normas de conducta en la Biblia. Jesús dijo: "*Gloria de los hombres no recibo. Mas yo os conozco, que no tenéis amor de Dios en vosotros*" (Jn 5:41-42). Hoy en día hay mucha gente que falla en este punto. Buscan más la alabanza de los hombres que la de Dios. Tienen poco aprecio por su amor y no les preocupa en lo absoluto hacer su voluntad. Y en su búsqueda por la alabanza de los hombres pierden la bendición de Dios.

Jesús de Nazaret le dijo a este grupo de hombres descreídos que él había venido en nombre de su Padre y ellos no habían querido recibirlo. Él había venido a hacer la voluntad de su Padre. Lo que el Dios Todopoderoso intentaba llevar a cabo Jesús lo había venido a poner por obra. Él no había venido a realizar sus propios planes. Ni venía en su propio nombre. Yo he venido en nombre de mi Padre, y no me recibís; si otro viniese en su propio nombre, a ese recibiréis (Jn 5:43).

Esto es en realidad una descripción de gran parte del mundo en que viven los hombres y mujeres llenos de pecado de hoy, listos a aceptar cualquier hombre o cualquier doctrina menos la verdadera. El predicador o maestro que les llegue con sus propias ideas es bien recibido. Pero hay un motivo para que suceda así. Este hombre se hace popular porque ha estado expresando sus propios pensamientos, y sus oyentes se sienten capaces de comprenderlos e incluso de discutirle sus propias ideas. Todo ocurre en un nivel puramente humano. Pero no puede ser así cuando lo que estamos tratando es de servir a Dios. Entonces hay que abandonar las ideas personales, que son producto del propio corazón y de la mente, configurados por el mal, y aceptar humildemente la revelación de la Palabra de Dios.

La humildad es necesaria

Cuando una persona trata de conocer la mente del Señor y quiere leer la Biblia de verdad, creyendo que es su Palabra, tiene que humillarse. Pero hay tanta gente que no quiere hacerlo, como entre los judíos de aquel entonces. La fe que acepta a Cristo siempre lleva en sí un elemento de contrición: la conciencia del pecado pasado y el anhelo de limpiarse de él. En todo ello se halla incluido el elemento de la decisión, puesto que el creyente ha de comprometerse con lo que lee. Jesús les dijo a los judíos cuál era el principio básico de su vida: "Gloria de los hombres no recibo". Él no estaba buscando la estima, ni el prestigio personal, ni una especial posición. Vino humildemente, como el Hijo obediente que no hacía nada por su cuenta. Hasta entonces, su Padre había estado obrando, y él obraba también. Pero para mucha gente, esta es una base totalmente inaceptable para fundar sobre ella la vida. Por eso es que dice: "...si otro viniere en su propio nombre, a ese recibiréis" (v 43).

Jesús de Nazaret continúa hablando sobre la falta de disposición de ellos para creer:

> *¿Cómo podéis vosotros creer, pues recibís gloria los unos de los otros, y no buscáis la gloria que viene del Dios único?* (Jn 5:44).

Les está señalando que es imposible entregarse por completo a Dios si se aceptan honores humanos. Todo que quiera aceptar la Palabra de Dios no va a recibir honra alguna de la gente de este mundo. La honra verdadera viene solamente de Dios. Psicológicamente es imposible que una persona se rinda al Señor si acepta honores de otros seres humanos. Sin embargo, hay quienes buscan la alabanza de los hombres, y están deseosos de dársela a los demás, con tal de recibirla de ellos también. Estas personas no podrán entregarse a Dios.

No penséis que yo vaya a acusaros delante del Padre; hay quien os acusa, Moisés, en quien tenéis vuestra esperanza. Porque si creyeseis a Moisés, me creeríais mí, porque de mí escribió él (Jn 5:45-46).

Estamos en presencia de una afirmación asombros. No será

necesario que Jesucristo los acuse por su poca disposición para creer. De hecho, estas personas no aceptan ni siquiera estar conscientes de ello, y esta será su condenación.

La Biblia da testimonio de Jesucristo. Los hombres las mujeres de hoy que se nieguen a aceptar las Escrituras tal como son le están volviendo la espalda al Señor Jesucristo y atrayendo juicio sobre sus propias cabezas: La Biblia es auténtica y los hombres necesitan estudiarla fiel y profundamente para poder ser fortalecidos en su fe, y ser capaces a su vez de ganar a los demás.

Capítulo 6: **El testimonio de su persona (Juan 6)**

Aquellos que creen en Jesucristo confían en que él hará ciertas cosas, según lo prometió. Ciertamente, es una bendición maravillosa poder creer. Sin embargo, parecería como que hay muchas personas incapaces de creer. No parecen tener fortaleza suficiente. Dan la impresión de no estar preparados, porque no se han familiarizado con las Escrituras, y no tienen fe en las promesas dadas por Dios a través de Jesucristo.

La fe es confianza

Es posible que quien esté leyendo estas páginas ahora se parezca a las personas antes descritas. La fe siempre lleva en sí un elemento de simple confianza. Una persona actúa en fe cuando no puede ver y no comprende. En realidad, es posible que no conozca todas las promesas de Dios, y por lo tanto no pueda confiar en ellas plenamente. Pero cuando un alma da el primer paso de confianza, Dios le responde al momento, dándole más fe y el efecto tranquilizador de su presencia. La persona se sentirá fortalecida por la gracia de Dios que está en su interior, para creer en la verdad.

Los evangelios recogen las palabras y las obras del Señor Jesús durante los años de su vida entera. Los que son débiles en la fe, o los que nunca han dado el primer paso de fe en Cristo, necesitan de manera esencial la lectura de Mateo, Marcos, Lucas, y Juan. Estos libros fueron escritos para que los hombres pudieran creer y hallar la vida eterna.

En las narraciones de estos evangelios podrán ver que Jesús obraba muchos milagros, también con la doble intención de dar fe y vida. Hoy en día no son menos eficaces esos milagros en su testimonio de Jesucristo cuando la persona lee la Biblia. Cuando el hombre se entera de lo que Jesús hizo se halla en capacidad de aceptar por fe lo que él puede hacer hoy, porque cualquiera podría poner su propio nombre, o sus circunstancias en las promesas hechas, y reclamarlas para sí mismo.

La alimentación de los 5.000 (6:1-14)

En los primeros catorce versículos del sexto capítulo del Evangelio de Juan aparece el relato de un gran milagro realizado por Jesús: la alimentación de los cinco mil. Aparece en todos los evangelios. Cualquier intento que se haga para tratar de explicar este milagro a base de causas naturales es frustrar las intenciones de Dios y contrario al testimonio de los autores de los evangelios.

Parece que este milagro fue realizado por causa de los discípulos. La respuesta a una pregunta hecha por Felipe sobre la compra de pan para la muchedumbre lleva consigo este interesante comentario: "Pero esto decía para probarle; porque él sabía lo que había de hacer" (v 6). Según parece, Jesús se había separado de la multitud para darles instrucción a sus discípulos. Lo seguían grandes multitudes porque habían visto los milagros que había hecho, y la enseñanza se había hecho casi imposible. Por lo tanto, Jesús subió *"...a un monte, y se sentó allí con sus discípulos"* (Jn 6:3). La venida de un grupo tan grande de gente para oír a Jesús le dio una oportunidad maravillosa para darles una demostración y enseñarles algo sobre las intenciones de Dios y sobre su poder.

Escogió esta situación natural para hacer aquel despliegue de poder, sabiendo que una demostración así vendría a reforzar su enseñanza en forma sumamente eficaz. Le habló a Felipe, y suscitó el problema de cómo alimentar a esta gran multitud compuesta por hombres, mujeres, y niños.

La respuesta de los discípulos era una reacción natural en esta situación. "Doscientos denarios de pan no bastarían para que cada uno de ellos tomase un poco" (v 7). Es posible que esta cantidad fuera parte de un fondo que ellos tenían, y Felipe quería decir que, aunque lo gastaran todo, no habría suficiente. Andrés, hermano de Simón Pedro, les llamó la atención sobre la única comida que había a la vista: Aquí está un muchacho que tiene cinco panes de cebada y dos pececillos; mas ¿qué es esto para tantos?" (v 9). De esta forma quedaba aclarada que la posibilidad de alimentar a toda esta muchedumbre se hallaba más allá de sus capacidades.

Jesús se hizo cargo de la situación. "Haced recostar a la gente"... Los discípulos le habían llamado la atención al hecho de que los cinco panes de cebada y los dos pececillos nunca podrían ser suficientes. Pero Jesús siguió adelante sin preocuparse. Lo primero que hizo fue, poner orden en la confusión de la escena. Sin duda esta gran multitud de personas estaba arremolinada en torno de él, así que Jesús dio la orden de que se sentaran todos. Se nos cuenta que había mucha hierba en aquel lugar, y que toda una gran multitud podía sentarse cómodamente, de manera que...

> *Se recostaron como en número de cinco mil varones. Y tomó Jesús aquellos panes, y habiendo dado gracias, los repartió entre los discípulos, y los discípulos entre los que estaban recostados; asimismo de los peces, cuanto querían* (Jn 6:10,11).

Muchas enseñanzas se derivan de la forma en que Jesús actuó. No les dijo a los discípulos que le sostuvieran los panes y los pececillos mientras él oraba sobre ellos. Lo que hizo fue tomar los panes en sus propias manos, y entonces dio gracias a Dios por la comida. Sin importarle lo enorme de la multitud, ni lo asombrados que estuvieran sus discípulos, tomó tiempo para darle gracias al Padre. Entonces les dio el pan y los peces a los discípulos. Estos, haciendo de sirvientes, los llevaron a toda aquella multitud...

> *...y cuando se hubieron saciado, dijo a sus discípulos: Recoged los pedazos que sobraron, para que no se pierda nada. Recogieron, pues, y llenaron doce cestas de pedazos, que de los cinco panes de cebada sobraron a los que habían comido* (Jn 6:12-13).

Aquellos hombres entonces, viendo la señal que Jesús había hecho, dijeron. Este verdaderamente es el profeta que había de venir al mundo (Jn 6:14).

Se ve claro que esta demostración había sido hecha para el fortalecimiento de su fe. Es ver el milagro lo que fortalece la fe, y esto es cierto a lo largo de toda la experiencia cristiana, ya sea en lo físico o en lo espiritual (como en el caso de un alma redimida).

La importancia de los milagros (6:15-21)

Para poder hacer cualquier estudio inteligente del libro de Juan —o de cualquier otra parte de la Biblia— es necesario que aceptemos como ciertos los milagros que se relatan.

Recuerdo que cuando era muy joven me sentía muy escéptico con respecto a todo lo que se saliera de lo ordinario en cuanto oyera o leyera. Cuando comencé a interesarme en la Biblia, e incluso a tener la esperanza de que quizás fuera la verdad, al llegar a la narración de un milagro quería explicármelo con mi propia mente. Me solía decir: "No quiso decir exactamente lo que dijo; esto no fue pensado para que se tomara literalmente". Y si esto no funcionaba, simplemente lo pasaba por alto y trataba de olvidarme de que estaba escrito allí. Mi falta de fe en los milagros era una verdadera barrera para que aceptara la Biblia como la Palabra de Dios. Quería creer en la Biblia, pero no podía aceptar los milagros. Aclaro que entonces todavía yo no era creyente, y razonaba que no se podía esperar que nadie creyera relatos tan exagerados puesto que era manifiesto que no podían haber sucedido. Tenía la sensación de que estos relatos deberían ser recibidos como una especie de parábolas, creadas para ilustrar alguna verdad.

Sin embargo, cuando llegué a conocer el evangelio de una manera completa, cuando llegué a conocer quién era Jesucristo, entonces vi que, si aceptaba al Señor Jesucristo en su totalidad, tendría que aceptarlo tal como se le presenta, con milagros y todo. Finalmente, encontré que tendría que creer en mi corazón que Dios había alzado a Jesús de entre los muertos. Cuando pensé en las condiciones en que se halla un cuerpo que ha estado en la tumba tres días, y trataba de imaginármelo vivo de nuevo, comprendí que este era un milagro de primera magnitud. La fe en la resurrección de Jesucristo de entre los muertos es imprescindible para toda persona que ha de ser salva (Ro 10:9). El Nuevo Testamento no reconoce ninguna otra vía para reclamar la salvación que esta. Me tomó largo tiempo salir de las tinieblas a la luz, y el obstáculo principal en mi experiencia era la necesidad que tenía de creer.

Cuando acabé de darme cuenta de que mi propia mente era débil y que lo que me detenía era una falta de fe por causa de mis pensamientos naturales, el Espíritu se abrió paso a través de aquel bloqueo mental. Así fue como pude creer en las Escrituras que afirman que Dios levantó a Cristo de entre los muertos.

Esta experiencia es corriente. El ser humano opone resistencia mental a la verdad del evangelio. Es posible sentirse a conciencia muy inteligente simplemente por dudar de algo que toca en lo milagroso. Para mentes así la Biblia es un libro cerrado. Es simple y a la vez trágico, porque Pablo dice que esta falta de fe es obra de Satanás (2 Co 4:4).

Podemos hacernos una idea de lo devastadora que es esta falta de fe si imaginamos lo que sería quitarle al evangelio todo lo que tenga que ver con milagros. No quedaría gran cosa. La Biblia nos da una narración real de la obra de Dios en el mundo del hombre pecador, y más allá de ese mundo, en el universo que es creación suya. Si una persona tomara un lápiz negro y tachara de ella todo lo sobrenatural, el mensaje del evangelio quedaría anulado por completo.

En Juan 6:15-21 se nos presenta la narración de un milagro especialmente dramático que de seguro tuvo como consecuencia el fortalecimiento de la fe de los discípulos. Debido a la presión de la multitud, Jesús había quedado separado de sus discípulos.

Pero entendiendo Jesús que iban a venir para apoderarse de él y hacerle rey, volvió a retirarse al monte él solo (Jn 6:15).

Al final del día, sus discípulos descendieron al mar y entraron en un barco para cruzar el lago con rumbo a Capernaum. Como él no había regresado, se fueron solos. Es muy posible que esa haya sido su costumbre, pero esta vez se produjo una crisis repentina.

Y se levantaba el mar con un gran viento que soplaba. Cuando habían remado como veinticinco o treinta estadios, vieron a Jesús que andaba sobre el mar y se acercaba a la barca; y tuvieron miedo (Jn 6:18-19).

Su miedo era algo perfectamente normal. Vieron una aparición que caminaba sobre las aguas. El mar estaba muy turbulento, y ver esta figura que se les aproximaba, tan fuera de toda su experiencia o razonamiento, fue algo que francamente los aterrorizó.

Unas pocas palabras dichas por Jesús, "*Yo soy; no temáis*" (Jn 6:20), bastaron para calmarlos. Sus temores se apaciguaron.

No se trataba de ningún espíritu; era su Señor en persona. Se puede notar su confianza cuando vemos que Juan afirma en el versículo 21: "Ellos entonces con gusto le recibieron en la barca." Se ve a las claras que se sentían felices de tenerlo con ellos, y que ahora se sentían a salvo. El versículo termina diciendo que la barca "llegó enseguida a la tierra adonde iban".

La forma en que Juan relata esto da la impresión de que con el Maestro a bordo ya no tenían ningún problema, puesto que llegaron de inmediato al punto de destino. Las narraciones de Mateo (Mt 14:24-33) y de Marcos (Mr 6:47-52) nos dan más detalles sobre este gran milagro que declara su poder sobre la naturaleza. Mateo nos dice que ...ya la barca estaba en medio del mar, azotada por las olas; porque el viento era contrario (Mt 14:24); y Marcos añade que ...cerca de la cuarta vigilia de la noche vino a ellos andando sobre el mar, y quería adelantárseles.... y ellos se asombraron en gran manera, y se maravillaban. Porque aún no habían entendido lo de los panes, por cuanto estaban endurecidos sus corazones (Mr 6:48,51-52).

Cuando Marcos afirma que "aún no habían entendido lo de los panes", sugiere que bien podrían haber estado preparados para esperar un milagro. Si Dios ha obrado con poder, los creyentes deberían recordarlo, y esperar grandes cosas de él.

Las bendiciones del Evangelio (6:22-27)

Toda persona que ha aceptado el evangelio sabe que toda bendición proviene de Dios. La palabra "bendición" lleva en sí este significado en forma indirecta. Cuando una persona llega a Dios por medio del Señor Jesucristo encuentra siempre una promesa de bendición. En toda comunidad la iglesia ha sido reconocida siempre como causa de cosas buenas y beneficiosas. Cuando se anuncia la construcción de una nueva iglesia, la mayoría de los vecinos lo ve como algo magnífico y que puede ser de ayuda. Es una señal de la bendición de Dios. Así como la iglesia está considerada un factor positivo en la vida pública, todo cristiano es estimado como un elemento sólido y positivo en buenas relaciones públicas y buena actuación pública. Pero, ¿son estos hechos prácticos la verdadera razón por la que una persona ha de acercarse a Jesucristo? ¿Es este el motivo que ha de impulsarla a rendirse a él? A medida que vayamos leyendo el evangelio de Juan iremos conociendo las respuestas.

La consecuencia del milagro fue que la gente quiso hacer rey a Jesús. Esto parecerá estupendo, pero Jesús sabía por qué acudían a él. Esta era la gente que había sido alimentada, y en aquella ocasión había sobrado mucho. Cada uno había comido hasta saciarse. Fácilmente se dieron a pensar que allí estaba la solución a sus mayores necesidades. Si este gran hacedor de milagros era proclamado rey nunca tendrían que pasar hambre otra vez. Todo estaría resuelto. Habiendo disfrutado de beneficios temporales, querían más todavía, y los querían de orden material. Y es esto ro que el Señor rehusó alentar.

Hoy también pueden apreciarse los beneficios temporales del evangelio: la educación de los niños, la ayuda a los enfermos, el cuidado de los huérfanos, la asistencia a los pobres, el ministerio con los ciegos y los incurables; todos son servicios valiosos relacionados con la vida temporal. La integridad en los negocios, la forma honorable de gobernar, el desarrollo de la moderación, y el control de sí mismo en la vida personal son cosas importantes. El logro de unas relaciones familiares sólidas para el fortalecimiento de la comunidad y de la sociedad significa mucho.

Sin embargo, hay que recordar que esta búsqueda de beneficios temporales en el evangelio no es lo que Dios pretende.

Respondió Jesús y les dijo: De cierto, de cierto os digo que me buscáis, no porque habéis visto las señales, sino porque comisteis el pan y os saciasteis. Trabajad, no por la comida que perece, sino por la comida que a vida eterna permanece, la cual el Hijo del Hombre os dará; porque a este señaló Dios el Padre (Jn 6:26-27).

Cuando se reciben beneficios personales y físicos, es natural que deseemos que tal situación continúe. Los pobres siempre se sentirán atraídos por la abundancia de comida, pero el gran ministerio del evangelio no se preocupa en primer lugar de la comida, la vivienda, o la ropa. Su primera meta no es la buena salud, ni ninguna otra preocupación de esta vida. Tiene que ver en primer lugar con la relación con Dios.

Bendiciones espirituales

Esta es la lección que el mundo de hoy necesita aprender. Cuando alguien se convierte en un hijo de Dios nacido de nuevo, su integridad personal está asegurada porque la fe en Jesucristo engendra honradez, veracidad, y lealtad en toda la escala de las relaciones humanas. De aquí se desprende que, si un hombre es un cristiano auténtico, será un buen esposo, un padre excelente, un ciudadano recto y honrado, y un hombre justo y sólido en los negocios, en el cual los demás pueden confiar. Un creyente así será un hombre que sabrá ejercitar su mejor juicio en los asuntos políticos, como buen ciudadano. Pero con esto no basta. "Trabajad, no por la comida que perece". El hombre no se llega al Señor en primer lugar por estos beneficios prácticos, por importantes que sean. Su verdadero motivo es la búsqueda de los valores espirituales: de la seguridad de que si hubiera de morir esta noche se hallaría de inmediato en la presencia de Dios, quien nos da victoria sobre el pecado y la muerte. Toda persona que reciba a Jesucristo se convierte en el instante en una persona diferente en su interior. Como consecuencia de esto, la personalidad exterior también será cambiada. Su personalidad se verá beneficiada por la honradez y la integridad, y todas las demás virtudes, no procedentes del exterior sino del cambio interior del corazón, en el cual habita ahora el Espíritu Santo.

Si la persona era de las que se pasan la vida preocupándose, ya no necesita seguirlo haciendo. Si un hombre se hallaba inclinado a reacciones demasiado rápidas o violentas, con el poder interior del

Espíritu Santo puede ahora gozar de un temperamento tranquilo y apacible, porque es el Señor quien manda en él. No hay más necesidad de vida silenciosa, ni de nuevos brotes de pecado, porque el corazón ha sido libertado del poder del pecado. En esto consiste la victoria en este mundo, y con ella las promesas de la gloria venidera. Este es el significado verdadero del evangelio: el alma se vuelve hacia Dios por medio de Jesucristo, y Dios obra para producir el cambio externo.

"Que creáis en el que él ha enviado" (6:28-40)

Esta parte del Evangelio de Juan nos presenta una de las explicaciones más importantes de la enseñanza de Jesús. Elle había estado hablando a la gente de las bendiciones que recibirían si hacían las obras de Dios en obediencia a él. Entonces le hicieron una pregunta concreta: "¿Qué debemos hacer para poner en práctica las obras de Dios?" El sentido profundo de la respuesta de Jesús llega hasta nuestros días.

Respondió Jesús y les dijo: Esta es la obra de Dios, que creáis en el que él ha enviado (Jn 6:29).

Hablando claramente, esto es lo que Dios quiere que hagan los hombres. Todo se halla en esa frase: Que creáis en el que él ha enviado. Esto es ciertamente más que creer algo sobre él, que, por supuesto, es lo que viene primero. Creer algo "sobre" Jesús no basta para ser salvo. Creer en él es una cosa bien distinta.

"Creer en" él es como creer en un puente, o en una medicina. La persona se confía al puente en el momento de cruzar sobre él porque cree que el puente la sostendrá y la llevará sin problemas al otro lado del río. El doctor receta algo; el paciente compra la medicina, y la toma según las instrucciones: esto es en realidad creer en la medicina. Algo similar es la fe en Cristo Jesús.

"Creer en el que él ha enviado" incluye la aceptación de Jesús como Señor en todos los aspectos de la vida. El creyente aceptará no solamente que Jesucristo murió por sus pecados y resucitó para ser su Salvador, sino que también será ahora su Maestro y Señor. El creyente se entrega a él, le rinde a él su voluntad, y lo obedece día tras día. No va a ser como si al creyente se le dijera qué hacer para después esforzarse él por hacer como se le dijo. Más bien será que el Señor vivirá en su mente y en su corazón por medio de la presencia del Espíritu Santo. De esta forma, Dios será quien gobierne en nuestro pensamiento, hasta que su mente se identifique con la nuestra. "Mas nosotros tenemos la mente de Cristo", dirá Pablo en 1 Corintios 2:16.

La fe en Jesucristo incluye la aceptación del hecho de que él está vivo y el reconocimiento de la persona y la obra de su Espíritu Santo. El creyente sabe que se halla aquí en la tierra y comprende que el Señor se halla a la mano derecha de su Padre en los lugares celestiales. Nunca lo ha visto allí arriba, pero cree que todo esto es cierto. También cree que Cristo le ha dado al Espíritu Santo el poder de mostrar su personalidad y su poder de manera eficaz a todo el que crea. Queda así relacionado con Dios en sentido personal por medio de Cristo.

Las credenciales de Cristo

Cuando Jesús usó la expresión "...que creáis en el que él ha enviado", quiso poner de relieve la fuente del poder y de la autoridad que él estaba manifestando. Estaba demostrando que él era el Ungido, el Mesías de la nación judía. Estaba reclamando para sí el ser el Escogido para hacer la voluntad de Dios, tal como lo habían prometido las Escrituras. Él es el que realiza la voluntad de Dios, no sólo en los grandes asuntos del mundo, sino también en las vidas personales de los creyentes. *"Mi padre hasta ahora trabaja, y yo trabajo"* (Jn 5:17). En la voluntad de Dios hay planes y propósitos que el hombre no puede saber; pero si cree en Cristo, él vive en ese hombre por la fe y obra a través de él, realizando lo que ha de ser hecho según la voluntad de Dios. Es posible que un hombre tenga una parte de una tarea a su cuidado, y otro lleve adelante otra parte, pero la tarea total se va realizando a medida que los creyentes se van entregando a él con manos dispuestas y obediencia amorosa. Cristo guía y los que creen en él lo siguen: así es de sencillo.

Cuando Jesús terminó de manifestar que él era el enviado de

Dios para traer bendición al pueblo, la muchedumbre le pidió pruebas de sus credenciales:

> *Le dijeron entonces: ¿Qué señal, pues, haces tú, para que veamos, y te creamos? ¿Qué obra haces? Nuestros padres comieron el maná en el desierto, como está escrito: Pan del cielo les dio a Comer* (Jn 6:30-31).

Era como si le dijeran: Nuestros padres siguieron a Moisés y creyeron en él. Él les dio pan del cielo; ¿qué nos puedes dar tú? En esta referencia a su historia, pasaron por alto totalmente el dato de que era Dios quien les había dado el pan en los tiempos antiguos. El maná venía de sus manos dadivosas, y Moisés había sido tan sólo el instrumento usado para realizar su voluntad entre los hijos de Israel. En su exposición de la narración del Antiguo Testamento, Jesús se presenta como el Mesías.

> *Y Jesús les dijo: De cierto, de cierto os digo: No os dio Moisés el pan del cielo, mas mi Padre os da el verdadero pan del cielo. Porque el pan de Dios es aquel que descendió del cielo y da vida al mundo. Le dijeron: Señor, danos siempre este pan* (Jn 6:32-34).

Se puede notar en este punto una suave reprensión, en el momento en que el Señor Jesús les dice que están sobreestimando los poderes de Moisés. El que les dio el maná fue Dios, no Moisés. Ahora, les indica que Dios está haciendo aún la misma cosa. Pero esta vez, les está dando el pan vivo. "Porque el pan de Dios es aquel que descendió del cielo y da vida al mundo".

El pan de vida

Jesús, vale insistir, utilizó el incidente del Antiguo Testamento para ayudar al pueblo a comprender su manera de proceder. Tomó esta imagen del pan y se la aplicó a sí mismo. Si la gente preguntaba: ¿Qué está haciendo Jesús, para que tengamos una razón que nos haga creer en él?, la respuesta sería: Está cambiándoles la vida a los seres humanos; está realizando una obra de regeneración en los corazones humanos; está levantando y dando vida las conciencias de los hombres. En otras palabras, está dando vida: vida espiritual. Está haciendo por la vida espiritual lo que hace el pan por la vida física.

Jesús les dijo: Yo soy el pan de vida; el que a mí viene, nunca tendrá hambre; y el que en mí cree, no tendrá sed jamás. Más os he dicho, que, aunque me habéis visto, no creéis. Todo lo que el Padre me da, vendrá a mí; y al que a mí viene, no le echo fuera (Jn 6:35-37).

La palabra pan encierra una gran riqueza de significado. Alimenta, da peso, fortalece. Así como los hombres crecen físicamente con el pan natural, de la misma manera crecen espiritualmente con el Pan que es Cristo mismo. Jesús dijo claramente que él daría vida eterna. Alimentaría las vidas espirituales de todos los que le recibieran, y dejaría completamente satisfecha el alma: "El que a mí viene, nunca tendrá hambre; y el que en mí cree, no tendrá sed jamás".

Cuando Jesús dice que él es el Pan de Vida, está proclamando el hecho de que él da fortaleza. Él es quien puede hacer a la persona lo suficientemente capaz para poder hacer la voluntad de Dios. El alma que se llega a Jesucristo no crecerá débil ni agotada, ni desobedecerá cuando conozca la voluntad de Dios. Aun antes de esto, la fortaleza que Jesús da es lo que hace que la persona responda al llamado de Dios y venga a aceptar a Cristo. Jesús promete que estos, cuando se lleguen a él, serán por cierto bienvenidos y resguardados por el poder de Dios.

En este momento, Juan recoge un resumen hecho por Jesús sobre todo su ministerio:

Porque he descendido del cielo, no para hacer mi voluntad, sino la voluntad del que me envió. Y esta es la voluntad del Padre, el que me envió: Que de todo lo que me diere, no pierda yo nada, sino que lo resucite en el día postrero. Y esta es la voluntad del que me ha enviado: Que todo aquel que ve al Hijo, y cree en él, tenga vida eterna; y yo le resucitaré en el día postrero (Jn 6:38-40).

Este es, por tanto, el propósito glorioso de todo lo que Jesús vino a hacer: la resurrección final de toda persona que Dios Padre ha llevado con su Palabra a aceptar a Jesucristo.

La salvación para vida eterna por la resurrección de entre los muertos es la obra de Dios por medio de Jesucristo, y la voluntad de Dios es que esto ocurra ciertamente, y en toda alma que se alimente con el Pan de Vida que él les ha enviado a los hombres en la persona de Jesucristo.

Algunas murmuraciones (6:41-46)

Jesús se ofreció a sí mismo como el Pan de Vida. Pero hubo muchos que no quisieron aceptarlo como el único camino y la única fuente de vida y bendición.

Murmuraban entonces de él los judíos, porque había dicho: Yo soy el pan que descendió del cielo. Y decían: ¿No es este Jesús, el Hijo de José, cuyo padre y madre nosotros conocemos? ¿Cómo, pues, dice este: Del cielo he descendido? (Jn 6:41,42).

Estas críticas aparecen también por los otros tres evangelios: en Mateo 13:55, Marcos 6:3, y Lucas 4:22. Su eco se escucha aún en nuestros días. Habrá gente que diga: "La Biblia dice que Jesús era el 'hijo de José'". Había gente entonces —como hay mucha ahora— que se negaba a creer que Jesús hubiera nacido de una virgen. Lo consideran hijo de padre humano, como cualquier otra persona que viene a este mundo. De manera que no hay nada nuevo en la negación de hoy día con respecto al nacimiento virginal de Jesús de Nazaret. En aquellos días, decían: Conocemos su familia, su padre y su madre, conocemos su naturaleza, sabemos cómo se gana la vida: trabaja de carpintero. Pero...

Jesús respondió y les dijo: *No murmuréis entre vosotros. Ninguno puede venir a mí, si el Padre que me envió no le trajere; y yo le resucitaré en el día postrero. Escrito está en los profetas: Y serán todos enseñados por Dios. Así que, todo aquel que oyó al Padre, y aprendió de él, viene a mí. No que alguno haya visto al Padre, sino aquel que vino de Dios; este ha visto al Padre* (Jn 6:43-46). "No murmuréis", fue su orden terminante, dicha con voz autoritaria. Jesús continuó señalando que es imposible que ningún hombre llegue a él a menos que el Padre lo lleve.

La primera impresión al oír esto podría ser que Dios llama a unos, y no llama a otros, como si estuviera haciendo una selección discriminatoria. Pero esta idea está equivocada. No es eso lo que dijo Jesús.

El llamado hecho a todos

Dios llama a todos los hombres, en todas partes, para que se lleguen a Cristo. Su Palabra es dada al mundo entero, en la misma forma en que el sol brilla sobre todos los hombres. Dios no hace acepción de personas. La realidad de este asunto es que una persona se acercará, porque ha oído el llamado de Dios. Otra no oirá: desoirá el llamado y, por lo tanto, no vendrá. La razón por la que Dios no trae a algunos es que ellos mismos he le dan oportunidad de hacerlo: se niegan a escuchar su Palabra. Podemos palpar esta verdad en el caso de cualquier persona que considere la historia de la venida de Cristo con un criterio puramente humano. Una persona así podrá regocijarse en la belleza del canto angélico, la adoración de los pastores y los magos, y, sin embargo, ver esto tan sólo corno una hermosa descripción, una especie de alegoría.

Pero si la persona está dispuesta a dejarse enseñar, a aceptar lo que no comprenda en la narración sobre el nacimiento, la vida, y la enseñanza de Jesús, entonces Dios mismo guiará a esa alma hasta la vida eterna.

La enseñanza de Dios vendrá en formas distintas: la providencia que guía los asuntos diarios; los pensamientos que entran en el corazón y la mente de la persona cuando medita en las cosas espirituales, quizás insomne sobre una cama durante las largas horas de la noche; el canto de un himno; el mensaje claro de Dios en la lectura de las páginas de la Biblia, que es su Palabra.... En una o más de estas formas, Dios le hablará al corazón que se halle presto. Entonces, esta persona comenzará a conocer las cosas que se hallan escondidas de los corazones y las mentes que no quieren arrepentirse.

Lo que se le pide al hombre (6:47-71)

Pensar sobre Dios y su voluntad es algo a lo que pocos se sienten inclinados. La "puerta estrecha" y el "camino angosto" no tienen atractivo para los que son del mundo. Otra cosa es recibir una bendición como quien recibe algo sin haber dado nada: una regalía, un generoso presente. Es posible que a muchos les interese una proposición así. A todos nos gusta recibir favores. La mayoría de las personas quisieran sentirse de una manera vaga, que no envuelva cooperación de parte suya ayudadas por la providencia de Dios. Pero cuando esto significa rendirse al Señor Jesucristo y entregarle nuestra vida, nuestros planes, y nuestra voluntad, son pocos los dispuestos a aceptarlo.

Se pueden organizar grandes reuniones evangelísticas, y la gente acudirá a oír, e incluso pasará al frente para recibir sus beneficios; pero con frecuencia tropezarán y se alejarán cuando descubran que, junto con las bendiciones que recibirán, se les exige algo a ellos.

Una de las excusas más frecuentes que se dan cuando no se quiere aceptar a Cristo corno Salvador y Señor es: "No tengo por qué usar sólo esa vía; hay otros caminos que llevan a Dios". Sin embargo, la verdad es que no hay otra forma en la que los hombres podamos ser salvos. Dios sólo tenía un Hijo, y envió a ese Hijo al mundo para que viviera y muriera, se llevara los pecados, y resucitara de entre los muertos, con perdón, vida, y victoria para todo aquel que creyera en él. Jesús les presentó a los que estaban ante él esta enseñanza difícil que se refiere a que su carne es comida y su sangre es bebida para el creyente. Los que lo oyeron no pudieron comprenderlo y no quisieron aceptarla.

Negar la carne

En realidad, la fórmula de la bendición de Dios que el Señor Jesucristo enseñaba es muy sencilla: Niega la carne, y recibe la bendición de Dios. Hay un himno muy conocido que dice: "El camino de la cruz lleva al hogar", y es cierto. No es solamente el camino que Jesús tomó para llegar a la cruz sino también es el camino de la cruz en el alma del creyente. Este debe estar dispuesto a negarse a sí mismo, tal como nos dice otra lección evangélica:

> *Si alguno quiere venir en pos de mí, niéguese a sí mismo, y tome su cruz, y sígame. Porque todo el que quiera salvar su vida, la perderá; y todo el que pierda su vida por causa de mí, la hallará* (Mt 16:24-25).

La crucifixión de Jesús es un elemento esencial capaz de producir fe salvadora. No se trata tan sólo de que Jesús muriera por los pecadores, sino también de que su muerte fijó una norma de conducta y un procedimiento que deberían seguir los creyentes. El cristiano ha dé participar en la muerte de Cristo. Debe ser crucificado junto con él. Pablo sabía esto por experiencia propia...

...con Cristo estoy juntamente crucificado, y ya no vivo yo, mas vive Cristo en mí; y lo que ahora vivo en la carne, lo vivo en la fe del Hijo de Dios, el cual me amó y se entregó a sí mismo por mí (Ga 2:20).

Para enseñar esta verdad de la que después hablaría Pablo, Jesús usó una figura muy sencilla: comer su carne y beber su sangre. Los que lo oían tropezaron en esto, tal como los hombres y las mujeres han estado tropezando con ello desde entonces. El corazón humano retrocede ante la necesidad de negarse a sí mismo.

Es muy significativo que Jesús no tratara de discutir. No utilizó más palabras para explicar lo que quería decir. Simplemente presentó esta verdad y los retó a aceptarla o rechazarla. Les hizo ver a todos, sin posibilidad de duda alguna, que la salvación se hallaba solamente a disposición de aquellos que quisieran unírsele en su muerte.

De cierto, de cierto os digo: Si no coméis la carne del Hijo del Hombre, y bebéis su sangre, no tenéis vida en vosotros. El que come mi carne y bebe mi sangre, tiene vida eterna; y yo le resucitaré en el día postrero. Porque mi carne es verdadera comida, y mi sangre es verdadera bebida (Jn 6:53-55).

Nunca hay manera de llegar a una comprensión de la forma en que opera la gracia de Dios a base de razonamientos humanos. La fe no viene como resultado de pensamientos excelentes o llenos de inspiración que puedan ser comprendidos por el ser humano ordinario. La fe viene por el oír las cosas que le sucedieron a Jesús, tales como su muerte, su resurrección, y su presencia actual a la derecha de Dios. Es considerando estas realidades de su vida, y aceptándolas como el llamado de Dios a "todo aquel que quiera llegarse a él", como el pecador descubrirá que la gracia de Dios lo hace capaz de entrar en la salvación de Cristo. Así como Jesús murió, el pecador debe morir a sí mismo en la presencia de Dios. Debe abandonar su propia voluntad y sus apetitos para aceptar a Cristo. No puede ser expresado esto de manera más sencilla: Dios habrá de levantar al creyente de la muerte de sus pecados a una vida nueva en Cristo, así como levantó a Jesús de aquella tumba en novedad de vida. El creyente será una persona diferente, con ideas e ideales nuevos: una "nueva criatura en Cristo Jesús".

El reto de Jesús

Estas ideas no pueden ser creídas por la mente natural, y sólo se las puede captar cuando la mente piensa que existe otro mundo diferente de este. Jesús retó a sus discípulos a abrir su mente a la realidad del cielo.

Sabiendo Jesús en sí mismo que sus discípulos murmuraban de esto, les dijo: *¿Esto os ofende? ¿Pues qué, si viereis al Hijo del Hombre subir adonde estaba primero?* (Jn 6:61-62).

Es bien posible que sus discípulos no tuvieran idea de la realidad de que Jesús no se hallaba limitado a este mundo del tiempo y los sentidos. Él se hallaba en la presencia de Dios de continuo, y podía llevarlos a esa presencia cuando hablaba con ellos. Continúa diciéndoles:

El espíritu es el que da vida; la carne para nada aprovecha; las palabras que yo os he hablado son espíritu y son vida. Pero hay algunos de vosotros que no creen. Porque Jesús sabía desde el principio quiénes eran los que no creían, y quién le había de entregar (Jn 6:63,64).

Para poder ser bendecido con la salvación es necesario que recibamos la verdad, tal como Dios la revela en el Espíritu. Cuando Jesús dijo: "La carne de nada aprovecha", en realidad estaba indicando que todas las ideas de los hombres no sirven de nada. Las ideas de la filosofía, la lógica, el arte, y la imaginación carecen de valor para alcanzar la verdad espiritual. Esta verdad es revelada por Dios.

Una persona nunca podrá traer a convicción a otra: esta función es exclusiva del Espíritu Santo.

La declaración franca de la necesidad de morir a sí mismo para recibir la bendición de Dios por medio de Cristo causó que muchos de sus seguidores lo dejaran. Jesús aprovechó esta ocasión para retar a sus seguidores a hacer con él un compromiso definido.

Desde entonces muchos de sus discípulos volvieron atrás, y ya no andaban con él. Dijo entonces Jesús a los doce: ."*¿Queréis acaso iros también vosotros?*" (Jn 6:66-67). No hay duda alguna de que él sabía quién se habría de quedar —como también sabía quién lo habría de traicionar— puesto que conocía lo que hay en el corazón de los hombres. Sin embargo, quería sondear a sus creyentes con esta sencilla pregunta. No les rogó, ni les presentó argumentos a favor de que se quedaran con él.

No les dijo: Espero que ustedes seguirán conmigo, sino que simplemente los enfrentó con este reto.

Este procedimiento provocó la declaración de Pedro, que dijo:

Señor, ¿a quién iremos? Tú tienes palabras de vida eterna. Y nosotros hemos creído y conocemos que tú eres el Cristo, el Hijo del Dios viviente (Jn 6:68-69).

No importa cómo haya afectado a los discípulos la acción de la multitud que dejó a Jesús y sus enseñanzas; la cuestión es que este problema de decidir a favor o en contra de él puso de relieve el hecho de que creían realmente en Jesús.

Cuando se les retó para que tomaran una decisión, reaccionaron confesando su confianza en forma decidida.

Tal vez cada lector debiera enfrentarse ahora con este sencillo reto. ¿Participa usted de la convicción sentida de Pedro cuando expresó que Jesús de Nazaret es el Hijo de Dios y la fuente de la vida eterna y de toda bendición?

¿Ha sentido el peso del sentir popular? ¿Se ha sentido inclinado a alejarse de la iglesia, abandonar la oración, y dejar de abrir la Biblia a diario? Si así es, ¿por qué no detenerse un momento para pensar? ¿Es eso en verdad lo que usted quiere hacer? Este es el momento propicio para que usted se eche a los pies de Cristo y le entregue su corazón y su vida, diciendo como Pedro que usted cree y está seguro de que él es "el Cristo, el Hijo del Dios viviente".

Capítulo 7: **El testimonio de su obra (Juan 7)**

Haciendo lo correcto

La Biblia dice: "*Todo tiene su tiempo, y todo lo que se quiere debajo del cielo tiene su hora*" (Ec 3:1ss). Es un hecho bien conocido que para que las cosas lleguen a una conclusión satisfactoria deben ser hechas en el momento adecuado.

Jesús de Nazaret describiría su propia conducta personal diciendo: "*Mi Padre hasta ahora trabaja, y yo trabajo*" (Jn 5:17), señalando con esto que no podía hacer nada por sí mismo. Esta es una verdad muy importante, y Juan nos cuenta que Jesús era cuidadoso en su obediencia al Padre, en la observancia de hacer las cosas en el momento adecuado.

Hay ocasiones en que los padres tienen que hablarles fuerte a sus hijos. Puede que sea una palabra de represión o de advertencia; quizás incluso una reprimenda. Sin embargo, hay momentos en que una palabra así sólo empeora la situación. Los niños necesitan ser educados, y los padres tienen el deber de hacerlo. Pero hay que administrar la disciplina, o hacer las represiones sólo en ciertas ocasiones. El padre que sea inteligente tendrá cuidado de escoger el momento adecuado para estas palabras. Bien pudiera suceder que, si lo hace frente a otros niños, o ante extraños o huéspedes de la casa, esté provocando al muchacho a la rebelión abierta, y se pierda por completo el verdadero motivo de la lección que necesitaba. Si las circunstancias hubieran sido otras, el niño podría haber recibido su beneficio. Es posible que las palabras sean las correctas, pero el tiempo no sea el oportuno.

Las personas que cultivan vegetales saben que se puede tomar buena semilla, sembrarla en la época incorrecta del año, y apenas cosechar nada. Todo esto para ilustrar que no sólo hay una forma correcta de hacer las cosas, sino que también un momento oportuno para llevar adelante nuestros planes. Este principio es válido también para las cuestiones espirituales. Supongamos que hay un hombre que ha recibido una gran bendición del Señor y está ansioso por contársela a los demás.

Quiere testificar sobre lo que Dios ha hecho a su favor. Si escoge un momento poco afortunado, perderá todo el efecto de su testimonio.

Hace poco, en un culto público que se estaba celebrando de forma ordenada, un hombre quiso dar un testimonio. No era lo correcto en aquellas circunstancias, y se le negó autorización. Esto provocó no sólo una situación molesta en aquel momento sino también sentimientos heridos. Un poco de devoto sentido común habría evitado todas esas molestias. Es muy posible que aquella alma tuviera un verdadero testimonio que dar, que podría haber sido valioso, pero como no era el momento adecuado para pedir que le permitieran decirlo, ni él ni nadie más recibió bendición alguna cuando lo intentó.

Jesús y el público (7:1-9)

Después de estas cosas, andaba Jesús en Galilea; pues no quería andar en Judea, porque los judíos procuraban matarle (Jn 7:1).

Parecería que todo hombre que actúa correctamente debería poder ir a cualquier lugar. Si la persona está haciendo lo que debe hacer, ¿no le daría Dios su protección, en cualquier lugar adonde fuera?

No siempre. Aunque el Señor Jesús era perfecto, y todo lo que hizo era por completo por obediencia a su Padre, sin embargo, era la voluntad de Dios que él ejercitase su sabiduría evitando al público. Los judíos estaban buscando la manera de matarlo. Al final lo harían, pero aún no le había llegado el tiempo de ofrecer su vida por los pecados del mundo, de manera que se quedó fuera de aquella región.

Y le dijeron sus hermanos: Sal de aquí, y vete a Judea, para que también tus discípulos vean las obras que haces. Porque ninguno que procura darse a conocer hace algo en secreto. Si estas cosas haces, manifiéstate al mundo. Porque ni aun sus hermanos creían en él (Jn 7:3-5).

Cuando sus hermanos lo animaron a exponerse al público, lo hicieron parecer como una sugerencia razonable, pero Jesús no habría hecho lo correcto si les hubiese hecho caso. Habría manifestado falta de sabiduría, porque no era este el momento en que el Padre quería que actuara. Los motivos de ellos nacían de su falta de fe, y ésta debe de haber sido la razón de su juicio. Aquí queda

ilustrado un principio muy importante que han de tener en cuenta los creyentes. Los cristianos necesitan tener control de su propia conducta, y no permitirles a los demás que los guíen con retos para que actúen cuando no es el momento oportuno. Las personas sin fe siempre se acercarán a los cristianos para hacerles lo que llamamos "preguntas capciosas", tratando de sondear la validez del testimonio del creyente. El cristiano debe frenarse con cuidado, y evitar una reacción ante el reto que suponen estas preguntas provocativas.

La única fuente de sabiduría y fortaleza que tiene el cristiano es el Señor cuando el Espíritu Santo habita en su corazón y le enseña día tras día. El Señor viviente le dará sabiduría en situaciones así, y lo hará cauteloso en sus manifestaciones y en su conducta.

La oposición al Señor (7:12-24)

Los cristianos que se regocijan agradecidos en la salvación que les ha proporcionado Cristo, encuentran difícil comprender por qué tanta gente lo odiaba y se le oponía en los días de su vida terrena, tal como lo hacen muchos hoy.

> *Y había gran murmullo acerca de él entre la multitud, pues unos decían: Es bueno; pero otros decían: No, sino que engaña al pueblo* (Jn 7:12)

El Señor Jesús era perfecto, de manera que no había pecado

alguno en él. Vivía por completo dentro de la voluntad de su Padre, a la vez que hacia el bien. Sin embargo, había un gran grupo de gente que se oponía acerbamente a su ministerio.

En realidad, esto les puede servir de consuelo a los que predican, enseñan, y dan testimonio de su fe en Cristo. Cuando un creyente trata de servir a Cristo no debe sorprenderse de caer de vez en cuando en situaciones de oposición abierta.

El aspecto trágico de esto se siente más agudamente porque el público oirá a otros.

Mi tiempo aún no ha llegado... mas a mí me aborrece, porque yo testifico de él, que sus obras son malas (Jn 7:6-7).

Las mismas personas que el cristiano quiere ayudar y por las que se sacrifica puede que en realidad se le estén oponiendo. Es posible que se vuelvan a otro que no hace nada en lo absoluto por el bien de ellos, y que acepten a ese otro como amigo. Así le sucedió a Jesús, y así les sucede a los cristianos en el día de hoy.

Hay mucho que aprender al contemplar este aspecto de la vida de Jesús. El hombre ordinario no se resiente ante alguien semejante a él ni ofrece resistencia a los que son de su propia clase, pero estará siempre listo a sentirse ofendido por los que son diferentes. Esta es una característica de la naturaleza humana, y es muy cierto que el cristiano es bien diferente de los demás que le rodean. Es por eso que se enojan con su testimonio y se le oponen.

Jesús en el templo

A pesar de la oposición hostil, Jesús de Nazaret obedeció la voluntad de su Padre, y "subió al templo, y enseñaba". Cuando lo oyeron enseñar, los judíos se quedaron asombrados, y decían: "¿Cómo sabe éste letras, sin haber estudiado?" (v 15). Estaban atónitos de ver que Jesús podía enseñar, hablar en público, y expresarse con poder e inteligencia, a pesar de que no había sido educado por los grandes maestros de aquellos días. Lo habían considerado como un hombre sin educación. Pero Jesús les dio una explicación de su capacidad.

Jesús les respondió y dijo: Mi doctrina no es mía, sino de aquel que me envió. El que quiera hacer la voluntad de Dios, conocerá si la doctrina es de Dios, o si yo hablo por mi propia cuenta (Jn 7:16,17).

Con esto Jesús les estaba diciendo que la efectividad real de su enseñanza dependería por completo de la situación de los corazones de sus oyentes. Él no estaba hablando de sí mismo, sino que hablaba del Padre y decía lo que el Padre le ordenaba. Cualquiera que se hallare dispuesto, recibiría sus palabras como Palabras de Dios. Se llenaron de ira cuando le oyeron decir que los únicos que podían aceptar y apreciar sus palabras eran aquellos que también estuvieran deseosos de obedecer al Padre como él lo hacía. Esto sigue siendo cierto hoy. El único corazón que puede comprender la verdad de la Palabra de Dios es el que está preparado para obedecerle en todo lo que ordene.

El que habla por su propia cuenta, su propia gloria busca; pero el que busca la gloria del que le envió, este es verdadero, y no hay en él injusticia (Jn 7:18).

Siempre hay dos maneras de dar enseñanza sobre la fe y la vida cristiana. Una de ellas es que el maestro diga lo que tiene en su propia mente; "por su propia cuenta" quiere decir según sus propias ideas. La persona que enseñe sólo siguiendo su propia sabiduría está buscando gloriarse. La otra manera consiste en buscar la gloria "del que lo envió", y consiste en enseñar las ideas recibidas de Dios. Notemos la forma en que Jesús usa esa expresión. Podía haber dicho "buscar la gloria de Dios", pero lo que hace es fijar la atención de nuevo en que era enviado por Dios, poniendo el acento en su relación con el Padre y ofreciendo así su mensaje con toda autoridad. Un maestro así sólo enseña una verdad que no puede extraviar a nadie, "...y no hay en él injusticia".

Este principio es muy importante y podría guiar al cristiano incluso en su propio pensamiento privado. Con toda seguridad sería de gran valor, cada vez que se lee un libro o un artículo, o se escucha un sermón, hacerse estas preguntas: Esta persona, ¿está hablando de lo que tiene en su propia mente, su punto de vista personal, o está tratando de traer el mensaje de Dios? ¿Está intentando hacer una exhibición de su brillantez, buscando engrandecer su propia persona? ¿Está buscando la manera de hacer resaltar su propia imagen ante la vista de aquellos a quienes está predicando? ¿O está, en humildad y sinceridad, con dedicación de mente y corazón, tratando de darles a sus oyentes la palabra que el mismo Dios tiene para sus vidas?

Jesús enseñaba las Escrituras

Jesús les señaló a los judíos su propia inconsistencia en su actitud hacia él. Había llegado enseñándoles la voluntad de Dios. Moisés, en las Escrituras, les indicaba que debían recibir esta enseñanza. "¿No os dio Moisés la ley, y ninguno de vosotros cumple la ley? ¿Por qué procuráis matarme?" (v 19). El rechazo de ellos a tal acusación fue rápido y en forma de condenación; le dijeron: "Demonio tienes; ¿quién procura matarte?" (v 20). Pero Jesús no trató de responder a su negativa. Ellos sabían que era cierto lo que él decía de ellos. Siguió explicando: "Una obra hice, y todos os maravilláis" (v 21). Es evidente que esa "obra" era la curación del hombre en el estanque de Betesda. Esto era lo que había soliviantado a los judíos, porque había sido hecho en día de sábado. Por esto querían matarlo. La palabra maravillarse podría traducirse como agitarse. En la forma en que Jesús se refirió a ella, parece que la curación de aquel hombre debía ser vista como un ejemplo de enseñanza con respecto a la mente de Dios.

Jesús prosiguió justificando sus ideas con el testimonio de las Escrituras. Moisés les había dado la circuncisión, y ellos no vacilaban en circuncidar a un hombre en el día de descanso. Partiendo de este punto les hacía ver su incongruencia: "Si recibe el hombre la circuncisión en el día de reposo, para que la ley de Moisés no sea quebrantada, ¿os enojáis conmigo porque en el día de reposo sané completamente a un hombre? Vosotros circuncidáis al hombre para que reciba la bendición; yo sané a ese hombre para que él también pudiera recibir bendición". En la superficialidad del juicio de ellos, una de las prácticas estaba correcta; la otra no. Es obvio que esto evidencia una gran falta de congruencia y sirve de ilustración a la verdad de que, aunque los hombres se esfuercen por racionalizar sus opiniones, sus juicios estarán errados cuando se basen en prejuicios o preferencias personales. Queda claro que este tipo de juicio no es de fiar.

Cuando el corazón es recto ante Dios, la persona escudriña las Escrituras y sus ideas resultan sólidas porque se halla bajo la dirección del Espíritu de Dios. El cristiano sincero necesita confiar en Dios a diario para que él lo oriente en el desarrollo de sus pensamientos. Por eso buscará humildemente la voluntad de Dios, dispuesto siempre a seguir esa bendita voluntad cuando le sea revelada a su propia conciencia.

El dilema de los Judíos (7:25-31)

Cuando recordamos todo el bien que Jesús había hecho, nos parece extraño que tantos se le opusieran, pero la gente se deja influir por las conversaciones. Siempre está dispuesta a creer lo peor que se diga sobre las personas o sobre las situaciones. Y ya se había dicho bastante como para producir confusión.

Pues mirad, habla públicamente, y no le dicen nada. ¿Habrán reconocido en verdad los gobernantes que este es el Cristo? Pero este, sabemos de dónde es; mas cuando venga el Cristo, nadie sabrá de dónde sea (Jn 7:26,27).

Parece que aquella gente se imaginaba que toda acción de Dios habría de estar más allá por completo de su comprensión y de su experiencia diaria. Al mismo tiempo creían conocer a Jesús por el hecho de que él vivía en medio de ellos. En la mente de muchos, pues, Jesús quedaba descalificado de entrada. Estaban seguros de que cuando el Cristo viniera de veras, ninguno de ellos podría comprenderlo a él ni a sus enseñanzas. Pero Jesús hablaba en palabras que ellos podían comprender, y estaba viviendo entre ellos sin pompas ni exhibiciones. De todo esto sacaban la conclusión de que debía ser humano solamente, y por lo tanto no era el que sería enviado por Dios, el Mesías. Y, sin embargo, las autoridades no le impedían que predicara.

Este dilema se presenta también en otro lugar de la narración evangélica. Los vecinos tenían cosas muy similares que decir. "¿Quién es este Jesús, y qué hay de extraordinario en su persona? ¿Acaso no conocemos a su madre, sus hermanos, sus hermanas, y no ha estado viviendo aquí mismo, en medio de nosotros?" (Mt 13:54-58). Todos estos argumentos se basaban en la suposición de que conocían a Jesucristo como a uno cualquiera de ellos. Cuando el Cristo, el Mesías, viniera, de seguro que no le conocerían tan íntimamente como creían conocer a Jesús.

En realidad, sí había algo en Jesucristo que estos vecinos suyos y esta multitud no sabían. Es posible que hubieran oído la narración de Belén, en cuyo caso habrían juzgado mal a María, pues no sabían nada del ángel Gabriel ni de la mano de Dios en su embarazo. Sabían que Jesús había crecido en Nazaret, y que se le llamaba Nazareno. Podían ver la humildad de su espíritu, y debido a esa humildad, no les parecía posible que este pudiera ser el Hijo del Dios vivo. Todos sus pensamientos se basaban en la humanidad de Jesús, y por eso sentían justificada su negación de que hubiera algo sobrenatural en él. Estaban convencidos de que no podía ser el Cristo.

Todo esto ilumina una realidad muy importante: es posible estar totalmente equivocados en nuestra manera de pensar sobre Jesucristo si lo que ponemos de relieve "es la forma humana en que vivió, sin aceptar que era el Dios encarnado en tal forma humana. Una persona nunca podrá comprender a Jesús, ni será capaz de aceptarlo como el Cristo, a menos que aclare por completo este defecto en su razonamiento.

El mismo Jesús intentó orientarlos para que pensaran sobre la verdad que no acertaban a comprender.

Jesús entonces, enseñando en el templo, alzó la voz y dijo: A mí me conocéis, y sabéis de dónde soy; y no he venido de mí mismo, pero el que me envió es verdadero, a quien vosotros no conocéis. Pero yo le conozco, porque de él procedo, y él me envió (Jn 7:28,29).

Así, lo que Jesús les estaba diciendo en realidad era: Ustedes afirman conocerme como ser humano. Alegan que me conocen como su vecino que vivió en el hogar de un carpintero y creció en medio suyo. Pero no tienen conocimiento de la parte que Dios, mi Padre, ha jugado en mi vida. Ustedes piensan que soy Jesús de Nazaret, pero no saben nada sobre las fuerzas que me sostienen, y el poder que me sustenta. Ustedes no reconocen que Dios me haya enviado, y por eso tienen tanta confusión en la mente con respecto a mí.

Jesús era único

Hace poco se publicó un libro escrito con el propósito de enseñar a los niños sobre Jesús. Un capítulo de este libro habla sobre Jesús niño. Relata la historia de su vida desde su nacimiento y a través de toda su niñez. El autor parecía querer que los niños pensaran en él como niño judío, describiendo cómo sería su vida en un hogar judío típico, ayudando a su madre y trabajando con José. No había mención alguna de la visita de Gabriel a María, ni de los ángeles que se les aparecieron a los pastores. ¿No es cierto que este libro, en realidad, presenta una imagen totalmente tergiversada de Jesús de Nazaret?

La visita del ángel Gabriel a María, el mensajero celestial dándoles el mensaje a los pastores junto a las colinas, los hombres sabios viajando detrás de una estrella... ninguna de estas cosas hubiera sucedido en el nacimiento de un niño judío ordinario. Estas cosas sucedieron para mostrarnos que este era un Niño diferente. Se le dijo a María que habría de ser llamado Hijo de Dios. Todo aquel que no sepa ni acepte como ciertos estos elementos de la historia no podrá comprender a Jesús y se le hará difícil aceptarlo como el Cristo, nuestro Redentor y Señor.

Lucas dice que Ana, la devota anciana que había servido en el templo durante tantos años, reconoció a este niño como el Mesías largo tiempo esperado. Simeón, que había estado al servicio del templo la mayor parte de su vida y había recibido la promesa de que no vería la muerte antes de haber visto al Cristo del Señor, adoró cuando vio al Niño, y alzó su alabanza a Dios por haber permitido que sus ojos vieran la salvación que él había preparado (Lc 2:25-35). Nadie podría conocer jamás de verdad al niño y al hombre que creció hasta su edad adulta en Nazaret a menos que conociera este otro lado de su vida. Omitir los elementos celestiales en una narración con respecto a la vida y la persona de Jesús de Nazaret es quedarse en la confusión de la duda.

Hay personas hoy que afirman tener una comprensión de la experiencia cristiana y hablan de la misma como si fuera un asunto psicológico; una cuestión de ajustar la propia personalidad a la de Jesús. Estas personas promueven el cristianismo como experiencia cultural o como una buena relación de tipo social. Será muy raro que encontremos a gente así comprometida en la oración y la alabanza a Dios. Lo cierto es que es imposible tener genuina vida cristiana a menos que se entre en una relación personal con Dios por medio de la obra redentora de su Hijo Jesucristo y en la unión del Espíritu Santo.

Si alguien trata de desarrollar una experiencia cristiana basada en una relación de tipo humano con un gran maestro, nunca llegará a captar de verdad los motivos por los que Jesús vino ni lo que realmente significa ser cristiano.

En esta misma oración Juan señala algo que nos muestra cómo se puede aclarar la confusión de la duda:

Y muchos de la multitud creyeron en él, y decían: El Cristo, cuando venga, ¿hará más señales que las que este hace? (Jn 7:31).

Aquí está la respuesta. Miremos no a la forma humana de la manifestación sino al resultado del testimonio evangélico, dondequiera que haya sido creído y aceptado, en cualquier época.

¿Qué se puede hacer con respecto a la confusión que existe en la mente del hombre de hoy? Guiar la atención a la narración evangélica y enfrentar todas las dificultades y diferencias que hay en las mentes humanas a la clara luz de lo que Jesús dijo e hizo. Cuando la gente piensa en Jesús como un ser humano solamente no capta lo esencial del evangelio, y no puede hallar el perdón prometido y la paz de mente y corazón. Cuando el hombre o la mujer piensa en la vida cristiana como algo que se hace con el fin de mejorarse uno a sí mismo, al tiempo que pasa por alto los aspectos espirituales y sobrenaturales de la vida en Cristo, se está perdiendo la verdad auténtica.

La evangelización

La oposición a la predicación del evangelio de Jesucristo es algo corriente hoy, tal como los judíos se le opusieron en los días de su vida terrena. Hoy en día muchos dirigentes prominentes de las iglesias se oponen a los esfuerzos evangelísticos de todo tipo, desoyendo el hecho de que el mensaje fue enviado para que llegara a todo hombre. La necesidad de este tipo de predicación fue señalada hace mucho tiempo por el apóstol Pablo:

Porque todo aquel que invocare el nombre del Señor, será salvo. ¿Cómo, pues, invocarán a aquel en el cual no han creído? ¿Y cómo creerán en aquel de quien no han oído? ¿Y cómo oirán sin haber quién les predique? (Ro 10:13-14).

A las claras se ve que es necesario que los hombres y las mujeres sean evangelizados, esto es, que se les dé el evangelio del amor de Dios manifestado en Cristo, y entonces poder ser cristianos.

Al venir a este mundo un ser humano no sabe nada sobre Cristo. A medida que crece y gana entendimiento se le deben decir las buenas nuevas de Jesús y de su amor. En el mundo hay todo tipo de gente, buena y mala. Hay gente fuerte, sincera y honrada, así como también hay gente débil, cruel y pecadora. Y hay cristianos tanto fuertes como débiles. Pero no habrá cristianos a menos que el evangelio haya sido predicado.

Normalmente, el evangelio de Cristo es predicado por evangelistas y misioneros, quienes salen a decirles a los pecadores que "todo el que quiera puede venir" y "al que venga a mí, yo no le echaré fuera". Hay testigos que van hasta los confines de la tierra para decirles a todos los hombres, en todas partes, que Dios envió a su Hijo al mundo a buscar y salvar lo que estaba perdido. Así, alrededor del mundo hay una actividad continua de parte de los creyentes por esparcir este mensaje del evangelio entre los no creyentes.

Parece razonable que todo cristiano quiera aceptar este método dirigido a alcanzar a los demás para Cristo. Cualquiera debería comprender la necesidad urgente de alcanzar a los hombres y mujeres que no son salvos. Sin embargo, aquí encontramos el hecho asombroso de que hablábamos anteriormente. Hay oposición —y fuerte en algunos lugares— contra este tipo de ministerio evangelístico y contra quienes quieran presentarles el mensaje de Cristo a los que no lo conocen.

Personalmente, puedo recordar los días en que yo también era agnóstico, sinceramente descreído. Cuando oía a gentes de iglesia manifestar su oposición al evangelismo la tomaba como otra señal más de que este mensaje simplemente no era verdadero. Esto parecía obvio desde el momento en que había gente "iniciada" que la promovía. Entonces había en mi mente —y sigue habiéndola hasta el día de hoy— una verdadera sensación de asombro al ver que personas que afirman creer en el evangelio del Señor Jesucristo y servirlo puedan estar de hecho firmemente opuestas a todo empeño de tipo evangelístico.

Nuestra generación ha visto grandes movimientos de evangelismo en diversas partes del mundo, a los que ha respondido mucha gente. Sin embargo, hay hombres que se oponen, que no pueden reclamar para sí el haber ganado a nadie para Cristo. La situación es similar con respecto a los misioneros que van por el mundo proclamando las buenas nuevas de que Jesucristo puede salvar y lo hará. Sin embargo, en algunas iglesias donde no se está haciendo nada para ganar almas hay movimientos que tratan de detener este impulso misionero.

Oposición irónica (7:32-53)

Pero hay también algunas iglesias donde hay personas buscando vivir más cerca del Señor de lo que nunca lo habían hecho antes. Están estudiando la Palabra más de cerca para solidificar la enseñanza sobre la persona y la obra del Espíritu Santo. No obstante, vemos que hay pastores y dirigentes que están muy en contra de este énfasis. Esta actitud no tiene nada de nuevo. El mismo tipo de oposición surgió con respecto al ministerio de Jesús.

> *Los fariseos oyeron a la gente que murmuraba de él estas cosas; y los principales sacerdotes y los fariseos enviaron alguaciles para que le prendiesen* (Jn 7:32).

Esta oposición resulta muy irónica pues los fariseos habían recibido ese nombre por su intensa lealtad a las Escrituras. Eran hombres que creían plenamente en que el Antiguo Testamento era la Palabra misma de Dios. Solían advertir fuertemente que a menos que un hombre fuera completamente obediente a lo que decían las Escrituras no podía estar dentro de la voluntad de Dios. Estas personas que tan abiertamente proclamaban su compromiso con la Palabra de Dios tal como la tenían en el Antiguo Testamento eran los mismos que se oponían con todas sus fuerzas al Hijo y Mensajero de Dios. Hacían cuanto estaba en sus manos para detener su ministerio público.

Hay mucho que aprender al observar las respuestas que Jesucristo les da a sus enemigos. En este caso no intentó evadir la cuestión. No hizo intento de aplacar a sus críticos. Simplemente siguió diciendo lo mismo que había estado proclamando antes de que ellos comenzaran a oponérsele.

Entonces Jesús dijo: Todavía un poco de tiempo estaré con vosotros, e iré al que me envió. Me buscaréis y no me hallaréis; y a donde yo estaré, vosotros no podréis venir (Jn 7:33,34).

En otras palabras, Jesús les quería decir: Por un poco de tiempo, estoy al alcance de ustedes, y después vaya regresar al Padre, al que me envió. Donde yo estoy, ustedes no pueden llegar. Con esto le estaba diciendo a este grupo de fariseos que habían sido totalmente incapaces de comprender sus intenciones y su misión. No habían captado en lo absoluto de dónde procedía él, ni tampoco habían reconocido al Padre que lo enviaba, y al que habría de regresar. De hecho, esta gente no lo comprendía en lo absoluto, porque se pusieron a lanzar exclamaciones sobre lo que había dicho y a discutir acaloradamente. Da la impresión de que habían sido incapaces por completo de comprender su propio Antiguo Testamento con sus manifestaciones proféticas. No sólo, tenían los ojos cegados, sino que su corazón estaba endurecido.

El agua viva

En el último y gran día de la fiesta, Jesús se puso en pie y alzó la voz, diciendo:

> *Si alguno tiene sed, venga a mí y beba. El que cree en mí, como dice la Escritura, de su interior correrán ríos de agua viva: Esto dijo del Espíritu que habían de recibir los que creyesen en él; pues aún no había venido el Espíritu Santo, porque Jesús no había sido aún glorificado* (Jn 7:37-39).

En este momento Jesús hace surgir de nuevo la controversia. Los judíos reconocieron esto como una promesa de Dios del Antiguo Testamento con respecto a la; venida del Espíritu. Algunos decían: "Verdaderamente este es". Otros decían: "Este hombre podría ser el Cristo mismo". Y así seguían las discusiones. Sucedía algo muy interesante: no podían ponerse de acuerdo en sus juicios.

> *Otros decían: Este es el Cristo. Pero algunos decían: ¿De Galilea ha de venir el Cristo? ¿No dice la Escritura que, del linaje de David, y de la aldea de Belén, de donde era David, ha de venir el Cristo? Hubo entonces disensión entre la gente a causa de él. Y algunos de ellos querían prenderle; pero ninguno le echó mano* (Jn 7:41-44).

Cómo se parecen estas a tantas discusiones sobre el evangelio que se producen hoy. Ellos tenían sus Escrituras, en las cuales confiaban, y Jesucristo encajaba dentro de aquella descripción profética (era de la descendencia de David, y de Belén), pero ellos no lo sabían. No estaban al tanto de datos relativos a él que podrían haber sido aclarados sin dificultad alguna. Estaban en la ignorancia, y proseguían en su discusión a pesar de su falta total de conocimiento.

Pero el testimonio de Jesús era de mucho peso frente a la fuerte oposición que tenía:

> *Los alguaciles vinieron a los principales sacerdotes y a los fariseos; y estos les dijeron: ¿Por qué no le habéis traído? Los alguaciles respondieron: ¡Jamás hombre alguno ha hablado como este hombre!* (Jn 7:45-46).

Al parecer, Jesús convencía tanto que los oficiales que llegaron para arrestarlo se sintieron compelidos a dejarlo intacto. De hecho, se estaban excusando ante las autoridades por no haber podido prender a Jesús y traerlo prisionero por causa de sus palabras. Su alegato era: "¡Jamás hombre alguno ha hablado como este hombre!" Todas las posibilidades habían estado en sus manos. Entre los discípulos de Jesús no había manifestación alguna de fuerza, pero ha de haber sido tal el aire de autoridad que lo rodeaba, que estos hombres no pudieron cumplir sus planes. Se puede palpar que estaban profundamente impresionados, en la respuesta que dieron las autoridades.

Entonces los fariseos les respondieron: ¿También vosotros habéis sido engañados? ¿Acaso ha creído en él alguno de los gobernantes, o de los fariseos? (Jn 7:47-48).

Es evidente que el consenso de los jefes se hallaba totalmente en contra de Jesús, y sólo había unos pocos dispuestos a creer. Esto contiene también una sugerencia llena de significado con respecto a la situación actual. La evidencia de la presencia de Dios y de su bendición en cualquier experiencia nueva se halla en las vidas que encontramos cambiadas. Dios puede dar gracia y sabiduría para llevar almas hacia él cuando el discípulo está tratando de recibir las cosas del Señor Jesucristo y pone su confianza totalmente en él, sin hacerles caso a otras voces que quisieran desorientarlo.

Capítulo 8: La realidad gloriosa del evangelio

La benignidad de Cristo (8:1-11)

Posiblemente no haya relato alguno de los que se cuentan sobre los actos de benignidad de Jesús de Nazaret que sea tan ampliamente estimado como el de lo que sucedió cuando la mujer sorprendida en adulterio fue traída ante su presencia. Su significado ha sido muy estimado, y expresado frecuentemente en himnos.

Cristo recibe a los hombres pecadores, incluso a mí con todo mi pecado; limpio de toda mancha e impureza, con él en el cielo entraré. Cantémoslo una y otra vez: Cristo recibe a los hombres pecadores; que el mensaje quede claro y llano: Cristo recibe a los hombres pecadores.

Los cristianos se deleitan en la publicación de esta verdad a todo lo largo y ancho del mundo. El pecado es algo real, y no hay necesidad de estudiar la Biblia para darse cuenta de ello. En todo lugar se puede ver la evidencia de la realidad del pecado y del poder de Satanás. El pecado es dañino.

Toda conducta por parte del hombre, toda actitud que se halle en contra de la voluntad de Dios es dañina porque separa al hombre de Dios, así ir como separa al hombre de los demás hombres. El pecado es impuro y destruye todo lo bueno. *"El alma que pecare, esa morirá"*, dice el Antiguo Testamento (Ez 18:4); y Pablo escribe: *"La paga del pecado es muerte"* (Ro 6:23). Habacuc dice de Dios: *"Muy limpio eres de ojos para ver el mal, ni puedes ver el agravio"* (Ha 1:13). Todo lo que se diga es poco con respecto al pecado; sin embargo, lo maravilloso del evangelio es que el pecado puede ser perdonado, limpiado, y olvidado por Dios.

...si vuestros pecados fueren como la grana, como la nieve serán emblanquecidos; si fueren rojos como el carmesí, vendrán a ser como blanca lana (Is 1:18).

La Biblia no deja lugar a dudas sobre el hecho de que Dios odia el pecado en todas sus formas, pero ama al pecador. De hecho, uno de los aspectos que marcaron el principio del ministerio de Jesús fue su asociación con los pecadores. Esto hizo que recibiera reproches y acusaciones de los fariseos en más de una ocasión. Por ejemplo:

...se sentaron juntamente a la mesa con Jesús y sus discípulos: ¿Por qué come vuestro Maestro con los publicanos y pecadores? Al oír esto Jesús, les dijo: Los sanos no tienen necesidad de médico, sino los enfermos (Mt 9:10-12).

Es cierto que algunas traducciones modernas no traen estos once versículos en el evangelio de Juan. Los eliminan no porque los eruditos hayan encontrado fallas en él enseñanza sino porque algunos manuscritos de los más antiguos no los contienen. No hay nada en esta parte que no pueda ser sustanciado y apoyado por el resto de las Escrituras. Y ciertamente ilustra la verdad que estamos considerando: el amor de Jesús por todos.

La mujer que fue llevada ante Jesús

Es evidente que esta mujer hallada en adulterio fue llevada ante Jesús como una especie de "caso de prueba" para que los jefes averiguaran cómo Jesús la habría de juzgar. Pensaban que pondrían en situación difícil al Jesús pues la ley de Moisés especificaba que si alguien era hallado en el acto de adulterio debería ser apedreado hasta la muerte.

En aquel momento Jerusalén se hallaba bajo el control del gobierno romano, y Roma tenía ciertas leyes, una de las cuales era que la sentencia de pena capital estaba reservada solamente a los tribunales romanos. Los judíos podían imponer castigos hasta cierto punto, pero no se les permitía infligir pena de muerte sin el consentimiento de los tribunales de Roma. Si Jesús juzgaba aplicando literalmente la ley de Moisés, quebrantaría las normas de los gobernantes romanos.

Con esta maliciosa intención, los escribas y fariseos trajeron esta mujer a la presencia de Jesús.

Entonces los escribas y los fariseos le trajeron una mujer sorprendida en adulterio; y poniéndola en medio, le dijeron: *Maestro, esta mujer ha sido sorprendida en el acto mismo de adulterio. Y en la ley nos mandó Moisés apedrear a tales mujeres. Tú pues, ¿qué dices?* (Jn 8:3-6). Más esto decían tentándole, para poder acusarle....

Jesús escribe en tierra

El procedimiento que usó Jesús para manejar esta situación es famoso y se ha convertido en ejemplo clásico de sabiduría. Cuando llevaron a la mujer ante él, Jesús se inclinó calladamente, y con el dedo, escribía en la tierra. ¡Cómo se ha especulado sobre cuáles serían las palabras que escribió! Sin embargo, nadie las conoce; las conjeturas y la imaginación no sirven de nada en este momento. Mientras ellos continuaban presionándolo para que emitiera un juicio, Jesús les mostró que estaba consciente de que el destino de la mujer no era asunto de ninguno de aquellos hombres. Ellos bien podrían haberla juzgado sin acercársele a él. Tranquilamente dijo:

> *El que de vosotros esté sin pecado sea el primero en arrojar la piedra contra ella. E inclinándose de nuevo hacia el suelo, siguió escribiendo en tierra* (Jn 8:7,8).

La narración no dice que Jesús se negara a mirarlos; simplemente dice que los dejó solos. Esto le dio tiempo a Dios para hablarles en forma individual. Su reacción parecería mostrar que tenían algún respeto por él, aunque hubieran tratado de atraparlo; es evidente que prestaron atención a lo que había dicho.

> *Pero ellos, al oír esto, acusados por su conciencia, salían uno a uno, comenzando desde los más viejos hasta los postreros; y quedó solo Jesús, y la mujer que estaba en medio* (Jn 8:9).

No hay nada en el relato que indique que él era conocido de la mujer: debe haberle parecido simplemente como un maestro responsable que enseñaba la verdad. Es posible que el uso del título "Señor" no tuviera ninguna especial connotación. Juan se limita a relatarlo.

Enderezándose Jesús, y no viendo a nadie sino a la mujer, le dijo: Mujer, ¿dónde están los que te acusaban? ¿Ninguno te condenó? Ella dijo: Ninguno, Señor. Entonces Jesús le dijo: Ni yo te condeno; vete y no peques más (Jn 8:11).

¿Significa esto que Jesús estaba justificando el pecado? Todos sabemos que tal no es el caso.

¿Significa que aprobaba su pecado? Tampoco es necesario negar esto. Poco tiempo después él habría de morir por los pecados de todo el mundo, incluso los de esta pobre mujer. Entonces, ¿qué significa esta respuesta?

La actitud de Dios con respecto al pecado

Jesús nos está revelando en este momento la actitud de Dios ante el pecado y ante el pecador. No nos equivoquemos; no podemos tan siquiera preguntárnoslo: no hay duda alguna de que Dios odia el pecado. Sin embargo, gocémonos en esta grata realidad y comuniquémosla a otros: ¡Dios ama al pecador! Cuando Cristo Jesús mira a los pecadores los ve como cuando miró a esta mujer. Los ve como las personas por las que derramó su sangre.

¡Qué palabras de consuelo tan gloriosas para todos los creyentes! No hay cristiano que no esté consciente del pecado que hay dentro del hombre. Hasta Pablo exclamaría:

¡Miserable de mí! ¿Quién me librará de este cuerpo de muerte? Gracias doy a Dios, por Jesucristo Señor nuestro... (Ro 7:24,25).

Toda persona debe pensar en su vida pasada y en que un día se verá de pie en la presencia de Dios. Quizá algún pecado lo haya estado atribulando, o a lo mejor hay algo en su expediente que lo espanta. Si alguien que esté atribulado en su conciencia de esta manera llegara a leer estas líneas, todo lo que necesita es creer en el Señor Jesucristo, creer en el perdón del pecado. Pensemos en esta mujer y en la actitud de Cristo hacia ella.

Los creyentes deberían tener siempre en mente que él quiere librarlos para siempre de las obras muertas que les estorban. Cualquiera puede sentirse en perfecta libertad; para volverse hacia Jesucristo, si recuerda que cuando él ve al pecador no piensa en el pecado sino en la necesidad que tiene de perdón, y en que lo habrá de liberar de ese pecado.

La luz del mundo (8:12-20)

Cuando Jesús estaba describiendo su ministerio aquí en la tierra, decía: "Yo soy la luz del mundo". Nadie que mire a Jesús como si sólo fuera un hombre podrá llegar a darse cuenta de la verdad con respecto a él. Este Evangelio de Juan comienza declarando que "el Verbo era con Dios, y el Verbo era Dios", refiriéndose, por supuesto, a Jesús de Nazaret como EL VERBO. Esta declaración inicial sigue diciendo que "en él estaba la vida, y la vida era la luz de los hombres". Para comprender lo que significaba Jesús, es importante pensar cuál es la función normal de la luz ¿qué hace?

Lo primero que hace la luz es revelar. Todo lo que se halle en un lugar quedará al descubierto cuando se encienda la luz. Cuando es de día podemos ver todo lo que hay en el patio. La luz no añade nada; simplemente: revela todo lo que se halla presente. Pablo escribiría: *"Porque la luz es lo que manifiesta todo"* (Ef 5:13).

Cuando Jesús dijo: "Yo soy la luz del mundo," estaba diciendo: Yo soy el que muestra el verdadero significado de la vida en este mundo. Con estas palabras estaba exhortando al hombre a meditar en que en él es donde ha de verse la verdad de la creación. ¿Quiere alguien comprender la vida de este mundo? Tendrá que mirar a Jesús. Cuando mire al Cristo, estará mirando al que vino a este mundo a morir para luego ser levantado de entre los muertos. Esto señala la verdad asombrosa de que el mundo físico no es la etapa final del plan de Dios. Hay algo que viene después de lo físico.

Es obvio que en este mundo lo físico viene primero: lo natural es lo que comienza la vida. Pero una mirada a Jesús revela que lo natural ha de morir y ser levantado de los muertos a una vida nueva por el poder de Dios. Esta es la verdad del plan para todo el universo. Cuando Dios hizo el mundo, no lo hizo con la idea de que este mundo, tal como se ve en su forma física, con árboles, pájaros, flores, mar, océano, y gente, fuera eterno. El mundo tal como es, tanto en su apariencia física como en el pecado, nunca fue concebido para ser la etapa final.

El Señor Jesucristo era el Cordero sacrificado antes de la fundación del mundo. Dios, al crear el mundo y hacer al hombre a su propia imagen del polvo del suelo, tenía planeado que la carne habría de morir, pero que la resurrección del hombre a la novedad de vida lo llevaría hasta la plenitud de su plan para él. Por esto el evangelio proclama que cuando alguien sea levantado de entre los muertos, tal como lo fue Cristo, tendrá en sí la vida que su Hijo manifestó. Esto significa que el mismo Dios vivirá en sus criaturas en el mundo nuevo. Esta es la grandiosa verdad que es revelada en Jesucristo. Este mundo no es definitivo. Ni el pecado puede acabar con todo aquí. Dios puede resucitar a los muertos y lo hará. Al hacerlo, redimirá al pecador, haciéndolo entrar en la vida eterna por medio de Cristo.

Debemos notar que cuando Jesús dijo: "Yo soy la luz del mundo," acababa de realizar dos grandes milagros. Uno fue la curación del hombre inválido junto al estanque de Betesda, y el otro fue el perdón del pecado de la mujer que había sido sorprendida en adulterio. En ellos vemos a Jesucristo conquistando la debilidad del hombre inválido y conquistando el pecado de la mujer. Esto es una promesa de lo que se halla en el plan de Dios para cuando estos aspectos de la naturaleza humana queden atrás. En el poder de resurrección de Jesucristo, el creyente es levantado más allá de la debilidad y más allá del pecado. En este sentido, el creyente es verdaderamente liberado, tanto de la debilidad como del pecado. Esta es la verdad auténtica del evangelio y una parte del significado de las palabras de Jesús: "El que me sigue, no andará en tinieblas, sino que tendrá la luz de la vida".

Los fariseos le restan importancia a Jesús

Se ve claramente que los fariseos se daban cuenta de lo profundas que eran las implicaciones de lo que Jesús estaba diciendo. No podían negar lo que él había hecho, pero podían poner en duda lo que enseñaba. Por eso intentaron restarle importancia a sus enseñanzas tratando de poner en duda su autoridad basados en que estaba dando testimonio de sí mismo sin testimonio alguno de nadie más. Entonces los fariseos le dijeron: *"Tú das testimonio acerca de ti mismo; tu testimonio no es verdadero"* (Jn 8:13).

Los escribas y fariseos estaban aplicando un conocido principio a su enseñanza. Señalaban que debería haber testimonio por lo menos de dos personas, mientras que Jesús no daba otro que el de sus propias palabras. La respuesta de Jesús fue muy reveladora: afirmó que, puesto que el Dios viviente estaba con él en todo lo que hacía, en realidad eran dos Personas las que estaban de acuerdo en sus manifestaciones.

Respondió Jesús y les dijo: Aunque yo doy testimonio acerca de mí mismo, mi testimonio es verdadero, porque sé de dónde he venido y a dónde voy; pero vosotros no sabéis de dónde vengo, ni a dónde voy. Vosotros juzgáis según la carne; yo no juzgo a nadie. Y si yo juzgo, mi juicio es verdadero; porque no soy yo solo, sino yo y el que me envió, el Padre. Y en vuestra ley está escrito que el testimonio de dos hombres es verdadero. Yo soy el que doy testimonio de mí mismo, y el Padre que me envió da testimonio de mí. Ellos le dijeron: *"¿Dónde está tu Padre? Respondió Jesús: Ni a mí me conocéis ni a mi Padre; si a mí me conoceríais, también a mi Padre conoceríais"* (Jn 8:14- 19).

Aquí hay algo que debemos notar: Jesús no usó la palabra Dios como podría hablar en sentido general de Dios el Creador. El usó la palabra Dios en el sentido de aquel que lo envió a él. El sentido de Dios que Jesús está enfatizando es que Dios es aquel por quien él había sido engendrado: Dios el Padre, que lo envió a él y que vivía en él. Cuando los cristianos llaman Padre a Dios, necesitan recordar que están usando una palabra que significa que han nacido del Espíritu y que son en realidad sus hijos y sus hijas.

El camino a Jesús (8:21-27)

El único camino para asegurarnos las bendiciones y los beneficios de tener a Dios como Padre es a través de una relación personal con Jesucristo. Este es el sentido de lo que Jesús les dijo a los judíos que se le opusieron.

...porque si no creéis que yo soy, en vuestros pecados moriréis (Jn 8:24).

Aun hoy hay algunas personas que tienen un concepto equivocado, según el cual, como Jesús murió por todos, todos los hombres son salvos: Es cierto que "Dios no quiere que ningún alma perezca", pero nadie debería olvidar las palabras de Jesús que nos advierten:

Entrad por la puerta estrecha; porque ancha es la puerta, y espacioso el camino que lleva a la perdición, y muchos son los que entran por ella; porque estrecha es la puerta, y angosto el camino que lleva a la vida, y pocos son los que la hallan (Mt. 7:13-4).

Esta afirmación debería hacer imposible que nadie que lea la Biblia pueda sostener un error así.

Jesús continúa poniendo en contraste el sentir de aquellos que se le oponían y la verdad que había en él, mostrando con claridad la diferencia. Dijo: "Yo me voy", como si tuviera un camino diferente del que los demás pudieran pensar. Entonces añadió: "...me buscaréis, pero en vuestro pecado moriréis; a donde yo voy, vosotros no podéis venir" (v 21). Esta declaración establecía con claridad la diferencia. "Yo me voy", esto es, me voy al mundo espiritual; "me buscaréis", esto es, en el mundo natural, "pero en vuestro pecado moriréis", perteneciendo todavía al mundo natural. No hay ninguna palabra aquí sobre la vida eterna por medio del Hijo, llegando a todo hombre por la gracia de Dios. Recordemos que aquí Jesús estaba hablando a seres humanos, y no se refiere a ellos tratándolos como hijos de Dios. Él era el Hijo de Dios y tenía dentro de sí la vida misma de Dios.

Ellos eran humanos, con toda la herencia de maldad inherente a la naturaleza humana, y estaban tratando de averiguar sobre él en el plano del conocimiento terrenal. "Me buscaréis", en su nivel de vida humana, desde su punto de vista terrenal, y "en vuestro pecado moriréis". Seguirían tal como estaban por el resto de sus días, y finalmente se enfrentarían a la muerte sin esperanza. Las personas que no han sido regeneradas no pueden heredar el reino de Dios. No pueden tomar parte en las bendiciones dadas a aquellos que aceptan a Cristo y ponen sus vidas a su amparo.

El camino espiritual

Es necesario enfatizar bien este punto. "Yo me voy", esto es, por el camino espiritual, el cual consiste en vivir la vida de Dios y tener a Dios viviendo dentro de nosotros. "Me buscaréis": tratando por medios humanos de descubrir la verdad de Cristo, mirando a Jesús como a un ser humano, como a un simple hombre, y negándose a aceptar su unidad con el Padre. Estas personas murieron en sus pecados no porque Dios se hubiera impacientado con ellos sino porque aún estaban en la carne. Se les había ofrecido la vida nueva y la habían rechazado. Habían escogido permanecer en el ámbito natural, y aquí estaba la gran diferencia.

Jesús continuó exponiendo esta profunda diferencia:

...Vosotros sois de abajo, yo soy de arriba; y vosotros sois de este mundo, yo no soy de este mundo (Jn 8:23).

Ahora la diferencia se halla en su origen. Ellos son terrenos, y tratan de alcanzar fines personales y cosas que perecen. Su visión de la vida se hallaba desfigurada por el pecado. El destino que les aguardaba era ser destruidos. Gente así jamás sería capaz de comprenderlo a él.

Cuando Jesús dijo: "En vuestro pecado moriréis", no les estaba imponiendo un castigo; no los estaba condenando estaba simplemente dando constancia de una realidad. Así como los que creen en Cristo viven en un ámbito espiritual y nunca verán la muerte, igualmente estos fariseos y otros junto con ellos, iban a la muerte porque era el final natural de su existencia terrena. Se les había ofrecido una oportunidad para que cambiaran, pero no la habían aprovechado. Su estilo de vida era así también el de su fin: la muerte en el pecado. No había otra salida a mano para ellos, ni podría haberla, a menos que se volvieran de sus caminos para aceptarlo a él.

Aquí se halla en realidad la sustancia de todo el mensaje evangélico. Este es el significado mismo de lo que los cristianos predican. El Señor Jesucristo vive ahora en el mundo espiritual con el Padre.

Vive en los corazones de los creyentes por el Espíritu Santo, al que envió para que les sirviera de compañero. Cuando una persona cree en él y lo recibe como su Salvador del pecado y de su castigo, se convierte en hija de Dios por medio del nuevo nacimiento, nacida "del agua y del Espíritu", y pasa a ser ahora una nueva criatura en Cristo Jesús. Ahora tiene dos naturalezas dentro de sí: el hombre viejo, en el que nació físicamente, y el hombre nuevo, en el que comenzó a vivir en Cristo Jesús.

Muriendo en la carne y a la carne, puede ser librado de los pecados de la carne, y al recibir al Espíritu Santo puede tener paz, gozo, y victoria, mientras confíe en su Salvador y Señor.

La singular humanidad de Jesús (8:28-32)

Hoy en día se está hablando mucho sobre la humanidad de Jesús, incluso en los círculos cristianos, y este es un asunto en el que es necesario ser muy cuidadoso. Es cierto que él tuvo un cuerpo humano durante unos treinta años, dentro del cual se limitó a las situaciones humanas de aquí abajo: sufrió como sufrimos los hombres, y fue *"tentado en todo según nuestra semejanza, pero sin pecado"* (Jb 4:15). Pero el hecho real del asunto es que Jesucristo no vivió en su forma humana tal y como los seres humanos ordinarios viven. Aun en su manifestación humana, decía: "Nada hago de mí mismo". ¿Podría alguna otra persona haber dicho esto de sí misma? "Dios estaba en Cristo, reconciliando consigo al mundo.", escribiría Pablo en 11 Corintios 5:19. Su muerte no fue en primer lugar, el resultado de la sentencia que se le impuso, porque él fue a esa muerte de manera voluntaria. El plan de salvación era un plan de Dios. Dios envió a su Hijo a este mundo pecador; fue también Dios el que lo guió y orientó, y finalmente fue Dios quien lo llevó a enfrentarse con la crucifixión. Jesús mismo habló claramente sobre este papel exclusivo en su carrera terrenal:

Les dijo, pues, Jesús: Cuando hayáis levantado al Hijo del Hombre, entonces conoceréis que yo soy, y que nada hago por mí mismo, sino que según me enseñó el Padre, así hablo (Jn 8:28).

La palabra levantado es una referencia a la crucifixión. El mismo prometió que si destruían el templo de su cuerpo, él lo habría de reconstruir —levantarlo— en tres días. Su resurrección es una parte muy significativa de la historia del Calvario. El prometió que cuando fuera crucificado, entonces ellos sabrían que él no hacía nada de sí mismo, y se sabría la verdad a plenitud.

¿Qué podría resultar más significativo y asombroso que el hecho de que Dios levantara a Jesús de la tumba? ¿y qué significa esto para los que creen en él? Significa que Dios intervendrá a favor de los suyos: el intervendrá en los asuntos de los hombres cuando ellos pongan su confianza en él. Esto es exactamente lo que está expresado en el evangelio para que todos lo comprendan. La revelación comenzó con la cruz del Calvario, donde Dios hizo manifiesto su poder y su plan en una forma tan milagrosa como fue la Resurrección.

Hasta el momento de su muerte, una persona podría pensar que Jesús era simplemente humano; un hombre dotado con el don de sanidad que hacía cosas asombrosas. Pero cuando nos enfrentamos al Calvario y vemos a Cristo en esa cruz, comenzamos a comprender que él no murió en ella con su propia fortaleza de ser humano. No murió en ella porque las cosas humanas lo pusieron allí, o porque no había vía de escape posible. Murió porque era parte del plan de Dios, tanto como del suyo propio, en obediencia al Padre. Murió para poder ser levantado de entre los muertos, y así ser capaz de levantar a los creyentes con él.

Porque el que me envió, conmigo está; no me ha dejado solo el Padre, porque yo hago siempre lo que le agrada (Jn 8:29).

Nunca estuvo solo; Dios siempre estuvo con él. Más tarde Juan usará este tipo de lenguaje al hablar con sus discípulos.

No os dejaré huérfanos; vendré a vosotros (Jn 14:18).

Aquí hay una gran verdad: Dios en su Hijo y con él; y Dios en sus hijos adoptivos, los creyentes en Cristo Jesús, y con ellos por su Santo Espíritu. El poder de esta verdad es ciertamente notable, tal como Jesús lo continúa enseñando:

Y conoceréis la verdad, y la verdad os hará libres (Jn. 8:32).

Esta será la libertad de Dios; no el libertinaje, sino la libertad verdadera para hacer su voluntad, según él nos dé capacidad para ello.

Una controversia (8:33-59)

Cuando los hombres piensan sobre la vida cristiana y meditan en el fruto del Espíritu, tienen en la mente el amor, el gozo, la paz, la paciencia, la benignidad, la bondad, la fe, la mansedumbre, y la templanza. Ciertamente, nadie se opondría a que estas características formaran parte de la personalidad de sus amigos y parientes. La mayoría favorece estas manifestaciones del Espíritu, y se alegra de que los demás las experimenten, y de tenerlas ellos mismos también. Sin embargo, se encuentra una resistencia decidida a la nueva vida del creyente en la verdad.

El que produce realmente esta manifestación de la vida nueva en el corazón y la vida de un creyente es el Espíritu Santo. Pero, la simple mención del Espíritu de Dios parece suscitar oposición y antagonismo. En la misma iglesia, algunas de las polémicas más serias surgen cuando se hace referencia a este asunto. Esto es similar al hecho de aquellos dirigentes de la iglesia que, como ya hemos señalado antes, se oponen a la actividad evangelística. Este mismo grupo es con frecuencia el que se opone a la profunda verdad de la habitación del Espíritu Santo dentro de nosotros. Casi parecería como si, por orgullo, se resintieran ante cualquier insinuación de que pudieran no estar tan en lo cierto. Estas personas no pueden aceptar la idea de que sería para provecho de ellos cambiar, sino que parecen decididas a oponerse a cualquier verdad que los pudiera hacer diferentes.

En los días de Jesús de Nazaret había gran variedad cultural en Palestina. En esta población tan diversa, de seguro habría algunos que conocían de las cosas de Dios. Estaban los escribas, conocedores de la ley, adiestrados por cierto en el estudio del Antiguo Testamento. También estaban los sacerdotes, activos en el templo, que realmente dedicaban todo su tiempo al servicio de las cosas religiosas. Estaban además los fariseos, un grupo de una cierta escuela de pensamiento que honraba especialmente las Escrituras como Palabra de Dios y había asumido la responsabilidad de guardar sus leyes exactamente tal y como estaban presentadas. Y, sin embargo, todos ellos, escribas, sacerdotes, y fariseos, se hallaban a la defensiva cuando entraban en contacto con Jesús y con sus enseñanzas.

Cuando Jesús enseñó el sencillo principio de "Debéis nacer de nuevo", no pudieron aceptarlo. Cuando habló con Nicodemo, que era un "gobernante de los judíos", Jesús dejó en claro que todos los hombres necesitaban nacer de nuevo, sin tener en cuenta su posición en la vida. Pero los judíos pensaban que esto no era necesario. A fin de justificarse a sí mismos en su posición, rebatieron todo lo que Jesús enseñaba y hacía, retándolo y oponiéndose a cuanta idea expresaba.

Esta parte del Evangelio de Juan (Jn 8:33-59) es una detallada exposición de esta controversia. La oposición al magisterio de Jesús se presentó desde muchos ángulos. No era una discusión cuyo fin fuera descubrir la verdad. No era una conversación amistosa, como la de gente que cambia ideas buscando aclarar alguna cuestión. Era una serie de discusiones en la que los hombres intentaban bloquear la verdad. Se dedicaban a suscitar cuestiones con las que esperaban que quedaría claramente demostrado que las cosas que Jesús había estado enseñando simplemente no podían ser ciertas.

Implicaciones de las enseñanzas de Jesús

Ellos se quejaron cuando él dijo que quienes confiaran en él serían "libres". Les molestaban las consecuencias derivadas de este aserto. Se negaban a admitir que se hallaran en ningún tipo de esclavitud.

Linaje de Abraham somos, y jamás hemos sido esclavos de nadie. ¿Cómo dices tú: ¿Seréis libres? (Jn 8:33).

El Señor Jesús les respondió diciendo que "...Todo aquel que hace pecado, esclavo es del pecado" (v 34). Ellos podían comprender que un hombre que es siervo no es libre para hacer lo que quiera: es esclavo. "Y el esclavo no queda en la casa para siempre; el hijo sí queda para siempre". El hijo de la casa puede ir y venir como le plazca: y "si el Hijo os libertare, seréis verdaderamente libres" (vv 35,36). Si tenían la libertad del Hijo por haber nacido de nuevo, entonces serían realmente libres del pecado.

En esto hay un significado más profundo que el que, aparece en la superficie. Jesús les quiere decir a estos hombres que, en la vida natural, como seres humanos, ellos están en la carne. En la carne hay pecado, y es imposible que ellos mismos se liberen del pecado. El hombre no puede liberarse del pecado, como tampoco puede liberarse de la piel que lo cubre. Pero hay algo que sí puede hacer, y esto es morir a la carne. Si el hombre sigue las instrucciones del apóstol Pablo, "...así también vosotros consideraos muertos al pecado", estará "vivo para Dios en Cristo Jesús, Señor nuestro" (Ro 6:11). Si hace esto, el pecado no tendrá más dominio sobre ese hombre.

Estos judíos, molestos por este concepto de sus personas, respondieron que nunca habían sido esclavos de nadie. Jesús les replicó que no se trataba de estar esclavizado a ninguna persona, sino que era la esclavitud del pecado la que los tenía atados. Mientras se encuentren en el cuerpo natural eran esclavos del pecado, pero él estaba dispuesto a liberarlos de esa servidumbre enseñándoles que tenían que nacer de nuevo y ser recibidos como hijos de Dios.

Cuando Jesús continuó con esta enseñanza admitió saber que ellos se consideraban hijos de Dios porque eran de la simiente de Abraham, pero declaró que esa afirmación no era cierta. Al rechazarlo a él, no estaban actuando en conformidad con Abraham ni como hijos de Dios. En realidad, su conducta era la que correspondía a los hijos del demonio. Cuando ellos le contestaron: "Un padre tenemos, que es Dios", Jesús les dijo: "Si vuestro padre fuese Dios, ciertamente me amaríais." (vv 41,42). El hecho mismo de que estuvieran opuestos a él demostraba que no eran hijos de Dios, que era quien lo había enviado y obraba en él y a través de él.

Cuando Jesús continuó enseñando en este sentido, los judíos simplemente lo rechazaron por completo. "¿No decimos bien nosotros que tú eres samaritano, y que tienes demonio?" (v 48). Este lenguaje estaba destina do a insultarlo y a desacreditarlo. Sin embargo, Jesús dio muestras de su humildad continuando con paciencia su exposición. Se limitó a declarar: "Yo no tengo demonio, antes honro a mi Padre; y vosotros me deshonráis" (v 49).

En la continuación de este mensaje, Jesús hizo mención de Abraham nuevamente, diciendo que se había regocijado por haber visto su día. Los judíos eran totalmente incapaces de captar el sentido espiritual de lo que Jesús les estaba enseñando. Estimaron ridículas las palabras de Jesús, porque Abraham llevaba varios siglos muerto. Es muy iluminador ver que Jesús no explicó estas declaraciones espirituales. Simplemente las expuso, y aceptó las consecuencias del rechazo total a su persona y sus enseñanzas.

Capítulo 9: **La fuente del pecado (Juan 9)**

El ciego de nacimiento (9:1-7)

Juan nos narra la historia del hombre que había nacido ciego y de cómo Jesús lo sanó. Cuando vieron lo que se había realizado, los discípulos le preguntaron por qué el hombre que se hallaba ante ellos había nacido ciego. Querían saber si se debía al pecado de sus padres o al del propio hombre. Jesús fue tajante en su respuesta:

No es que pecó este, ni sus padres, sino para que las obras de Dios se manifiesten en él (Jn 9:3).

Los discípulos le habían hecho la pregunta lógica. En la respuesta de Jesús hay mucho que aprender sobre el sentido de las desgracias. Es natural sentir que el sufrimiento es un castigo por el pecado. El corazón del hombre que se halla en dificultades encuentra natural pensar que es porque he hecho algo malo. Sin embargo, esto no es siempre cierto.

Hace algunos años pasé la noche en un hogar que se había visto entristecido por la muerte trágica del hijo único. Había sido miembro de la Fuerza Aérea. Después de haber terminado su período de servicio, estaba preparado para regresar a su casa y se hallaba en la base militar esperando transporte. Fue a dar una vuelta en avión con un amigo, simplemente para pasar el tiempo. El avión se estrelló, y el joven que había pasado por años de servicio militar sin un rasguño, resultó muerto. Sus padres quedaron destrozados. Era su único hijo, y cuando visité su hogar un año después, el peso de su dolor se hallaba aún en medio de ellos. Después de dudarlo un poco, la madre me hizo una pregunta natural: "¿Perdería nuestro hijo la vida por algo que habíamos hecho nosotros? ¿Sería por algo que había hecho su padre, o acaso fui yo la que hice algo mal hecho?" Esta narración de Juan vino a mi mente, y tuve el gusto de poderles responder: "¡No, no, no!"

Recientemente recibí una llamada telefónica de una oyente de nuestro programa radial. Estaba muy acongojada porque su única hija había acabado de caer en vergüenza y en problemas. Lo que le producía dolor en el corazón era el hecho de que años atrás, cuando ella era joven, también había actuado mal. Me preguntó: "¿Será que mi hija está sufriendo y en problemas ahora por culpa del pecado que yo cometí hace tiempo?" Gracias a este relato de Juan en su evangelio, pude decirle también: "¡No, no, no!"

La madre del joven piloto me dijo: "Usted habla como si estuviera seguro de ello".

Le dije que sí lo estaba, y que esperaba comunicarle esa seguridad a ella. Quiso saber cómo podía estar tan seguro. Según ella razonaba, ¿no era verdad que si hacemos algo incorrecto habremos de ser castigados?

Yo le dije: "Por supuesto que todos los pesares vienen del pecado y toda angustia también: toda la miseria de este mundo, se debe sin duda al hecho de que hay pecado en él". Después de dejar en claro que un día Dios juzgará, y que un día habrá de castigar, seguí diciéndole que no es este el día de juicio. Este es el día en el que Dios le está manifestando su gracia al mundo entero.

Trabajar hoy

A medida que Juan continúa el relato podemos ver otra lección en este incidente. Fue Jesús quien hizo la observación: "*Me es necesario hacer las obras del que me envió, entre tanto que el día dura; la noche viene, cuando nadie puede trabajar*" (Jn 9:4).

¿Importa algo la oportunidad en que se realice una obra? Si hay algo que debería ser hecho hoy, ¿no sería igual hacerlo mañana? Si hay necesidad de orar, de leer la Palabra de Dios, de visitar a un amigo, ¿no sería lo mismo hacerlo en otro momento que hacerlo ahora?

Una vez, un excelente cristiano mexicano me reprendió por usar las palabras pronto y algún día con respecto a la obra del Señor. Me dijo que esas palabras no formaban parte del lenguaje del Espíritu Santo. Cuando lo miré sorprendido, me dijo: "Hoy es el día. ¡Hoy es la palabra del Espíritu Santo! Si hay algún trabajo que usted tenga que hacer, hágalo hoy. ¡No lo posponga!"

El hecho de que los ojos de este hombre ciego se abrieran sirve realmente para ilustrar otra verdad más.

Dicho esto, escupió en tierra, e hizo lodo con la saliva, y untó con el lodo los ojos del ciego, y le dijo: Ve a lavarte en el estanque de Siloé (que traducido es, Enviado). Fue entonces, y se lavó, y regresó viendo (Jn 9:6,7).

Esta pregunta es natural: ¿Tenemos alguna parte en lo que hay que hacer para que nuestras oraciones sean contestadas? Si los resultados van a venir de Dios, ¿no es él quien lo hace todo? A veces parece que sí. Cuando Jesús iba haciendo las obras de Dios, hubo ocasiones en que dijo: "Sé limpio". Sin embargo, en el caso que se halla ante nosotros, Jesús hizo barro, untó los ojos del ciego y lo envió a lavarse en el estanque de Síloé. El hombre fue, hizo como se le había dicho, y regresó viendo. Aquí parecería que el hombre tuvo que poner de su parte para conseguir una respuesta de Dios.

Una decisión

Parece que cuando hay algo tan maravilloso como una promesa de vida eterna, ofrecida gratuitamente a los hombres, estos quisieran recibirla. Sin embargo, en lo profundo de todo ser humano hay resistencia, anhelo de ir por el propio camino. Cuando una persona percibe que llegarse al Señor y recibir a Jesucristo significa que tiene que dejar de lado su propia voluntad, es posible que se rebele.

A la gente no le gusta que la fuercen a escoger. A menudo, cuando a un hombre se le ofrece este regalo gratuito de Dios no quiere ser responsable de no recibirlo. Lo que hace es tratar de hallarle faltas al ofrecimiento. Insinúa que hay algo en el mismo que no cuadra bien. Juan nos señala varias ocasiones en que se dio este tipo de respuesta.

Las críticas de los fariseos (9:8-41)

Después de esta curación en que le fue restaurada la vista a un hombre ciego de nacimiento, los fariseos comenzaron de pronto a quejarse de que Jesús había cometido error. Criticaban en especial el procedimiento que había seguido. No querían reconocer en manera alguna los hechos presentados por Jesús, y aprovechaban toda oportunidad para mantenerse firmes en su posición. La tragedia de todo esto es que redujeran un gran milagro a la insignificancia (al menos, para ellos) con sus críticas sobre los procedimientos y con sus argumentos destructores.

Hace años, en la ciudad de Winnipeg, Canadá, toda la comunidad se sintió estremecida por un incidente poco común. Una pareja de muchachos había bajado por el río en una balsa. De pronto, se vieron en grave peligro de morir ahogados. Otros muchachos que se hallaban cerca vieron el peligro, y corrieron a un bote que sabían que estaba cerca. Saltaron al bote y salieron a rescatar a los dos niños pequeños, que estaban espantados. Cuando la partida de rescate los trajo salvos a la orilla, el dueño del bote acusó a los muchachos de haberle robado su bote. Esto creó una reacción tal en la comunidad que, por último, el dueño del bote tuvo que marcharse de ella. Por supuesto que la acusación de haber robado el bote era totalmente ridícula. Sin embargo, el mismo tipo de oposición irracional al evangelio tiene lugar en el día de hoy.

Persistencia

Es notable la persistencia de la oposición a Jesús. En primer lugar, interrogaron al hombre cuya vista había sido restaurada sobre cómo le fueron abiertos los ojos. Cuando se lo dijo, le preguntaron dónde se hallaba el hombre que había hecho esa obra. El que había sido ciego les respondió que no lo sabía. Entonces le preguntaron de nuevo cómo se había realizado la curación. Por supuesto que los fariseos no estaban interesados en esto en realidad; lo que buscaban era la forma de ponerlo en falta. Cuando oyeron que Jesús había hecho esta obra en el día de descanso, de inmediato anunciaron que este hombre no era de Dios puesto que no había guardado el sábado. La reacción del hombre que había sido sanado fue bien distinta. Dijo: "Bueno, si está equivocado, y es tan pecador, entonces ¿cómo me pudo abrir los ojos?"

Los fariseos entonces interrogaron a sus padres, pues no aceptaban lo que el hijo decía, pensando que era un mentiroso. Les preguntaron si aquel era su hijo. En todo demostraban sus sospechas, porque a continuación les dijeron a sus padres: "... ¿el que vosotros decís que nació ciego?" (v 19). Así daban a entender que estaban decididos a acusar a los padres de no decir la verdad. La respuesta fue clara:

> *Sabemos que este es nuestro hijo, y que nació ciego; pero cómo vea ahora, no lo sabemos; o quién le haya abierto los ojos, nosotros tampoco lo sabemos; edad tiene, preguntadle a él; él hablará por sí mismo* (Jn 9:20,21).

Como los padres del ciego no quisieron decir nada sobre lo que había sucedido, los fariseos no pudieron conseguir información alguna en que poder basar sus acusaciones contra Jesús, excepto en el detalle de que la curación había tenido lugar en día sábado. Cuando trataron de hacer que el mismo hombre admitiera que había estado mal que Jesús lo curara en sábado, recibieron estas palabras definitivas de testimonio, que son una refutación clásica: "...una cosa sé, que habiendo yo sido ciego, ahora veo" (v 25).

Los fariseos, que seguían sin poder asegurarse una acusación en contra de Jesús, expresaron entonces su mayor pretensión: "...discípulos de Moisés somos". Ahora es el orgullo el que suena en esas cuatro palabras. Hoy en día aparece el mismo tipo de oposición. La gente que se opone a que el evangelio sea predicado con fuerza suele volverse hacia la personalidad de algún gran hombre de la historia de la iglesia y decir: Bueno, pues nosotros somos sus seguidores, por lo tanto, pensamos como él, y hacemos las cosas a su manera, y si ustedes no las hacen así, están equivocados. Así es como estas personas pueden llegar a sentirse justificadas en su oposición. Pero ahora como entonces, es el testimonio personal el que cuenta en realidad. "¡Habiendo yo sido ciego, ahora veo!"

La fe

Hay un aspecto más de este relato que es muy consolador. Luego que los fariseos habían echado a aquel hombre, Jesús lo supo y fue a verlo. Cuando lo encontró, le preguntó sobre su fe. Entonces se le reveló al que había sido ciego. Este, con gran gozo sin duda, le dijo: "Creo, Señor", y le adoró.

Los cultos fariseos, a pesar de su escrupuloso interés en las cosas de Dios, permanecieron en su falta de fe, pero este hombre sincero, con su humilde reacción ante la realidad de la Palabra y la obra de Dios, llegó a conocer a Cristo personalmente.

Capítulo 10: **El buen pastor (Juan 10)**

Un ancho golfo (10:1-10)

Hay un ancho golfo entre el Dios Todopoderoso en su santidad y el hombre natural en su pecado. Podría representarse la situación como un muro o una cerca que separa a Dios del hombre. Si hubiera una puerta en el muro, se podría preguntar: ¿Por qué es importante esa puerta? La respuesta sería: Porque allí hay un muro. Si no hubiera separación, ni muro, no haría falta puerta alguna. La puerta tiene sentido porque la separación es real.

¿Qué es lo que hace valiosa esa puerta? ¿Cuándo es importante? La respuesta es sencilla. La puerta es importante y valiosa cuando se usa para que pasen las personas por ella. Si nadie la usa, daría lo mismo que no existiera. No hay posibilidad de hallar gozo alguno en la declaración de Jesucristo cuando dice: "...Yo soy la puerta." (v 7), a menos que se use esa puerta como una entrada a la presencia de Dios.

Juan 10:1-6 es una especie de parábola, en la que Jesús dice que, si alguien no entra por la puerta en el redil, sino que salta por otro lugar, es un ladrón. Pero Jesús sigue diciendo que quien entre por la puerta es el pastor de las ovejas. El pastor usa la puerta para hacer entrar al abrigo a sus ovejas y sacarlas a pastar.

... y a sus ovejas llama por nombre, y las saca. Y cuando ha sacado fuera todas las propias, va delante de ellas; y las ovejas le siguen, porque conocen su voz. Mas al extraño no seguirán, sino huirán de él, porque no conocen la voz de los extraños (Jn 10:3-5).

"Yo soy la puerta"

Cuando sigue usando esta figura literaria, Jesús se identifica a sí mismo abiertamente con la puerta:

Volvió, pues, Jesús a decirles: De cierto, de cierto os digo: Yo soy la puerta de las ovejas (Jn 10:7).

Es evidente que la gente no comprendía lo que Jesús estaba tratando de enseñarles, y por esto, volvió a declarar esta verdad.

Todos los que antes de mí vinieron, ladrones son y salteadores; pero no los oyeron las ovejas. Yo soy la puerta; el que por mí entrare, será salvo; y entrará, y saldrá, y hallará pastos (Jn 10:8-9).

No puede quedar duda alguna de que Jesús estaba proclamando la forma en que una persona puede llegarse hasta Dios. El mismo es la única vía: él es la puerta.

Decir que Jesús es el Hijo de Dios es una declaración profunda en verdad. Esto significa no sólo que él vino de Dios, sino que fue enviado por Dios, y que Dios le ha entregado todo juicio a él. Dios le dio a su Hijo poder para resucitar a los muertos; le dio el derecho de darle la vida eterna a todo el que crea. Por esto, cuando Jesús dice: "Yo soy la puerta", está diciendo: Yo soy la puerta a través de la cual podéis recibir la bendición de Dios.

Pero la salvación y sus bendiciones son algo más que el simple hecho de venir a Jesucristo. Él le dijo al creyente que "... entrará, y saldrá, y hallará pastos". No se trata de que la persona se llegue a Jesús sólo una vez. Es cierto que llega a él por primera vez, pero después puede "entrar y salir", y venir a él una y otra vez.

La vida en fe es como la relación matrimonial. Cuando una pareja joven se casa, hay un día de bodas de mucha agitación y de celebración gozosa. Pero ese día de celebración no es el último; es sólo el principio. La historia sería triste si fuera el último. Los días que siguen, brillantes y llenos de promesas a medida que vayan viviendo juntos y se vayan conociendo más profundamente, son los que hacen tan importante aquel día de bodas.

Así es cuando nos llegamos al Señor Jesucristo. El pecador recibe el perdón, es aceptado como hijo de Dios, y desde entonces en adelante pone su confianza en el Señor Jesús. Entonces es cuando puede vivir mientras entra y sale por esa puerta maravillosa y encuentra pastos.

Confianza (10: 11-18)

¿Qué significa tener confianza en el Señor Jesucristo? ¿Por qué debe el hombre poner su confianza en él? La verdad se verá clara cuando nos preguntemos por qué debería una persona confiar en otra. ¿Por qué confiar en el médico? ¿O en el mecánico? ¿O en un banquero? Toda esta cuestión de tener confianza en una persona es algo que suele desarrollarse si esa persona hace lo que se supone que debe hacer.

Cuando se suscita la cuestión de tener confianza en un médico no se quiere decir que confiemos en que habrá de trabajar en el jardín. Tampoco confiamos en que se ponga a reparar el motor del automóvil. Ni quiere decir que le vayamos a consultar asuntos sobre bienes raíces. Es un médico y está preparado para tratar problemas físicos. Cuando se habla de un médico de confianza, lo que se contempla es su capacidad para tratar problemas relacionados con la salud física.

Cuando el automóvil de un hombre necesita reparación, ¿selecciona el taller porque esté pintado de rojo o de verde, o porque el edificio en que está sea largo y estrecho, o quizá alto y ancho? ¿No es verdad que lo que viene a su atención es la reputación respecto a la calidad del trabajo que realizan los mecánicos de ese taller?

Así, cuando meditamos en el asunto de la confianza en el Señor Jesucristo, es importante tener en cuenta cuál es la obra que él ofrece que hará. Nuestra seguridad se basará no sólo en la alabanza de su personalidad como tal y en la comprensión de la fuente de su sabiduría o su poder sino también en la observación de las consecuencias y los resultados de su obra en la vida de los seres humanos.

Sin duda, una de las razones por las cuales las personas tienen dificultad para creer en el Señor Jesucristo y poner su confianza en él es porque él ofrece que los perdonará gratuitamente. Hay personas que saben en lo profundo de su corazón que no son dignas de llegarse a él, y no pueden creer que sea verdad que él esté deseoso de perdonarlas. Para que un hombre ponga su confianza en Jesucristo ha de aceptar como una realidad que, por medio de Jesús, Dios Todopoderoso lo recibirá y lo perdonará.

Nadie habrá de recibir jamás la bendición de Dios por ser digno de la gracia divina. La bendición de Dios en el perdón de los pecados no es cuestión de una recompensa que él le dé a una persona por buena conducta. El creyente recibe la bendición de Dios por gracia de ese mismo Dios.

El que no escatimó ni a su propio Hijo, sino que lo entregó por todos nosotros, ¿cómo no nos dará también con él todas las cosas? (Ro 8:32).

Para que podamos tener confianza total en una persona, tiene que haber evidencia de que es capaz de cumplir todo lo que promete. Afortunadamente, este es el glorioso historial del Señor Jesucristo.

El buen Pastor

Jesús usa la figura del Buen Pastor para referirse a sí mismo, y señala otra razón para que tengamos confianza en él. Notemos cómo comienza:

Yo soy el buen pastor; el buen pastor su vida da por las ovejas (Jn 10:11).

El uso de la expresión buen pastor implica que los creyentes pueden estar seguros de que él cuidará de ellos. La base de esa confianza es la declaración de que él "... su vida da por las ovejas". Esto se refiere a su muerte en la cruz, donde dio literalmente su vida para que los que creyeran en él pudieran tener vida eterna. Fue voluntariamente a aquella cruz por cada uno de los suyos.

Poniendo énfasis en que él es digno de confianza, Jesús establece un contraste con los que son totalmente indignos de toda confianza y de toda fe. Habla del asalariado uno que no es muy cuidadoso con las ovejas. El asalariado trabaja solamente por el sueldo. Ocupa el lugar del pastor, pero no es el auténtico pastor. "El asalariado, y que no es el pastor, de quien no son propias las ovejas, ve venir al lobo.", ve el peligro, presiente la amenaza. La prueba de la poca confianza que merece este hombre está en que cuando viene el lobo, huye. "...y el lobo arrebata las ovejas y las dispersa" (v 12).

Así que el asalariado huye, porque es asalariado, y no le importan las ovejas (Jn 10:13).

Esto apunta directamente a la base en que los creyentes pueden poner su confianza en Jesucristo. Él toma el lugar del pecador, y deja que lo hieran a él, para poder salvar a esa persona. Cualquiera podría tener esta experiencia con respecto a alguien que llegue y quiera impresionarlo afirmando que es digno de confianza como ayuda. Sin embargo, este mismo saldrá corriendo en el momento en que aparezca el peligro o se susciten situaciones difíciles.

En contraste con esto, Jesús manifestó la verdad con respecto a sí mismo:

Yo soy el buen pastor; y conozco mis ovejas, y las mías me conocen (Jn 10:14).

Los creyentes pueden confiar en un Buen Pastor de esta clase. Hay amor y estima mutua entre este pastor y sus ovejas. ¡Qué amorosa puede ser la unión que tengan los creyentes con su bendito Señor! El conoce realmente a cada creyente. Cristo Jesús está pensando constantemente en el cristiano, y protegiéndolo.

La muerte por las ovejas

Así como el Padre me conoce, y yo conozco al Padre; y pongo mi vida por las ovejas (Jn 10:15). Estas realidades están relacionadas. Cuando Jesús dice: "Así como el Padre me conoce.", quiere decir que el Padre tiene confianza en él, tiene en él puestas sus esperanzas, y cuenta con él. De la misma forma, él tiene confianza en el Padre, pone sus esperanzas en él y cuenta con él. Jesús responde como Hijo ante el Padre, y lo obedece llevando a cabo su voluntad. Estaba en la voluntad del Padre que el Hijo diera su vida por las ovejas. Jesús relacionó estas cosas, uniéndolas de tal manera que no hubiera lugar a equivocación al comprender su relación personal, obediente, y dispuesta con Dios su Padre y su sacrificio personal y abnegado de sí mismo por las ovejas. Esto es lo que el Padre lo envió a hacer. Jesús dejó señalada la amplitud de sus designios con una sencilla declaración:

También tengo otras ovejas que no son de este redil; aquellas también debo traer, y oirán mi voz; y habrá un rebaño, y un pastor (Jn 10:16).

Esto deja aclarado que, además de venir a su propia nación, a los judíos, iba a salir a todo el mundo para llamar a gentes de todas las naciones a que pusieran su confianza en él. Su propósito es reunir todas las ovejas en un solo rebaño. Nunca ha expresado el propósito de unir a todas las naciones, pero está llamando a los creyentes, como ovejas suyas, de entre todas las naciones, y reuniéndolas en un solo rebaño.

Por eso me ama el Padre, porque yo pongo mi vida, para volverla a tomar. Nadie me la quita, sino que yo de mí mismo la pongo. Tengo poder para ponerla, y tengo poder para volverla a tomar. Este mandamiento recibí de mi Padre (Jn 10:17-18).

Así indicó Jesús cómo se llevaría a cabo su obra de redención. Primeramente, está el hecho de que va a dar su vida por las ovejas; después, el de que está dando su vida para tomarla de nuevo. Esto también forma parte de la obra redentora. El punto central de todo el procedimiento es la vida nueva que es posible después de la muerte. El Hijo de Dios lleva su vida primera, su naturaleza humana, a la cruz, y la entrega para ser levantado de entre los muertos. Esto abre el camino para aquellos que pongan su confianza en él, de modo de que se levanten a una vida nueva con él.

En estas palabras Jesús hizo una declaración que es clásica, en la que indicaba que su muerte era voluntaria, intencional y planeada con un propósito específico. Los instrumentos humanos la llevarían a cabo, pero siempre estuvo claramente dentro de la voluntad de Dios. Jesús murió como lo hizo, intencionalmente, con el propósito de redimir a todos los que pongan su confianza en él. "Nadie me la quita", diría. La muerte de Cristo no fue un accidente infortunado.

No se debió a que unos rudos soldados de Roma lo clavaran a una cruz.

No, los seres humanos no lo empujaron a la muerte. El aceptó la cruz, tal como había dicho: "Yo de mí mismo la pongo." Él fue quien la entregó: ¡tenía poder para entregar esa vida y tomarla de nuevo, alabado sea Dios!

Toda esta explicación le permite al creyente tener una confianza completa en el Señor Jesucristo, estableciendo el terreno sobre el cual todo hombre puede inducir a su corazón a confiar en él. El Hijo de Dios vino a sufrir y a morir, para que los que él ama puedan ser salvos.

Una diferencia de opinión (10:19-42)

¿Tiene que ser necesariamente malo el que haya diferencias de opinión con respecto a la Palabra de Dios y a Jesucristo? Depende de qué diferencias sean. Mientras Jesús seguía enseñando y predicando, "...volvió a haber disensión entre los judíos." (v 19). Los judíos eran conocedores del Antiguo Testamento. Es probable que no lo conocieran por completo, tal como muchos cristianos no conocen demasiado bien toda la Biblia. Pero estos jefes de la nación judía habían recibido enseñanzas sobre sus propias Escrituras, y esta fue la causa por la que se suscitaron sus diferencias de opinión con respecto a Jesús.

Muchos de ellos decían: Demonio tiene, y está fuera de sí; ¿por qué le oís? Decían otros: Estas palabras no son de endemoniado. ¿Puede acaso el demonio abrir los ojos de los ciegos? (Jn 10:20-21).

La mejor evidencia en la valoración que una persona hace de otra que está en el ministerio del evangelio se halla en los resultados que siguen a la presentación de la verdad. Habrá predicadores cuya doctrina es difícil de comprender, y con los cuales no nos es posible estar totalmente de acuerdo. Quizá algunos presenten ideas de una naturaleza tal, que muchos no quieran seguirlas. Pero si Dios está usando a estos testigos para hacer que los hombres y las mujeres se vuelvan de sus caminos de maldad para conocer a Cristo, los demás deberían abstenerse de criticarlos o condenarlos.

La enseñanza del estudio que acabamos de hacer respecto al terreno en que ha de basarse la confianza parece ser bastante clara. Cuando los hombres preguntan: "¿Es bueno tu médico? ¿Es de confianza?" Las respuestas convincentes no se basan en el hecho de que el doctor sea pelirrojo, que tenga ojos castaños; o sea alto y apuesto. De lo que la gente realmente se preocupa es de los resultados de su capacidad. ¿Qué les sucede a sus pacientes? Con sus diagnósticos y sus recetas, ¿es capaz de devolver la salud a muchos? La gente, pues, juzgará a un médico sobre la base de su habilidad profesional.

Algunos de los judíos decían que Jesús estaba "loco", y otros decían: Un momento, nadie que pueda dar la vista a un ciego de nacimiento, puede estar loco. Estas diferencias en juicio podrán sonar extrañas cuando se refieran a Jesucristo, pero nos ayudarán a recordar que estos hombres no tenían conocimiento de lo que ha sucedido desde la crucifixión y la resurrección de Jesús: los siglos gloriosos que lleva la Iglesia en su historia buscando a los perdidos y ganándolos para Jesucristo.

"Mirad lo que yo hago"

Sin más que lo poco que veían, quedaron tan enredados en sus discusiones que finalmente se llegaron ante Jesús con una brusca pregunta:

> *Y le rodearon los judíos y le dijeron: ¿Hasta cuándo nos turbarás el alma? Si tú eres el Cristo, dínoslo abiertamente. Jesús les respondió: Os lo he dicho, y no creéis; las obras que yo hago en nombre de mi Padre, ellas dan testimonio de mí; pero vosotros no creéis, porque no sois de mis ovejas, como os he dicho* (Jn 10:24-26).

Es muy significativo notar que cuando Jesús se enfrentó con esa pregunta, solicitó que le aplicaran la prueba de las obras. Le preguntaron: "¿Eres tú el Cristo?" Y su respuesta fue: "Mirad lo que yo hago". No se tomó tiempo para discutir sobre la validez de su posición. Simplemente les señaló los resultados. Este profundo principio debería ser aplicado en todos los lugares donde haya preguntas sobre si alguien es digno de confianza y de crédito. Esta es la mejor forma de responder preguntas como, ¿Es bueno ese maestro de escuela dominical? ¿Puede predicar ese hombre? ¿Qué le parecen los métodos de ese dirigente de la iglesia? La respuesta más eficaz a estas preguntas sería señalar los resultados alcanzados. ¿Está llevando a los niños y las niñas al conocimiento de Cristo? ¿Se están salvando las almas bajo la predicación de la Palabra de Dios? ¿Hay RESULTADOS en el ministerio de esa persona?

Pero Jesús sabía que las preguntas que le estaban haciendo no eran verdaderamente sinceras. Les señaló a los judíos cuál era la razón básica de su falta de fe. No era cuestión de falta de entendimiento; era falta de interés y de deseo: "Vosotros no creéis —les dijo—, porque no sois de mis ovejas... Mis ovejas oyen mi voz, y yo las conozco, y me siguen". Esto manifiesta una verdad importante. Todo hombre o mujer que comience a discutir sobre Jesucristo, suscite una controversia, y no esté deseoso de seguir el evangelio, bien podría ser una persona que no conocerá ni podrá conocer la verdad. El hecho es que es necesario aceptar a Jesús como Salvador y Señor antes de poder comprender.

Jesús quiso subrayar el hecho de que sus ovejas conocen su voz y lo siguen: lo obedecen, él conoce a cada una por su nombre y cuida de ellas. Pero quienes no son de su rebaño, no pueden esperar esta provisión bondadosa, este cuidado amoroso, esta compañía suya. Es una maravillosa bendición pertenecer al Señor. Jesús siguió después con unas palabras gloriosas relacionadas con las ovejas que ama y cuida:

> *Y yo les doy vida eterna; y no perecerán jamás, ni nadie las arrebatará de mi mano. Mi Padre que me las dio, es mayor que todos, y nadie las puede arrebatar de la mano de mi Padre. Yo y el Padre uno somos* (Jn 10:28-30).

En lugar de aplacar la controversia, esta respuesta enfureció a los dirigentes judíos. Ellos reconocían a Dios Padre, pero el punto que estaba en juego de veras era si Jesús era el Cristo o no; si era el Hijo del Dios viviente. Que se relacionara con Dios Padre en esta forma diciendo: "Yo y el Padre uno somos" fue algo que los llenó de cólera.

Su reacción fue natural. Cuando una persona está equivocada y no puede ganar la discusión con razones tiende a ponerse violenta. "Los judíos volvieron a tomar piedras para apedrearle" (v 31). Esto es sorprendente y, sin embargo, muy revelador. Demostró cuán profunda era en ellos su falta de disposición para creer en Jesús. No era un problema de falta de comprensión. Cuando la insinuación y la acusación fracasaron en su intento de desacreditar el testimonio de Jesús, recurrieron a la violencia.

El mismo Jesús los retó directamente para que dijeran los motivos de su oposición:

> ...*les respondió: Muchas buenas obras os he mostrado de mi Padre; ¿por cuál de ellas me apedreáis? Le respondieron los judíos, diciendo: Por buena obra no te apedreamos, sino por la blasfemia; porque tú, siendo hombre, te haces Dios* (Jn 10:32-33).

Así quedó al descubierto el motivo de su odio. Jesús no le concedió validez alguna a su oposición. Cuando la discusión se hubo terminado y ellos buscaron atraparlo, escapó de sus manos y se marchó al lugar donde primeramente había estado bautizando Juan, y se quedó allí. Es significativo notar un hecho glorioso: "Y muchos creyeron en él allí" (v 42). Toda la controversia sobre la autoridad de Jesús de Nazaret terminó con esta nota de victoria.

Capítulo 11: **Jesús y Lázaro (Juan 11)**

"¿Por qué?" (11:1-17)

Hay una pregunta que es corriente en el corazón de los cristianos cuando están en angustia: ¿Por qué permitió Dios que me sucediese esto a mí? En la resurrección de Lázaro hay una enseñanza bien definida sobre este problema con que se enfrentan los cristianos.

Juan nos da primero una idea, un pequeño destello, en la vida de cierta familia de Betania a la que amaba el Señor Jesús; un hogar en el que él era bienvenido. En aquel hogar vivían dos hermanas y un hermano: Marta, María, y Lázaro. Un paréntesis en el versículo 2 nos dice que "María, cuyo hermano Lázaro estaba enfermo, fue la que ungió al Señor con perfume, y le enjugó los pies con sus cabellos".

Lázaro había enfermado gravemente, y la familia reclamó la ayuda de Jesús. "...enviaron... las hermanas para decir a Jesús: Señor, he aquí el que amas está enfermo" (v 3). Esto es revelador, por dos razones. Primera, que dijeron en su mensaje "... el que amas." Esto es una indicación de la relación de afecto y consideración que existía entre Jesús y esta familia. En segundo lugar, aquí se halla en términos sencillos la auténtica forma de la oración. Esta es la manera de orar que deberían practicar los creyentes.

Algunas veces se considera la oración como un simple medio para conseguir ciertos resultados. La persona emprende determinados proyectos y después le pide al Señor que bendiga sus acciones. Con frecuencia la persona puede ser, con respecto a la oración, muy parecida a un paciente que va al médico, le dice el tipo de medicina que necesita, y después le pide al facultativo que le dé una receta escrita para conseguir esa medicina. La persona puede orar con la idea preconcebida de cuál debería ser la respuesta, entrar en la santa presencia de Dios, y pedirle que haga todo lo que le parezca bien. Por supuesto, que así se pierde la esencia de la oración. Lo que hay que hacer cuando la oración está llena de fe es llegarse ante Dios con la petición que sea, para que se cumpla si es su voluntad.

En este caso, estas dos hermanas simplemente le enviaron el mensaje a Jesús, a quien amaban y en quien confiaban, diciéndole que su hermano "...el que amas está enfermo". No les pareció necesario decirle a Jesús lo que tenía que hacer.

Es significativo que el hombre que estaba enfermo era un amado del Señor. La enfermedad no es una señal de rechazo por parte de Dios. A veces la gente insinúa que, si una persona está enferma, debe estar lejos de la voluntad de Dios. La enfermedad no constituye evidencia alguna de que Dios le haya vuelto la espalda a una persona. Pero aquí hay algo más que aprender que es extraño y asombroso.

Oyéndolo Jesús, dijo: Esta enfermedad no es para muerte, sino para la gloria de Dios, para que el Hijo de Dios sea glorificado por ella. Y amaba Jesús a Marta, a su hermana y a Lázaro. Cuando oyó, pues, que estaba enfermo, se quedó dos días más en el lugar donde estaba (Jn 11:4-6).

Notemos que la primera cosa que dijo Jesús cuando supo de la enfermedad fue que no era para muerte. Les aseguró a los discípulos que esto no tendría como resultado la muerte permanente de Lázaro en esta ocasión. Juan había afirmado claramente que Jesús amaba a los miembros de esta familia, que eran sus amigos queridos. Jesús dijo definidamente que este problema no era mortal. Sin embargo, se quedó dos días donde estaba, dando así tiempo para que Lázaro muriese.

Hubiéramos esperado de él que fuese de inmediato a Betania y sanara a su amigo querido. Deliberadamente retardó su respuesta a esta oración de dos buenas amigas que le pedían ayuda.

¿Era este retraso una muestra de indiferencia por parte de Jesús, el Hijo de Dios? No. Por supuesto que no lo era. Pero los creyentes deberían estudiar más de cerca este relato, porque en él hay una pista para comprender el problema de las oraciones que no son respondidas de inmediato.

En Su voluntad

Cuando un cristiano se acerca a Dios con un problema le parecería maravilloso tener una respuesta inmediata, porque esto fortalecería su fe. Hay ocasiones en que ocurre así, y el cristiano le da gracias a Dios y lo alaba por la respuesta. Pero hay veces en que las respuestas a la oración se retrasan. Entonces, ¿qué? El cristiano ha de esperar tranquilo porque Cristo tiene en su corazón sus mejores intereses, tal como tenía los de Lázaro. Jesús salió con rumbo a Betania.

Rabí, ahora procuraban los judíos apedrearte, ¿y otra vez vas allá? Respondió Jesús: ¿No tiene el día doce horas? El que anda de día, no tropieza, porque ve la luz de este mundo; pero el que anda de noche, tropieza, porque no hay luz en él (Jn 11:8-10).

Con esta explicación al partir, Jesús enuncia una verdad universal: se viaja mejor a la luz del día. Siempre es peligroso esperar demasiado tiempo. Es mejor salir de día. En otras palabras, la acción pronta como respuesta a la voluntad de Dios, cuando éste llama, es importante. El creyente no debe esperar. Debe actuar en cuanto Dios le deje conocer su voluntad; y esta debe ser cumplida sin importar los obstáculos aparentes. Frente a cualquier oposición, el Señor estará para guiarnos siempre: él no puede cambiar. El mejor momento para responder es cuando nos llega el llamado.

Dicho esto, les dijo después: Nuestro amigo Lázaro duerme; mas voy para despertarle (Jn 11:11).

Jesús sabía que Lázaro moriría, sin embargo, había retrasado su ida. Estaba actuando de acuerdo con su propio conocimiento de lo que habría de suceder. Esta muerte en especial, aunque fuera verdadera, era temporal: ahora él iba a "despertar" a su amigo de ese sueño de muerte. Hay diferencia entre muerte y sueño, pero Jesús usó estas palabras indistintamente. Lo natural en una persona es que despierte del sueño. El Señor sabía que su amigo Lázaro había muerto, y también sabía que iba a traerlo de vuelta a la vida. Pero para poner de relieve la condición temporal de la muerte, usó la palabra sueño en un contexto más amplio.

Esta narración arroja interesante luz sobre la personalidad de Tomás, a quien con frecuencia se le llama "el Incrédulo". Sin embargo, aquí aparece un aspecto diferente de su carácter.

Dijo entonces Tomás, llamado Dídimo, a sus condiscípulos: Vamos también nosotros, para que muramos con él (Jn 11:16).

La comprensión de las palabras de Jesús por parte de Tomás, fue limitada, es cierto, pero aquí encontramos evidencia de una valentía auténtica. Los discípulos acababan de recordarle a Jesús que los judíos habían tratado de apedrearlo en la misma región hacia la que pretendía dirigirse. Tomás estaba diciendo que los demás sabían que, con toda probabilidad, si lo acompañaban, compartirían con él cualquier intento de apedrearlo. Sir embargo, dijo: "Vamos también nosotros, para que muramos con él". Aunque Tomás era un pesimista (e incluso después de la resurrección este lastre mental pesaba sobre él), en este momento estaba dispuesto a morir con su Maestro. Siempre que se recuerde la disposición de Tomás hacia la duda, debería recordarse al mismo tiempo que era un creyente listo y deseoso de morir con su Señor.

La resurrección de Lázaro (11:18-46)

La resurrección de Lázaro es uno de los milagros más significativos que recoge el Evangelio de Juan, e incluso de toda la Biblia. Los milagros, tal como aparecen en la Biblia, y especialmente en los cuatro evangelios, no sólo muestran el *poder* de Dios, que es capaz de hacer tales cosas, sino que revelan además el *plan* de Dios al realizar estas grandes cosas.

Los diversos milagros que hizo Jesús no muestran nada en especial con respecto a su paciencia, su sencillez, o su humildad. Revelan el poder de Dios. Nos muestran lo que Dios puede hacer, lo que hará, y el control que tiene sobre las fuerzas de la naturaleza.

El creyente que estudie este milagro de la resurrección de Lázaro de la tumba se sentirá exhortado a aprender más sobre Dios y sobre su voluntad. Dios quiere obrar en su pueblo y por medio de él. El corazón creyente anhela este conocimiento, pero necesitamos estarnos quietos y dejar que el Espíritu hable. Este tipo de conocimiento no se capta con facilidad: no es tanto para los que se esfuerzan como para los que esperan en Dios por medio del Espíritu. Las posibilidades de que la oración sea respondida son grandiosas.

Es raro que alguien que esté enseñando el evangelio escoja el relato de la resurrección de un hombre de entre los muertos. Para la mente y el corazón naturales del hombre esto no sólo es algo poco probable sino increíble. Y, sin embargo, aquí está en la Biblia, expresado en términos que no dejan lugar a dudas. ¿Por qué incluyó el Espíritu Santo esta narración aquí? Parece realmente increíble, y esa misma debe ser la razón por la cual fue incluida. Un suceso así deberá fortalecer la fe. La verdad de esta cuestión es que lo que Dios quiere hacer por todo hombre o mujer resulta increíble para el corazón natural de cualquier ser humano.

Marta y Jesús

En esta narración sobre la resurrección de Lázaro hay un auténtico retorno a la vida de un frágil cuerpo humano que había estado en la tumba tanto tiempo que su hermana Marta protestó incluso de que el Señor quisiera poner al descubierto la corrupción en que se hallaba el cadáver.

> *Entonces Marta, cuando oyó que Jesús venía, salió a encontrarle; pero María se quedó en casa. Y Marta dijo a Jesús: Señor, si hubieses estado aquí, mi hermano no habría muerto. Más también sé ahora que todo lo que pidas a Dios, Dios te lo dará. Jesús le dijo: Tu hermano resucitará. Marta le dijo: Yo sé que resucitará en la resurrección, en el día postrero. Le dijo Jesús: Yo soy la resurrección y la vida; el que cree en mí, aunque esté muerto, vivirá. Y todo aquel que vive y cree en mí, no morirá eternamente. ¿Crees esto? Le dijo: Sí, Señor; yo he creído que tú eres el Cristo, el Hijo de Dios, que has venido al mundo* (Jn 11: 20-27).

Deberíamos recordar que Marta creía de verdad en Jesús. Es cierto que era una persona que se podía recargar con los detalles, y excesivamente sensible, debido a su activo programa de trabajo en los quehaceres de la casa, pero esta misma mujer era una verdadera creyente en todo lo que sabía sobre Jesús de Nazaret. La revelación sobre la verdad que hay en Cristo no era completa en aquel entonces; pero se ve claro que ella reconocía su relación con el Padre.

En este momento de duelo, en que estaban lamentando la muerte de su único hermano, oyó que Jesús se acercaba a la casa, y corrió a su encuentro. Fue la primera en saludar al Señor, y podemos ver las evidencias de su fe cuando dice: "Señor, si hubieses estado aquí, mi hermano no habría muerto". No hay duda de que quería decir que Jesús lo hubiera curado. Esto manifiesta una fe muy real, porque lo que en verdad estaba diciendo era que Jesús tenía poder, y que Dios acostumbraba a contestar las oraciones de su Hijo.

Jesús le asegura: "Tu hermano resucitará". Aquí tenemos una muestra de lo fácil que es darles un significado incorrecto a unas palabras correctas. Marta concedió de inmediato que tenía fe en que "...resucitará en la resurrección, en el día postrero". Pero no comprendió que esta resurrección de la que le hablaba Jesús tendría lugar en ese mismo momento. Entonces aparecen esas maravillosas palabras de promesa que han servido de consuelo a los creyentes de todas las edades: "Yo soy la resurrección y la vida; el que cree en mí, aunque esté muerto, vivirá. Y todo aquel que vive y cree en mí, no morirá eternamente". La respuesta de Marta revela lo limitadas que eran sus esperanzas, antes del suceso del Calvario, y de la resurrección del mismo Señor, y, sin embargo, demuestran su fe en él: "Yo he creído que tú eres el Cristo, el Hijo de Dios, que has venido al mundo".

María y Jesús

Habiendo dicho esto, [Marta] fue y llamó a María su hermana, diciéndole en secreto: el Maestro está aquí y te llama. Ella, cuando lo oyó, se levantó de prisa y vino a él. Jesús todavía no había entrado en la aldea, sino que estaba en el lugar donde Marta le había encontrado. Entonces los judíos que estaban en casa con ella y la consolaban, cuando vieron que María se había levantado de prisa y había salido, la siguieron, diciendo: *Va al sepulcro a llorar allí. María, cuando llegó a donde estaba Jesús, al verle, se postró a sus pies, diciéndole: Señor, si hubieses estado aquí, no habría muerto mi hermano* (Jn 11:28-32).

María usó las mismas palabras que Marta le había dicho a Jesús. Esto nos muestra que las dos hermanas compartían la misma fe. Cuando se enfrentaron con la enfermedad y la posibilidad de muerte de su hermano, le enviaron un mensaje a Jesús que era como una oración. No nos queda indicación de la forma en que su ausencia continuada afectó o turbó a las hermanas. Pero es evidente que su fe no había vacilado. Primero una, y después la otra, ambas afirman esa fe en Jesús. El, con sencillez, prosiguió en lo que iba a hacer. Los resultados hablarían por ellos mismos con respecto a lo que querían decir sus palabras sobre la resurrección, y como respuesta a la oración de ellas.

Al hacer este relato, Juan recoge un pequeño incidente que les ha servido de consuelo y alivio a incontables hombres y mujeres desde entonces a través de los siglos:

Jesús entonces, al verla llorando, y a los judíos que la acompañaban, también llorando, se estremeció en espíritu y se conmovió, y dijo: ¿Dónde le pusisteis? Le dijeron: Señor, ven y ve. Jesús lloró (Jn. 11:33-35).

Jesús sabía lo que estaba a punto de hacer y, sin embargo, lloró. Gimió y se conmovió en su espíritu, compartiendo su sufrimiento, acompañándolos en esos momentos de duelo y de angustia. Qué consuelo para todos los que han tenido que estar de pie junto a la tumba abierta, o han regresado al montecillo del cementerio días y semanas después de que los preciosos restos terrenales fueran enterrados. ¡Jesús lloró! Jesús lo sintió, y se afligió, pero sabía, como sabe hoy cuando llora con los que están de duelo y comparte su aflicción, lo que hará en aquel día grande de la resurrección.

Lázaro y Jesús

Jesús, profundamente conmovido vino al sepulcro.

Era una cueva, y tenía una piedra puesta encima. Dijo Jesús: Quitad la piedra. Marta, la hermana del que había muerto, le dijo: Señor, hiede ya, porque es de cuatro días. Jesús le dijo: ¿No te he dicho que, si crees, verás la gloria de Dios? (Jn 11:38-40).

En este pasaje hay tres palabras importantes: "Quitad la piedra".

Habían colocado la piedra sobre la tumba, y ahora Jesús los llamaba para que la quitaran a fin de abrir la tumba. Es significativo para los creyentes recordar que el Señor podría llamarlos pidiendo su cooperación y su respuesta, antes de que sepan completamente qué es lo que él va a hacer. Aquí hay algo que las hermanas podían hacer, y a pesar de la aversión de Marta, muy natural, esto es lo que hicieron. No se hace referencia al gozo que hubo a continuación, pero la lección está clara para todo el que lea el relato.

> *Entonces quitaron la piedra de donde había sido puesto el muerto. Y Jesús, alzando los ojos a lo alto, dijo: Padre, gracias te doy por haberme oído. Yo sabía que siempre me oyes; pero lo dije por causa de la multitud que está alrededor, para que crean que tú me has enviado. Y habiendo dicho esto, clamó a gran voz: ¡Lázaro, ven fuera! Y el que había muerto salió, atadas las manos y los pies con vendas, y el rostro envuelto en un sudario. Jesús les dijo: Desatadle, y dejadle ir* (Jn 11:41-44).

Así vemos que el milagro fue hecho al descubierto, para que todo el pueblo pudiera verlo. Jesús, mientras oraba a su Padre, aclaró que se hacía en esta forma para que toda alma que estuviese dispuesta pudiera creer que Dios lo había enviado. Sin duda, esta es una de las razones por las que quedó escrito para que lo conocieran los creyentes de todos los tiempos futuros.

Los resultados (11:47-57)

En este pasaje hay una ilustración excelente sobre las formas en que la verdad y su demostración abierta afecta a las distintas personas. Jesús le había hablado abiertamente a Dios en una voz que pudo ser oída por todos los que estaban de pie junto a la tumba, y Dios le había respondido también en forma manifiesta. El hombre que había muerto salió, caminando en medio de ellos, usando las mismas ropas con las que ellos mismos habían envuelto su cuerpo sin vida. La resurrección de Lázaro fue llevada a cabo intencionalmente en este foco de atención pública. Naturalmente, este milagro ha de haber sido tremendamente impresionante. Debe haber dejado pasmados y aterrados a los que lo vieron, provocando un gran efecto en su mente y su corazón. Y, sin embargo, no todos resultaron afectados en la misma forma.

Entonces muchos de los judíos que habían venido para acompañar a María, y vieron lo que hizo Jesús, creyeron en él. Pero algunos de ellos fueron a los fariseos y les dijeron lo que Jesús había hecho (Jn 11:45-46).

¡Qué cierto es esto hoy también! Muchas personas que ven los resultados de que sea predicado el evangelio en verdad y en el poder de Dios creen y glorifican su nombre. Pero siempre hay algunos que serán incorregibles, aun en presencia de cualquier milagro verdadero o de una manifestación del poder de Dios. No importa cuál sea la revelación, algunos tendrán sin embargo otras cosas en la mente, y simplemente no aceptarán las implicaciones, ni las llevarán hasta el final para encontrar paz de corazón y de mente con Dios. Así también hubo algunos de los que estaban ante la tumba de Lázaro que fueron a reportarles a las autoridades que Jesús había hecho algo que ellos consideraban peligroso para su religión. Donde quiera que haya organización tiene que haber jefes. Cuando hay jefes, algunas personas se elevan a lugares de prominencia más elevados que otras, y por eso existe la tentación de comportarse con vanidad y orgullo. Este es un problema real que los cristianos han tenido que enfrentar en todas las épocas.

En todos los niveles de los asuntos de la iglesia, obispos y ancianos, mayordomos y diáconos, oficiales de la iglesia en general, tanto hombres como mujeres, se inclinan a favorecer una rígida insistencia en que haya orden. Quieren mantener las cosas como están, sin cambio alguno. Así pueden tener la seguridad de mantenerse en sus propias posiciones por tiempo indefinido. Es característico en la historia de la iglesia que las organizaciones tiendan a crecer y a volverse cada vez más complicadas, hasta que se convierten en un peso y un obstáculo para la vida espiritual de las personas comprometidas en ellas. Este tipo de situación se estaba desarrollando en este momento del ministerio de Jesús de Nazaret. La oposición que había con respecto a él se inspiraba no tanto en alguna animosidad personal contra él como en su manera de hacer las cosas, que parecía amenazar el status qua y la posición de algunos de los dirigentes.

Una reunión de dirigentes

Entonces los principales sacerdotes y los fariseos reunieron el concilio, y dijeron: ¿Qué haremos? Porque este hombre hace muchas señales. Si le dejamos así, todos creerán en él; y vendrán los romanos, y destruirán nuestro lugar santo y nuestra nación (Jn 11:47,48).

En la política de hoy una reunión así se llamaría reunión de dirigentes, y sería una convocatoria de personas de la misma opinión con el fin de hacer planes destinados a controlar a alguien o algo.

Esta reunión, esta convocatoria de los principales de los sacerdotes y los fariseos, era para buscar la forma de controlar a Jesús de Nazaret e impedir que se conociera la obra de Dios. Reconocían el hecho de que, si permitían que continuaran sus actividades, Jesús pronto tendría detrás de sí a todos, pues estaba causando una tremenda impresión en el pueblo. Pero uno de ellos, Caifás, sumo sacerdote, les dijo: "Vosotros no sabéis nada" (v 49), y continuó diciendo:

Ni pensáis que nos conviene que un hombre muera por el pueblo, y no que toda la nación perezca. Esto no lo dijo por sí mismo, sino que como era el sumo sacerdote aquel año, profetizó que Jesús había de morir por la nación; y no solamente por la nación, sino también para congregar en uno a los hijos de Dios que estaban dispersos (Jn 11:50-52).

El principio político de sacrificar al individuo por el bien del grupo en general se invoca con frecuencia. Todo el que estudie la historia convendrá en que los individuos que se destacan haciendo cambios o promoviendo el progreso están en peligro de ser repudiados. Los que están en posición dirigente quieren mantenerse haciendo las cosas como siempre las han hecho, y afirman que este es el camino al auténtico progreso.

Es significativo que Caifás dijera en realidad más de lo que él se daba cuenta; más de lo que sabía: Dios estaba hasta que se conviertan en un peso y un obstáculo para la vida espiritual de las personas comprometidas en ellas. Este tipo de situación se estaba desarrollando en este momento del ministerio de Jesús de Nazaret. La oposición que había con respecto a él se inspiraba no tanto en alguna animosidad personal contra él como en su manera de hacer las cosas, que parecía amenazar el status qua y la posición de algunos de los dirigentes.

En todo esto hay una verdad que ha de ser vista totalmente aparte de lo que le sucedió a Jesús de Nazaret. Los dirigentes malvados se hallan siempre bajo el control de Dios. No importa lo que suceda: Dios siempre hará que se cumpla su voluntad. Los sucesos más recientes de la historia mundial ilustran esta misma verdad. ¿Dónde está Hitler? ¿Qué le sucedió a Mussolini? Ambos eran hombres poderosos, malvados, e ingeniosos, y Dios les permitió ejercer el poder por algún tiempo, pero en su momento, ambos fueron destruidos. Es posible que los propósitos de Dios estén escondidos, pero los corazones creyentes no deben desesperar, porque Dios se halla para siempre en su trono.

...Así que, desde aquel día acordaron matarle. Por tanto, Jesús ya no andaba abiertamente entre los judíos, sino que se alejó de allí a la región contigua al desierto, a una ciudad llamada Efraín; y se quedó allí con sus discípulos (Jn 11:53,54).

Con toda seguridad, esto no se debió a que Jesucristo tuviera miedo, sino que fue una cuestión de estrategia. Quería evitar el conflicto abierto, porque aún no había llegado el momento en la voluntad de Dios para que él fuera mostrado al pueblo.

Juan hace notar que en el momento en que sucedieron estos hechos estaba cerca la Pascua. Las multitudes estaban subiendo a Jerusalén, y allí la gente buscaría a Jesús. Se preguntaría si él iba a venir a la fiesta. Los jefes de los sacerdotes y los fariseos habían dado órdenes estrictas para que, si alguien lo veía, les informara, a fin de poder arrestarlo. Pero todavía no había llegado el momento de Dios para que el Hijo de Dios fuera entregado, y por eso Jesús siguió su camino y tuvo un período de aislamiento con sus discípulos.

Capítulo 12: **Jesús y sus seguidores (Juan 12)**

Actitudes diferentes (12:1-11)

En medio de la confusión de las numerosas voces diferentes que se alzan en el mundo de hoy para hablar de asuntos relativos al evangelio, entre la gran cantidad de opiniones contrarias que se oyen sobre la Palabra y la voluntad de Dios, hay una pregunta que podría aclarar las cosas: ¿Qué piensa usted personalmente sobre Jesucristo?

En esta parte de su narración evangélica Juan presenta diversas actitudes con respecto a Jesús. Seis días antes de la Pascua, Jesús fue a la casa de Lázaro y María. Allí siempre había sido bienvenido, pero ahora era el que había devuelto a Lázaro a la vida y recibió una bienvenida especial.

> *Y le hicieron allí una cena; Marta servía, y Lázaro era uno de los que estaban sentados a la mesa con él. Entonces María tomó una libra de perfume de nardo puro, de mucho precio, y ungió los pies de Jesús, y los enjugó con sus cabellos; y la casa se llenó del olor del perfume. Y dijo uno de sus discípulos, Judas Iscariote hijo de Simón, el que le había de entregar: ¿Por qué no fue este perfume vendido por trescientos denarios, y dado a los pobres? Pero dijo esto, no porque se cuidara de los pobres, sino porque era ladrón, y teniendo la bolsa, sustraía de lo que se echaba en ella. Entonces Jesús dijo: Déjala; para el día de mi sepultura ha guardado esto* (Jn 12:2-7).

Se nos dice de varias personas: Marta estaba sirviendo, Lázaro estaba sentado a la mesa, María ungía los pies de Jesús, y Judas Iscariote criticaba su acción. Cada una de estas personas, en su conducta, reflejaba una cierta actitud interna con respecto al Señor.

Los tres primeros, Lázaro, Marta, y María, cada uno tenía una actitud correcta, que se expresaba en su conducta. Sin duda, Marta sentía una gran satisfacción en preparar y servir la comida, y muy probablemente esta acción fuera una expresión externa de su fe interior. Lázaro no podría haber recibido honor más grande que el de sentarse a la mesa del Rey entre una compañía de personas así. Pero debemos prestarle una atención especial a María, que demostró de una forma tan notable el amor y la adoración de un corazón leal.

El amor de una mujer

¿A quién se debería considerar como la mujer más famosa de la historia del mundo? Probablemente a María. De cierto os digo que dondequiera que se predique este evangelio, en todo el mundo, también se contará lo que esta ha hecho, para memoria de ella (Mr 14:9).

María tomó algo de lo suyo. Pagó todo el precio del perfume de nardo. Era algo que le pertenecía a ella, y era de gran precio. Sin duda, era lo mejor que había podido conseguir, habiendo pensado traerle algo precioso a Jesús como regalo. En esta sencilla narración del acto inspirado por el amor y la gratitud hay un modelo de cómo prestarle al Señor un servicio que le satisfaga en todo tiempo. El creyente ha de traerle lo mejor que tiene y ofrecérselo personalmente como regalo de amor. Esto será siempre adecuado en toda ocasión. El precio real del presente no tiene importancia, pero debería ser costoso para que pueda reflejar un amor sincero. Un ama de casa en su propio hogar podría tener una amplia oportunidad de servir al Señor. Puede seguir este sencillo modelo. Lo mejor de todo lo que tendría para ofrecer personalmente podría ser su fiel servicio en el lugar en el que Dios la ha colocado.

Una oficinista puede considerar sus tareas diarias. Puede que esté trabajando no en la oficina de una iglesia sino en una organización comercial, donde no parece haber forma de presentarle su ofrenda al Señor. Pero puede hacer su mejor trabajo en la oficina, realizándolo tan bien como le sea posible. Trabajando en forma fiel y honrada, día tras día, y ofreciendo su diligencia en alabanza a Dios, puede estar dando testimonio de su fe en Cristo. En sus tareas diarias puede hacerlo todo como para el Señor. Esta es realmente la fuente y la naturaleza de un servicio auténtico aceptable ante el Señor.

Judas

El don de María fue criticado abiertamente por Judas Iscariote. Puso en duda su buen juicio. "¿Por qué no fue este perfume vendido por trescientos denarios, y dado a los pobres?" Es evidente que el propio Judas nada había hecho por los pobres, ni por Jesús, pero se tomó la libertad de criticar y hallar en falta a otra persona que lo estaba haciendo.

Esta actitud se repite una y otra vez, incluso entre cristianos. Hay personas que no hacen nada en la obra del Señor, pero se sienten libres para criticar a quienes están haciendo mucho. Personas que nunca van a la iglesia se sienten con pleno derecho a criticar lo que se hace en ella en todo momento. Esto es muy parecido al caso de los que nunca leen la Biblia, que no saben nada sobre lo que contiene, sin embargo, le dicen al mundo que la Biblia se contradice y no es digna de confianza.

Juan señala abiertamente que Judas en realidad no estaba preocupado por los pobres. Hablaba como lo hizo porque era el "tesorero" del grupo: llevaba la bolsa del dinero. Juan añade que era ladrón. ¿Quería decir con esto necesariamente que Judas había robado dinero de aquella bolsa? Hubiera sido duro robarle al grupo, y parece poco probable que Judas haya sido culpable de desfalco de fondos. Pero entonces, ¿por qué llamarlo ladrón? ¿Podía ser ladrón un hombre que nunca había robado? ¿No es cierto que, si hubiera sido un hombre honrado, nunca habría robado? Es evidente que Judas fue ladrón siempre. La intención malvada y pecaminosa se hallaba allí, y lo único que se necesitaba era la oportunidad para que se consumara el acto del robo.

¡Qué contraste entre las actitudes de Jesús y de Judas con respecto a María! El Señor señaló con agradecimiento que ella lo estaba ungiendo para su entierro. Es posible que María no conociera esto de antemano, pero era una clara indicación del amor y la gratitud que la llenaban. Aunque María fue criticada por otros discípulos, fue comprendida y apreciada por el Señor al que servía, y al que le dio este valioso regalo. Esta observación puede consolar hoy los corazones de los creyentes que luchan por servirlo en la mejor forma posible. Quizá alguien los mal interpretará; otros podrán criticarlos, pero lo importante es que el Señor lo sabe, a él le interesa, y acepta esta adoración y estos regalos.

¿Cuál será el secreto de esta mujer que mostró una devoción tan grande? ¿Cómo supo que este tipo de acción sería del agrado de su Señor? Este don sacrificial no fue ofrecido porque ella pensara que sería visto como bueno porque la gente la alabase. Lo trajo porque amaba a Jesús. Esta es aquella María que se sentaba a sus pies y lo reverenciaba mientras guardaba en su corazón las bondadosas palabras que caían de sus labios.

Entrada triunfal (12:12-19)

Se llama de ordinario Entrada Triunfal a la llegada de Jesús a Jerusalén, sentado sobre un pollino. Hombres, mujeres, y niños le dieron la bienvenida. Algunos iban delante de él, cubriendo su camino con flores, arrancando ramas de las palmas para agitarlas, y gritando: "¡Hosanna! ¡Bendito el que viene en el nombre del Señor, el Rey de Israel!" (v 13). Este tipo de recepción ha de haber parecido algo fuera de lo corriente, incluso en aquellos días.

Cuántos de los que estaban en la multitud aquel día estarían más tarde en la gran turba que gritaba "¡Crucifícale, crucifícale!" Esta es una de las extrañas contradicciones que tuvieron lugar en los sucesos ocurridos en Jerusalén en el momento de la "Entrada Triunfal". Algunos de los jefes del pueblo estaban buscando la manera de matarlo. El público en general no le estaba prestando atención. En medio de esa misma situación, grandes cantidades de personas vinieron a saludarlo mientras él llegaba montado en un pollino.

Algo semejante sucede cuando la gente dice que no cree en los milagros. Sin embargo, aprueban con caluroso entusiasmo las enseñanzas de Jesús. ¡Qué forma tan extraña de operar tiene la mente humana! Juan nos relata el suceso de esta manera:

El siguiente día, grandes multitudes que habían venido a la fiesta, al oír que Jesús venía a Jerusalén, tomaron ramas de palmera y salieron a recibirle, y clamaban: ¡Hosanna! ¡Bendito el que viene en el nombre del Señor, el Rey de Israel! Y halló Jesús un asnillo, y montó sobre él, como está escrito: No temas, hija de Sión; he aquí tu rey viene, montado sobre un pollino de asno (Jn 12:12-15).

La gente común fue la que salió a saludarlo, agitando ramas de palmera y gritando "¡Hosanna!" En este momento, Jesús estaba cumpliendo profecías y predicciones importantes del Antiguo Testamento.

Significado en el futuro

Estas cosas no las entendieron sus discípulos al principio; pero cuando Jesús fue glorificado, entonces se acordaron de que estas cosas estaban escritas acerca de él, y de que se las habían hecho. Y daba testimonio la gente que estaba con él cuando llamó a Lázaro del sepulcro, y le resucitó de los muertos (Jn 12:16-17).

Aun cuando Jesús montaba en el pollino, con las hojas de palmera y los mantos extendidos a lo largo del camino delante de él, parece que sus discípulos no se daban cuenta todavía de lo que esto significaba. Pero cuando Jesús fue glorificado lo recordaron. Después de su muerte, resurrección, y ascensión, cuando él estuvo de nuevo con su Padre, a la derecha de Dios, fue cuando estos discípulos leales y dedicados recordaron todo lo que él había dicho y cada incidente sucedido al respecto.

Sería una buena ayuda para cada lector de la Biblia recordar que esos discípulos anduvieron realmente junto con él cuando iba montado en el pollino, sin embargo no pudieron comprender lo que estaba sucediendo hasta después de que él fue glorificado. Aun hoy, es posible que la persona lea la Biblia y no capte su significado en el momento, pero más tarde, cuando haya visto su gloria y lo haya recibido en su corazón, y haya sentido el testimonio del Espíritu de Dios, la plenitud de la revelación vendrá como una bendición gloriosa.

¿Cuál es entonces la condición espiritual del hombre? ¿Qué decir de los maestros y predicadores que hablan, enseñan, y predican sobre Jesús de Nazaret como un buen hombre, y piensan de él sólo como un ser humano, dándole solamente poderes y comprensión humanos? ¿Qué debemos pensar sobre estas personas? Parece razonable suponer que nunca han visto a Jesucristo en su gloria; no tienen idea de su posición actual. La parte triste de esto es que habrá muchísimos pasajes de las Escrituras que permanecerán cerrados para siempre a la comprensión de estas personas. Y esto significa que quienes las oigan nunca sabrán la gloriosa verdad que ha sido revelada sobre Jesucristo.

A pesar de la oposición y el rechazo de los jefes, muchos vinieron a su encuentro porque habían oído hablar de los milagros que había hecho. Al mismo tiempo, los fariseos se sintieron profundamente preocupados, porque decían:

...Ya veis que no conseguís nada. Mirad, el mundo se va tras él (Jn 12:19).

¡Ojalá muchos más quisieran "irse tras él" hoy en día!

Morir para vivir (12:20-36)

Morir para vivir es una expresión extraña, sin embargo, se halla en el corazón mismo del evangelio cristiano. Morir para vivir: este es el camino del que cree en Cristo. El enemigo mortal del hombre sobre la tierra es la muerte, y el temor de ella alcanza a todos los hombres. Probablemente el más grande de los deseos naturales del hombre es el de asirse a la vida. Quiere vivir con éxito y con riquezas, pero más que todo quiere vivir. La amenaza básica del pecado es, en última instancia, el miedo a la muerte. Y, sin embargo, la única puerta que conduce a la ida y a la gloria, es la negación de sí mismo hasta la muerte.

El culto del Antiguo Testamento se centraba alrededor del sacrificio del cordero de Dios y llevaba implícita la vida que pone a nuestra disposición la gracia de Dios. Esa gracia de Dios está en operación hoy, pero sólo es eficaz en las personas que se nieguen a sí mismas hasta la crucifixión. El Señor Jesús dijo: "*Si alguno quiere venir en pos de mí, niéguese a sí mismo, tome su cruz cada día, y sígame*" (Lc 9:23).

Los gentiles no conocían la cultura del Antiguo Testamento; su mentalidad se hallaba lejos de la que había sido formada en la verdad, las promesas, el ritual, y los sacrificios del Antiguo Testamento, y por eso esta doctrina de morir para vivir parece muy extraña. Toda la verdad implícita en el Antiguo Testamento se puede ver en la obra de Jesús cuando fue al Calvario, murió por nuestro pecado, y fue levantado de entre los muertos. Toda esta verdad se halla aquí, delante mismo de nosotros. El Calvario es absolutamente esencial para que la Resurrección tenga lugar. No hay camino para entrar en la vida eterna excepto la muerte del hombre: hay que nacer de nuevo.

Llegan a ver a Jesús

Sin embargo, los griegos del siguiente relato que hace Juan habían venido a adorar en la Pascua, de manera que estaban familiarizados con los rituales judíos y su significado. Parece como si Juan hubiera sido guiado teniéndonos a nosotros en mente cuando recogió las palabras de Jesús acerca de la necesidad de morir para vivir.

> *Había ciertos griegos entre los que habían subido a adorar en la fiesta. Estos, pues, se acercaron a Felipe, que era de Betsaida de Galilea, y le rogaron, diciendo: Señor, quisiéramos ver a Jesús. Felipe fue y se lo dijo a Andrés; entonces Andrés y Felipe se lo dijeron a Jesús. Jesús les respondió diciendo: Ha llegado la hora para que el Hijo del Hombre sea glorificado* (Jn 12:20-23).

La ciudad de Betsaida tenía un gran número de habitantes griegos. Felipe había vivido en esa ciudad y podía hablar su idioma, además de ser probable que tuviera muchos amigos griegos. Quizás fueran amigos suyos los que pidieron ver a Jesús. Querían llegar a conocerlo, a comprenderlo, a verlo. Cuando Jesús supo que habían venido, y el interés que tenían, hizo esta importante declaración: "Ha llegado la hora para que el Hijo del Hombre sea glorificado". Notemos cómo se relaciona esto con la llegada de los griegos. La idea de la glorificación significa que sería llevado al cumplimiento pleno de su misión sobre la tierra.

La glorificación es como la época de la cosecha. Cuando por fin el trigo está maduro, las manzanas están listas para que las pongan en el barril, las uvas para la canasta: entonces es la época de la cosecha. Y este es el cumplimiento de todo lo que el agricultor ha hecho durante la estación.

Ahora aparecen estos griegos pidiendo el privilegio de entrar en lo que Jesús estaba haciendo. Necesitaban que les demostraran el evangelio. Lo que Jesús tenía que mostrarles era algo casi demasiado increíble para ser aceptado: que un hombre habría de morir para vivir nuevamente.

Cuando llegaron diciendo que querían conocer la verdad que se halla en Jesús, él les dijo a sus discípulos: "Ha llegado la hora para que el Hijo del Hombre sea glorificado". ¡Ha llegado la hora! El momento ya ha llegado. El Hijo del Hombre debe pasar por la muerte para poder vivir, y así demostrar abiertamente el verdadero camino de Dios. Para ser glorificado, el Hijo del Hombre debe morir, ser levantado de los muertos, y vivir en novedad de vida.

> "*De cierto, de cierto os digo, que, si el grano de trigo no cae en la tierra y muere, queda solo; pero si muere, lleva mucho fruto. El que ama su vida, la perderá; y el que aborrece su vida en este mundo, para vida eterna la guardará. Si alguno me sirve, sígame; y donde yo estuviere, allí también estará mi servidor. Si alguno me sirviere, mi Padre le honrará*" (Jn 12:24-26).

La glorificación

Aquí, en una forma sencilla, se presenta una verdad profunda y sumamente importante del evangelio. Todo el mundo sabe que para recoger una cosecha, ya sea de frijoles, patatas, o flores, la semilla debe ser puesta en tierra y morir. Se rompe, se destruye; pero de ella sale una planta. La planta que se levanta y sale del suelo no se parece a la semilla que entró en la tierra. Sin embargo, es de la misma calidad. Ahora Jesús afirma que tiene que ir a la cruz, así como el trigo tiene que ir a la tierra para morir. En ambos casos, enterrado significa ser levantado a una "novedad de vida" por el poder de Dios. Esto es lo que sucede en la glorificación de Jesucristo: el cumplimiento del propósito de Dios en él.

Jesús continuó su explicación para enseñar más verdades aún. Señaló que una persona que quiera aferrarse a la vida de este mundo va a perder aquello mismo que trata de guardar. Pero si un hombre "odia" su vida (esto es, está dispuesto a entregarla, a negarse a tenerle amor alguno), ese hombre "la guardará para la vida eterna". El labrador que está deseoso de echar el trigo en la tierra, donde los granos se van a desintegrar, tendrá después más trigo aún. El hombre ha de seguir a Jesús si quiere servirle de veras. Pero, ¿qué es lo que exige exactamente esta palabra seguir?

Significa que el hombre ha de ir con él a la cruz, a la muerte de sí mismo y de la naturaleza humana pecadora, para poder ser levantado de entre los muertos. El Padre será honrado levantando a la persona de entre los muertos a una vida nueva, la vida resucitada de Jesucristo.

Se comprende la profunda importancia de esto cuando se oye a Jesús decir: "Ahora está turbada mi alma; ¿y qué diré? ¿Padre, sálvame de esta hora? Mas para esto he llegado a esta hora" (v 27).

Como anunciando su propio compromiso, Jesús ora: "Padre, glorifica tu nombre".

> ...*Entonces vino una voz del cielo: Lo he glorificado, y lo glorificaré otra vez. Y la multitud que estaba allí, y había oído la voz, decía que había sido un trueno. Otros decían: Un ángel le ha hablado. Respondió Jesús y dijo: No ha venido esta voz por causa mía, sino por causa de vosotros. Ahora es el juicio de este mundo; ahora el príncipe de este mundo será echado fuera. Y yo, si fuere levantado de la tierra, a todos atraeré a mí mismo. Y decía esto dando a entender de qué muerte iba a morir* (Jn 12:28-33).

En estas palabras Jesús estaba indicando que Satanás sería derrotado. También dejó clara la forma de su muerte: "Si fuere levantado" significa ser crucificado. El pueblo comprendió lo que quería decir, y esto lo llevó a reflexionar más tocante a la verdad de sus enseñanzas.

> ...*Nosotros hemos oído de la ley, que el Cristo permanece para siempre. ¿Cómo, pues, dices tú que es necesario que el Hijo del Hombre sea levantado? ¿Quién es este Hijo del Hombre?* (Jn 12:23).

Jesús no respondió inmediatamente a la pregunta. Los maestros sabios aprecian la oportunidad que les proporciona una pregunta, pero usan la oportunidad según convenga a sus intenciones. La respuesta a su pregunta comprendía el asunto de la resurrección, y esto necesitaba ser demostrado antes de que los hombres pudieran comprender lo que significaba. Un día, estas mismas personas verían que él había muerto y después que había resucitado de entre los muertos. Podrían saber cómo pudo morir para vivir después, y cómo los creyentes también podrían morir para vivir después.

En este momento les dio una excelente orientación a los que lo oían:

> *Aún por un poco está la luz entre vosotros; andad entre tanto que tenéis luz, para que no os sorprendan las tinieblas...* (Jn 12:35).

Lo que el discípulo o aprendiz debe hacer es andar en la verdad mientras la vea, mirar hacia Dios, quien le mostrará más verdad en Cristo, paso a paso, a medida que él crea que los discípulos están preparados para ella. El creyente dispuesto acepta lo que puede comprender y creer, lucha con ayuda de la gracia para perseverar en ello, da gracias, y sigue adelante.

La predicción de Isaías hecha verdad (12:37-50)

Conmueve hondamente leer sobre la incredulidad descorazonadora y trágica que persistía a pesar de todo lo que Jesús había hecho:

> *...a pesar de que había hecho tantas señales delante de ellos, no creían en él* (Jn 12:37).

En este incidente se cuenta que Jesús "se ocultó de ellos". La incertidumbre que siguió estaba en realidad dando cumplimiento a la profecía de Isaías: "*Señor, ¿quién ha creído a nuestro anuncio? ¿Y a quién se ha revelado el brazo del Señor?*" (Jn 12:38; Is 53:1). Los judíos habían visto muchos de los milagros, pero no estaban totalmente impresionados. No podían ver el significado más profundo que se hallaba debajo del acto de misericordia y de gracia que le había dado vista al ciego y había limpiado al leproso. La fe salvadora está basada en algo más que la demostración de un gran poder. Lo que necesita es el testimonio al corazón, y ese aquella gente no lo quiso recibir. Vieron los milagros, pero no creyeron que Jesús fuera el Cristo.

> *Por esto no podían creer, porque también dijo Isaías: Cegó los ojos de ellos, y endureció su corazón; para que no vean con los ojos, y entiendan con el corazón, y se conviertan, y yo los sane* (Jn 12:39- 40).

Sin embargo, hubo algunos que no se habían endurecido hasta ese extremo:

> *Con todo eso, aun de los gobernantes, muchos creyeron en él; pero a causa de los fariseos no lo confesaban, para no ser expulsados de la sinagoga. Porque amaban más la gloria de los hombres que la gloria de Dios* (Jn 12:42-43).

Impedimentos

Al parecer, hubo también elementos notables que creyeron realmente pero que no querían confesarlo por miedo a ser perseguidos. Estaban temerosos de que los expulsaran de la sinagoga. Les complacía que los hombres hablaran bien de ellos y carecían de valor para afrontar las consecuencias de una confesión pública. Todo este incidente en el cual la reacción de los judíos era puesta en evidencia revela una triste verdad que hace pensar. Un hombre puede tener confianza en el evangelio hasta el punto de creer que Jesucristo es el Hijo de Dios, sin embargo, puede estar impedido de entregarse a Cristo. ¿Por qué? Porque está pensando en los demás y en sus opiniones. Es posible que un hombre se trate de convencer a sí mismo con respecto a esto, diciéndose que debería asistir a la iglesia, que debería ir a la reunión de oración, que le haría falta leer la Biblia, y que debería rendirse al Señor, sin embargo, en su mente, puede que siga habiendo obstáculos que lo mantienen alejado.

> *Jesús clamó y dijo: El que cree en mí, no cree en mí, sino en el que me*

envió; y el que me ve, ve al que me envió. Yo, la luz, he venido al mundo, para que todo aquel que cree en mí no permanezca en tinieblas. Al que oye mis palabras, y no las guarda, yo no le juzgo; porque no he venido a juzgar al mundo, sino a salvar al mundo (Jn 12:44-47).

Jesús de Nazaret trataba de ayudar a esa gente. Les estaba señalando, más allá de los milagros, hacia el poder que los hizo posibles. Les dijo que quienes creyeran en él, en realidad estaban creyendo en el que lo envió. No tenemos por qué vivir en la oscuridad si vemos que Dios estaba obrando en Jesús de Nazaret según sus planes eternos. Esto es lo que significa la creación. Dios no hizo el mundo para destruirlo, y cuando Cristo Jesús vino para hacer la voluntad de Dios, su meta era el cumplimiento de lo que Dios se había propuesto en el acto de la creación.

El que me rechaza, y no recibe mis palabras, tiene quien le juzgue; la palabra que he hablado, ella le juzgará en el día postrero. Porque yo no he hablado por mi propia cuenta; el Padre que me envió, él me dio mandamiento de lo que he de decir, y de lo que he de hablar. Y sé que su mandamiento es vida eterna. Así pues, lo que yo hablo, lo hablo como el Padre me lo ha dicho (Jn 12:48-50).

Las palabras que salen de los labios de Jesús son realmente las palabras de Dios, y todo el que las oiga es responsable ante Dios por lo que haga con ellas. Jesús de Nazaret no habló de sí mismo como producto de su propio entendimiento. Habló las palabras de Dios: "él [Dios] me dio mandamiento de lo que he de hablar." Y este "mandamiento de Dios" guiará al alma a la vida perdurable, si la persona responde con obediencia. El Señor Jesús llamó a sí a los hombres cuando comenzó su ministerio público. Pero llama a los hombres en todo momento para que pongan su confianza en él y le rindan su voluntad, y en esto nos hace ciertas promesas.

Exige confianza en estas promesas porque Dios mismo está obrando a través de Cristo Jesús. Este es el poder de Dios que salva al alma creyente. Es el poder de Dios el que guarda al alma en medio de la tentación. Cuando cree la palabra de Jesucristo, la persona está creyendo en realidad la Palabra de Dios. Cristo Jesús tiene poder para hacer cosas maravillosas en los hombres que confían en él, porque el poder de Dios está operante a través de él para todo aquel que crea.

Capítulo 13: **El momento de la traición (Juan 13)**

En su narración evangélica, Juan relata uno tras otro los sucesos del ministerio público de Jesús de Nazaret a fin de mostrarnos las verdades que él enseñaba. Las limitaciones de esta obra no nos permiten más que tocar por encima las verdades profundas que él demostró. No nos será posible hacerle justicia plena a este relato, ni llegar a una comprensión perfecta de cada verdad. Podremos considerar y estudiar cada incidente de pasada, pero necesitaremos una meditación llena de oración para captar la verdad más profunda que se halla comprendida en ellos. Aun así, sus enseñanzas son tan llanas y claras que cualquiera que lea el relato de Juan tendrá comprensión suficiente para poner su confianza en él, el Cordero de Dios que quita los pecados del mundo.

Jesús lava los pies a sus discípulos (13:1-17)

El acto de lavarles los pies a los discípulos fue una enseñanza sobre la necesidad que tienen de humildad los que se han comprometido a seguir a Jesús de Nazaret, el Cristo de Dios. La verdad que se pone de relieve es muy importante, y el relato de todo el suceso es tan gráfico que la lección se ve con toda claridad.

Juan comienza el relato con una simple exposición de la situación, tal como se hallaba en aquel momento, señalando que Jesús, "sabiendo que su hora había llegado para que pasase de este mundo al Padre, como había amado a los suyos... los amó hasta el fin" (v. 1). Jesús sabía de antemano que debería dejar a sus discípulos, y quería prepararlos para enfrentarse a todos los problemas que pudieran surgirles en los días que tenían por delante. Y ciertamente, los terribles sucesos que iban a tener lugar de inmediato probaron la necesidad de dicha preparación.

> *Y cuando cenaban, como el diablo ya había puesto en el corazón de Judas Iscariote, hijo de Simón, que le entregase, sabiendo Jesús que el Padre le había dado todas las cosas en las manos, y que había salido de Dios, y a Dios iba, se levantó de la cena, y se quitó su manto, y tomando una toalla, se la ciñó* (Jn 13:2-4).

Jesús sugiere aquí una comprensión mejor del origen de la conducta malvada. Muy bien puede ser que Judas haya tenido ya el pensamiento de traicionar a su Maestro, pero este pasaje parece decir que además de la actitud que él haya podido tener en su mente, Satanás le había dado la idea de que había llegado el momento de llevar a cabo este acto de traición. El griego usa una palabra mucho más fuerte que las traducciones modernas. La expresión griega indica que Satanás tiró esto en su corazón, como se toma una piedra y se tira con fuerza en un lago. Fue como si Judas hubiera estado obsesionado de pronto con un irresistible impulso que lo llevaba a traicionar a Jesús.

La actitud tranquila de Jesús puede tomarse como una manifestación de "la paz de Dios que sobrepasa todo entendimiento". Sin duda, Jesús conocía los pensamientos malvados que había en el corazón y la mente de Judas. También sabía que el final de su vida terrena se acercaba rápidamente. Pero no mostraba señal alguna de perturbación. Se levantó de la mesa y "se quitó su manto". Es probable que usara un manto o capa sobre la ropa, como era costumbre entre los maestros de aquellos tiempos. Este tipo de manto era un impedimento para él porque quería realizar una tarea encomendada de ordinario a los sirvientes. Puso a un lado este manto, tomó una toalla y se la ciñó a la cintura. Esta era la costumbre de los criados. En fraseología moderna, se puso un delantal y se lo ató.

> *Luego puso agua en un lebrillo, y comenzó a lavar los pies de los discípulos, y a enjugarlos con la toalla con que estaba ceñido* (Jn 13:5).

En los días en que Jesús andaba por los caminos de Palestina, esta cortesía con los huéspedes no era nada extraño. La gente usaba sandalias abiertas. Las calles y los caminos no estaban pavimentados, y un hombre que caminara alguna distancia, se encontraría con los pies llenos de polvo, sucios y acalorados cuando llegara a donde iba. De acuerdo con las costumbres de aquel tiempo, en el caso de un huésped honorable, un sirviente debía traer un lebrillo de agua para quitarle el polvo de los pies al huésped.

Jesús tomó el lebrillo y la toalla para realizar la labor servil, yendo por todo el círculo de huéspedes, como hubiera hecho un siervo cualquiera. El hecho en sí no era extraño. Lo que estaba fuera de lo ordinario era que fuera Jesús, el Maestro, el que lo hiciera.

La reacción de Pedro

Cuando Jesús llegó hasta donde estaba Pedro para lavarle los pies, Pedro protestó. Era como si dijera: ¡No soy digno, no puedes hacerme esto a mí, Señor! Pero "respondió Jesús y le dijo: Lo que yo hago, tú no lo comprendes ahora, mas lo entenderás después" (v 7), indicando que el acto en sí estaba más lleno de significado de lo que aparentaba. Pedro no pudo comprender en aquel momento, pero algún día llegaría a la comprensión total. Sin embargo, ni las palabras de Jesús dejaron satisfecho a Pedro, por lo que protestó con más firmeza aún.

> *Pedro le dijo: No me lavarás los pies jamás. Jesús le respondió: Si no te lavare, no tendrás parte conmigo. Le dijo Simón Pedro: Señor, no sólo mis pies, sino también las manos y la cabeza. Jesús le dijo: El que está lavado, no necesita sino lavarse los pies, pues está todo limpio; y vosotros limpios estáis, aunque no todos* (Jn 13:8-10).

Cuando Pedro exclamó "¡No me lavarás los pies jamás!", no lo estaba haciendo precisamente con arrogancia. Si una persona le hace una visita a un hombre importante, quizá un funcionario del gobierno o un autor de renombre, y ese hombre importante, después de saludar a su visitante en la puerta, le pide el privilegio de colgarle el sombrero y el abrigo, es muy probable que por respeto el visitante le diga: "No, de ninguna manera; los vaya colgar yo mismo. Usted no debe molestarse tanto por mí". Esta puede haber sido la forma en que Pedro se sentía en aquel momento. La respuesta de Jesús indica que en la vida espiritual es necesario aceptar con humildad lo que el

Señor está deseoso de hacer por el creyente y en él, y entonces hacer lo posible con toda fidelidad para encajar en el plan de Dios.

Al hacer esta aclaración, Jesús usó dos palabras diferentes para la idea de lavar, y ambas tienen significados distintos. Cuando se traduce con cuidado, se ve que Jesús está diciendo en realidad que un hombre que se ha bañado (es decir, que ha estado en una casa de baños públicos y se ha dado su baño del día), y después ha caminado de vuelta a casa por los caminos polvorientos, no necesita bañarse todo de nuevo porque los pies los tenga llenos de polvo. Sólo necesita lavarse los pies, como nos indica la segunda palabra, "pues está todo limpio", esto es, totalmente limpio excepto los pies. Le está diciendo con esto a Pedro que no hace falta un baño entero en ese momento, sino solamente que se le laven los pies. Esto sirve de clara ilustración a la experiencia espiritual ordinaria de un cristiano: cuando creemos en que de Cristo recibimos el perdón de los pecados, es necesario confesar nuestros pecados día tras día.

Humildad

Pero el impacto principal que hace a este incidente inmensamente significativo hoy es el énfasis que pone en la humildad.

Pues si yo, el Señor y el Maestro, he lavado vuestros pies, vosotros también debéis lavaros los pies los unos a los otros. Porque ejemplo os he dado, para que como yo os he hecho, vosotros también hagáis (Jn 13:14,15).

Jesús sabía que pronto los iba a dejar para que se enfrentaran solos con el mundo. Sabía que se enfrentarían a fuerte oposición desde el mismo principio, con parte de la misma de personas allegadas a cada uno de los discípulos. Sería muy importante para que contaran con la fortaleza necesaria para enfrentarse al mundo. Deberían tener consideración los unos con los otros y ayudarse mutuamente. ¡Qué lección para el día de hoy! Los cristianos deben estar dispuestos a ponerse en situación de servidores de los demás, no importa cuál sea su posición. El camino de la humildad sigue siendo el que conduce al poder con los hombres y con Dios.

La traición (13:18-30)

La traición a un amigo es ciertamente uno de los actos más despreciables que puede cometer el hombre. Y cuando ese amigo es el Señor Jesucristo, es difícil comprender cómo un hombre pudo llevar a cabo una acción así, si es que alguna vez conoció al Señor. Para cualquiera que sepa algo de Jesús de Nazaret, parece increíble que Judas, que anduvo por los caminos de Galilea con Jesús, y que había formado parte de su círculo íntimo, disfrutando de una amistad profunda con su Señor, pudiera ahora traicionarlo. Sin embargo, sí lo hizo: vendió a su Maestro a sus enemigos, y se convirtió en el símbolo de la traición para todo el mundo.

Este suceso infeliz no tomó a Jesús por sorpresa: en realidad, él sabía que iba a suceder. Lo sabía de antemano.

No hablo de todos vosotros; yo sé a quienes he elegido; mas para que se cumpla la Escritura: El que come pan conmigo, levantó contra mí su calcañar (Jn 13:18).

En este momento Jesús da expresión al lamento que se halla en el corazón de Dios cuando mira la rebelión del hombre pecador. Es una expresión de lamento que recorre todas las Escrituras.

Sabiéndolo, pues, Jesús quiere aclararles a sus discípulos que la traición no lo va a sorprender, a fin de que, cuando suceda, se acuerden de que él lo había anticipado. Esto les daría más seguridad en él y en sus promesas.

De cierto, de cierto os digo: El que recibe al que yo enviare, me recibe a mí; y el que me recibe a mí, recibe al que me envió (Jn 13:20).

En estas sencillas palabras Jesús señaló la importancia del testimonio de los cristianos. Cuando el Señor Jesucristo envía a un cristiano a testificar por él, y el mensaje de ese cristiano es recibido, es como si el que lo oye estuviera recibiendo al Señor mismo. Y si una persona lo recibe a él así, es como si recibiera a Dios Padre. Es muy correcto aplicar esto al maestro de la escuela dominical, al predicador en el púlpito, al padre en la casa, o al humilde testigo en la oficina o en el taller.

Dondequiera que un creyente le hable del evangelio a otra persona, el sentido va más allá del simple hecho de que una persona se comunique con otra. La palabra que habla el testigo es la Palabra del Señor Jesucristo. Cuando un cristiano presenta su mensaje, aunque en realidad sean los labios del creyente los que están diciendo las palabras, es como si el Señor mismo estuviera hablándole a esa persona. Si acepta lo que se le está diciendo, será como si hubiera recibido las palabras del Señor Jesucristo. Esto significa que recibe lo que Dios le dijo a él, de ahí su importancia.

Cuando Judas traicionó a Jesús de Nazaret estaba negando el evangelio. De la misma manera, cuando un creyente confiese a Jesucristo como su Salvador y Señor, está presentando el evangelio al mundo entero. Fiel a su costumbre de compartir ideas con sus discípulos, Jesús les dijo que uno de ellos lo traicionaría. Esto puede indicar que los creyentes sí tienen cierta responsabilidad con respecto a las actitudes y la conducta de los demás creyentes. El grupo tiene responsabilidad cuando uno de sus miembros se torna desleal a Jesucristo.

Habiendo Jesús dicho esto, se conmovió en espíritu, y declaró y dijo: De cierto, de cierto os digo, que uno de vosotros me va a entregar. Entonces los discípulos se miraban unos a otros, dudando de quién hablaba (Jn 13:21-22).

Los discípulos no sospechaban

Es interesante que ninguno de ellos sugirió que Judas pudiera ser el culpable: no parecía que nadie sospechara de él. Judas Iscariote era una persona honorable en medio de ellos; el tesorero de su pequeño grupo. Esta posición era de confianza y de honor. Así que, cuando el asunto de la traición fue presentado, nadie sospechó del hombre que habían puesto en una posición de confianza. Cada hombre estaba dispuesto a sospechar primero de sí mismo, volviéndose al Señor para preguntarle: "¿Seré yo?"

En el relato que hace Juan de este hecho, hay una referencia a sí mismo cuando escribe: "*...uno de sus discípulos, al cual Jesús amaba, estaba recostado al lado de Jesús*" (Jn 13:23). De ordinario se afirma que esto hace referencia al apóstol Juan, el escritor de este libro. Juan nunca habla de sí mismo llamándose Juan, sino que se llama el discípulo al cual Jesús amaba. Se puede percibir que para Juan este era el dato trascendental, que lo hacía humillarse y lo dejaba atónito. Ciertamente, se le podría alabar esto a una persona, como una opinión valiosa con respecto a sí mismo: en realidad, la diferencia está en esta expresión: "Aquel al cual Jesús amaba".

En respuesta a una pregunta directa hecha por Juan, Jesús le indicó cómo daría a conocer al traidor: "*...a quien yo diere el pan mojado, aquel es.*" (Jn 13:26). Y Jesús, después de romper un trozo de pan y mojarlo en el contenido del plato, se lo dio a Judas. En este punto de la narración, Juan hace un comentario muy sugestivo: "Y después del bocado, Satanás entró en él". (v 27). ¿Cuál sería el significado de estas palabras sencillas pero profundas: Satanás entró en él? Anteriormente Juan había hecho notar que "el diablo ya había puesto en el corazón de Judas Iscariote, hijo de Simón, que le entregase". Ahora parecería que Satanás no se contentó con poner el pensamiento malvado y la intención en el corazón de Judas, sino que él mismo tomó posesión de aquel corazón, aquella mente, y aquella voluntad.

Después de esto, Jesús le dijo: "Lo que vas a hacer, hazlo más pronto". Ninguno de los discípulos supo lo que Jesús quería decir. Puesto que Judas era el tesorero, podía haber sido una orden para que comprase comida para los pobres. La narración nos dice que: "*Cuando él, pues, hubo tomado el bocado, luego salió; y era ya de noche*" (Jn 13:30). De nuevo vemos aquí que hay mucho implícito en las sencillas palabras de Juan. Cuando Judas se marchó de la presencia de Cristo, fue ciertamente de noche para él, como siempre lo es para todo aquel que rechaza la invitación de llegarse a él y aceptar la salvación.

Fue de noche verdaderamente para Judas. Pero para los hombres y las mujeres de hoy la puerta sigue abierta. Todavía hay que tomar la decisión, y Dios, que envió a Jesús a morir y lo levantó de entre los muertos, está llamando a los hombres para que vengan sin atrasarse más, y acepten este don de la vida eterna.

Comienza la glorificación (13:31-38)

Como notáramos anteriormente, la palabra glorificar tenía poco sentido en el lenguaje popular y estaba confinada principalmente al lenguaje de las Escrituras. La idea es corriente en el Antiguo Testamento, donde se aplica a la recolecta de las cosechas. La gloria de algo no estaba en su apariencia sino en el cumplimiento de su interés o propósito. Así, la palabra glorificar se refiere en primer lugar a la cosecha, a la perfección, al acabado de algo. Glorificar es llevar a su conclusión cuanto es posible dentro de una situación o tarea. En palabras sencillas, significa terminar la obra.

> *Entonces, cuando hubo salido, dijo Jesús: Ahora es glorificado el Hijo del Hombre, y Dios es glorificado en él. Si Dios es glorificado en él, Dios también le glorificará en sí mismo, y enseguida le glorificará* (Jn 13:31-32).

Sustituir por "terminar la obra" la palabra "glorificar", aunque nos suene extraño y crudo, tiene sentido: "Ahora el Hijo del hombre está terminando la obra, y Dios está terminando la obra en él. Si Dios está terminando la obra en él, Dios también hará que él termine la obra en sí mismo y enseguida estará hecha la obra con respecto a él".

Jesús habría de ser glorificado después de la crucifixión, lo que significa que Jesús tendría acabada la obra en sí después de haber sido crucificado. Esto pone de relieve la necesidad de la crucifixión. La idea es razonable, porque el momento de la crucifixión se estaba aproximando rápidamente. Judas había salido a traicionar a su Maestro ante las autoridades judías, y Jesús sabía que los acontecimientos se precipitarían muy pronto. Lo llevarían ante el tribunal, como si fuera un criminal común. A seguidas de su arresto se enfrentaría con la condena y después con la muerte. Pero ahí no terminaba todo. Su cuerpo sería bajado de la cruz y puesto en una tumba. De esa tumba se levantaría y subiría al cielo, donde estaría a la derecha de Dios intercediendo por su pueblo. Enviaría al Espíritu Santo a los corazones de todos los que aceptaran a Cristo como Salvador. Todo esto sería el resultado natural, la fructificación plena, la realización definitiva del trabajo de Cristo. Esta habría de ser la glorificación que iba a venir. Así es como Dios "terminó la obra" en y mediante Jesucristo.

Es como si una mujer estuviera haciendo un vestido. ¿Cómo comienza todo? La mujer compra una pieza de tela. Es posible que discurra sobre la calidad y color de la tela y que la decisión haya sido difícil; pero finalmente la tela y el modelo están en sus manos y comienza la obra. Necesita una máquina de coser. De ordinario, la mujer distribuye cuidadosamente el tiempo: "Voy a trabajar esta tarde, mañana por la mañana, y el martes en la noche. Con esto bastará para terminar el vestido". La hechura del vestido tuvo que tener un comienzo, una planificación, la compra, el corte, y la costura. Todas estas cosas reunidas dieron origen al vestido terminado.

Llevemos ahora este ejemplo a las cosas del espíritu. Aquí también hay un comienzo y una culminación de la obra. Jesucristo vino a este mundo a buscar y salvar lo que estaba perdido. Vino a dar su vida en rescate por muchos. Nació en Belén; creció durante la niñez bajo el cuidado de María, su madre, en el hogar de José. Cuando se hizo hombre, comenzó a enseñar y a obrar milagros de una y de otra forma. Pero todo esto no era el propósito real de la venida de Jesucristo a este mundo. Vino a morir por los pecadores, pero no solamente a morir: vino para ser levantado de entre los muertos, y no sólo para sí mismo sino para que los creyentes pudieran ser salvos. Todo esto fue transmitido al creyente. Y "la obra está hecha" de nuevo cada vez que se salva un hombre o una mujer. Así es glorificado Dios en toda alma rescatada para él.

El día en que él venga de nuevo es el día de la realización plena y total, cuando termine la obra con sus hermanos en la presencia de Dios Padre. Esa será la cosecha final.

Ahora comenzaría todo este proceso que lo nevaba hacia el cumplimiento de su obra, en el momento en que Jesús fuera arrestado, tal como él había dicho: "Ahora es glorificado el Hijo del Hombre.", lo que quiere decir: Ahora comienza a realizarse el trabajo hecho en la vida del Hijo del Hombre. El cumplimiento final aún no ha llegado, pero hay aquí verdades que debemos aprender como niños.

Hijitos, aún estaré con vosotros un poco. Me buscaréis; pero como dije a los judíos, así os digo ahora a vosotros: A donde yo voy, vosotros no podéis ir (Jn 13:33).

El mismo Señor Jesucristo iba a morir y sería levantado de entre los muertos, pero este no es el procedimiento para los creyentes. Los cristianos no mueren de hecho en la carne para poder ser levantados en la carne. Cuando un alma acepta a Cristo tiene la experiencia de ser guiada por el Espíritu Santo para morir en la carne y resucitar en el Espíritu, pero todo esto no pertenece al mundo físico. La resurrección física sucederá en el futuro con estos cuerpos mortales que ahora tenemos.

Un mandamiento nuevo

Un mandamiento nuevo os doy: Que os améis unos a otros; como yo os he amado, que también os améis unos a otros. En esto conocerán todos que sois mis discípulos, si tuviereis amor los unos con los otros (Jn 13:34,35).

Cuando Jesús dijo "un mandamiento nuevo" no quería decir uno nuevo que sustituyera a alguno antiguo. Este nuevo mandamiento no reemplaza a otro, sino que es una verdad añadida. Tomando las Escrituras como un todo, y pensando solamente en función de los mandamientos, probablemente diríamos que este es el gran mandamiento: "*Amarás al Señor tu Dios con todo tu corazón, y con toda tu alma, y con toda tu mente. Este es el primero y grande mandamiento. Y el segundo es semejante: Amarás a tu prójimo como a ti mismo. De estos dos mandamientos dependen toda la ley y los profetas*" (Mt 22:37-40). Ahora Jesús añade otro mandamiento más: "Amaos unos a otros".

Una razón válida para que tomemos esto como un mandamiento adicional es que los discípulos habrían de enfrentarse con una situación nueva, tal como les sucede siempre a todos los creyentes. Estos están siempre en la presencia de Dios y viven en este mundo bajo la ley de Dios.

Pero como viven en este mundo, tienen que mezclarse con otra gente. Verán dificultades y necesidades y harán cuanto esté a su alcance por ayudar; se sentirán impulsados a actuar en obediencia a la Palabra de Dios: "Ama a tu prójimo". Sin embargo, ahora se les está guiando para que den un paso más allá.

Cuando una persona acepta a Cristo, se une a una iglesia; pertenece a la Iglesia, que es el Cuerpo de Cristo. Esto significará que los demás cristianos están unidos a él, tal como nos dice la Palabra. Un creyente será la mano, otro el pie, y otro el ojo, pero todos son miembros del único cuerpo.

Ahora se pertenecen unos a otros. Durante el tiempo que el cristiano permanece en este mundo debe pues mostrarles amor a todos los otros miembros del cuerpo de Cristo. Este mandamiento se fortalece en los resultados que Jesús dice que tendrán lugar cuando sea cumplido.

En esto conocerán todos que sois mis discípulos, si tuviereis amor los unos con los otros (Jn 13:35).

Este interés mutuo y esta preocupación los unos por los otros nos ganará el reconocimiento del mundo. Jesús dijo: "En esto conocerán todos que sois mis discípulos". Este reconocimiento por parte del mundo, además de honrar el nombre de Jesucristo, inclinará a la gente a escuchar el mensaje que los cristianos presentan en su evangelio.

Le dijo Simón Pedro: Señor, ¿a dónde vas? Jesús le respondió: A donde yo voy, no me puedes seguir ahora; más me seguirás después. Le dijo Pedro: Señor, ¿por qué no te puedo seguir ahora? Mi vida pondré por ti. Jesús le respondió: ¿Tu vida pondrás por mí? De cierto, de cierto te digo: No cantará el gallo, sin que me hayas negado tres veces (Jn 13:36-38).

Más de una vez Jesús había indicado a sus discípulos que estaba a punto de dejarlos. Pedro no quería quedarse atrás y se ofreció de voluntario para ir con Jesús a dondequiera que él fuese. Cuando Jesús le dijo a Pedro que él no podría seguirlo ahora, aunque sí lo podría hacer más tarde, Pedro le dijo confiadamente que estaba dispuesto a entregar su vida por su Maestro. Pero vivir en obediencia a Jesucristo exige más que una intención personal de obedecer: no hay hombre lo bastante bueno o fuerte para andar con el Señor en su propia naturaleza humana y con sus fuerzas, y Pedro iba a conocer esta verdad en lo que le habría de suceder en las próximas horas.

Capítulo 14: No se turbe vuestro corazón (Juan 14)

La realidad del cielo (14:1-2)

Jesús no dejó lugar a dudas sobre la realidad del cielo en sus enseñanzas públicas, tal como las reportan los escritores evangélicos.

No se turbe vuestro corazón; creéis en Dios, creed también en mí. En la casa de mi Padre muchas moradas hay; si así no fuera, yo os lo hubiera dicho; voy, pues, a preparar lugar para vosotros. Y si me fuere y os preparare lugar, vendré otra vez, y os tomaré a mí mismo, para que donde yo estoy, vosotros también estéis. Y sabéis a dónde voy, y sabéis el camino (Jn 14:1-4).

Es posible que alguien le pregunte a un cristiano: ¿Has visto el cielo? El cristiano tendría que responderle que no lo ha visto. Entonces le podrían seguir preguntando: ¿Estás seguro de que existe el cielo? ¿Cómo puedes saberlo? ¿A qué se parece? ¿Dónde está? Para responder a todo esto, el cristiano sólo tendría que citar estos versículos. Estas palabras no responden de forma específica a estas preguntas detalladas, pero le dan una seguridad positiva al corazón del creyente. Si alguien en el mundo quiere saber lo que Jesús de Nazaret pensaba sobre el cielo, Juan 14:1-4 tiene la respuesta. Detengámonos a pensar por un momento. ¿Quién hizo esta profunda declaración?

Ciertamente, si alguien de los que han vivido en la tierra se hallaba en posición de saber cómo es el cielo, dónde está, y qué esperar allí, sería el que descendió del cielo, el Hijo de Dios, Jesús de Nazaret.

Dándose cuenta de que los seres humanos somos tan limitados en nuestra experiencia natural, Jesús quiso decir unas palabras para darnos seguridad: "...si así no fuera, yo os lo hubiera dicho". El creyente no es más que un ser humano que vive su vida aquí en la tierra por fe en el Hijo de Dios y por su gracia. No puede tener ni opinión ni explicación sobre el cielo, pero puede sentirse firme sobre la base que Jesús le dio: "En la casa de mi Padre muchas moradas hay... voy, pues, a preparar lugar para vosotros". Estas palabras han llevado la paz a muchos corazones, ya que Jesús, al principio de su mensaje, les dijo que no deberían dejar que "se turbe vuestro corazón". Podrán admitir diez mil, incluso diez millones de hombres que no han visto el cielo, pero esto no cambia las cosas lo más mínimo. ¿Por qué prestarles atención a los que admiten que no creen? "*Yo sé a quién he creído —escribiría Pablo—, y estoy seguro de que es poderoso para guardar mi depósito para aquel día*" (2 Tim 1:12). El creyente se ha entregado al Señor Jesucristo. Toda la confianza que tiene está basada en él.

El cristiano siente que puede salir y decirle al mundo entero que el cielo es algo real. "Si así no fuera, yo os lo hubiera dicho". Por eso los creyentes pueden unirse a los que comparten su fe con respecto a otro mundo "muy lejano", y cantar:

Cara a cara, ¡oh momento bendito!
Cara a cara: ver y conocer.
Cara a cara con mi Redentor,
Jesucristo, que tanto me ama.

Se han escrito muchos cantos hermosos sobre el cielo y los goces que esperan a las almas salvadas. Con qué entusiasmo pueden unirse para cantar sobre las "campanas doradas"; sobre estar "seguros en los brazos de Jesús", y uno que quizá se halle entre los más conmovedores:

Cuando hayan pasado todos mis trabajos y mis pruebas
y me halle a salvo en aquella hermosa orilla,
sólo hallarme cerca del Señor amado que adoro por siempre
será la gloria para mí...
Oh, esa será la gloria para mí...

cuando por su gracia pueda mirar su cara,
esa será la gloria, la gloria para mí.

Todo el que piense seriamente en la realidad del cielo volverá a una idea central: Jesucristo hablaba del cielo con una seguridad total. No es necesario decidir si el cielo está en el norte, el sur, el este, el oeste, debajo, o encima. Bástenos saber que donde quiera que se halle situado le pertenece a Dios. Es adecuado que el cristiano sepa que el cielo es el lugar donde está Dios. Jesús les enseñó a sus discípulos que oraran diciendo: "*Padre nuestro que estás en los cielos, santificado sea tu nombre*" (Mt 6:9). Dondequiera que se halle, ¡allí está Dios! Y allí es donde encontraremos las mansiones.

Cuando pensarnos en el cielo, hay un aspecto más importante que debe ser tenido en cuenta. Todo el que piense o hable del cielo seguramente querrá ir allí. Con toda seguridad, querrá que sus seres amados vayan también. La mente podrá tener sus reservas en cuanto a su realidad, pero el corazón no tiene duda alguna respecto a lo deseable que es.

Vale la pena que notemos que la gente siente lo mismo con respecto al infierno. Muchos dirán que no saben nada sobre él; no tienen la menor idea de dónde o por qué existe. Y muchos insistirán con firmeza en que no creen en el infierno. En realidad, puede que no estén seguros sobre esto o aquello, pero hay una cosa de la que sí pueden estar seguros: no quisieran que sus hijos y sus hijas fueran al infierno.

El camino al cielo

Jesús dijo a continuación: "Sabéis el camino". Tomás le preguntó sobre esto. "Señor, no sabemos a dónde vas; ¿cómo, pues, podemos saber el camino?" En este momento Tomás estaba actuando en forma práctica, no dudando en realidad, sino tratando de mantener las cosas en claro y sobre la mesa. Jesús le respondió con la famosa expresión conocida por todos los creyentes:

Yo soy el camino, y la verdad y la vida; nadie viene al Padre, sino por mí (Jn 14:6).

Es importante que notemos la forma en que está escrito esto: "Yo soy el camino [el camino, no un camino o algún camino], la verdad, y la vida". Sólo hay un camino y es a través de Jesucristo nuestro Señor. Nadie viene al Padre, sino por mí.

Jesús no estaba hablando de Dios como el Creador ni como el Todopoderoso con soberanía sobre todas las cosas. Todo ser humano de la tierra tiene que tratar con Dios como Creador, y todo hombre o mujer tendrá que tratar con Dios como Juez. Toda criatura viviente se halla bajo la supervisión de Dios y mantenida por él. Sin embargo, ninguna de estas consideraciones nos trae al pensamiento de Dios como Padre. Cuando consideramos a Dios como Padre nos ponemos en la posición de un niño: somos su hijo o su hija, nacidos de él; llevados a novedad de vida mediante el Hijo de Dios. Si alguien quiere venir al conocimiento del Padre, el camino para acercársele tiene que ser el del Hijo. "...Nadie viene al Padre, sino por mí".

En ese momento habló Felipe. "*Señor, muéstranos el Padre, y nos basta*" (Jn 14:8). Si los discípulos lograban tan sólo ver al Padre, esto bastaría para contentarlos, pensaba Felipe. Esta solicitud dio lugar a la asombrosa afirmación de Jesucristo en la que expresa en forma maravillosa la relación entre el Padre y el Hijo:

> *Jesús le dijo: ¿Tanto tiempo hace que estoy con vosotros, y no me has conocido, Felipe? El que me ha visto a mí, ha visto al Padre. ¿Cómo, pues, dices tú: Muéstranos al Padre? ¿No crees que yo soy en el Padre y el Padre en mí? Las palabras que yo os hablo, no las hablo por mi propia cuenta, sino que el Padre que mora en mí, él hace las obras* (Jn 14:9-10).

Ver a Jesucristo no es tanto ver al Juez de toda la tierra, o al Creador de todas las cosas vivientes, sino más bien ver a Dios como Padre, enviando a su propio Hijo a morir por los pecadores. Dios habitaba realmente dentro de Jesús de Nazaret: él era Dios. "El que me ha visto a mí", Jesús de Nazaret, en realidad ha visto a Dios. En otras palabras, estos hombres debían comprender que todo cuanto Jesús había hecho ante sus ojos, todos los milagros que había obrado, todas las obras realizadas a favor de los demás, todo ello fue dicho, hecho, y obrado por los poderosos procesos de Dios que obraban dentro de Jesús de Nazaret. "Creedme que yo soy en el Padre y el Padre en mí; de otra manera, creedme por las mismas obras" (Jn 14:11). Las obras realizadas por Jesús de Nazaret eran y son procedentes de Dios. En último análisis, esta es la mejor prueba que sirve de base para nuestra fe.

Obras mayores

Esto fue seguido por una afirmación verdaderamente asombrosa, que aun hoy día es difícil de comprender:

> *De cierto, de cierto os digo: El que en mí cree, las obras que yo hago, el las hará también; y aún mayores hará, porque yo voy al Padre* (Jn 14:12).

Estas palabras son la expresión de una profunda verdad. Dios obra en su pueblo y por medio de él. Muy bien pudiera ser esta la fuente del poder manifestado en esas grandes reuniones evangelísticas tan bendecidas, en las que incontables hombres y mujeres llegan a encontrar a Cristo como Salvador. Muy bien pudieran ser estas las obras mayores que haríamos, después de que el Calvario y la Resurrección las hicieron posibles.

"Pedid en mi nombre" (14:13-26)

> *Y todo lo que pidiereis al Padre en mi nombre, lo haré, para que el Padre sea glorificado en el Hijo. Si algo pidiereis en mi nombre, yo lo haré* (Jn 14:13,14).

Cuando se ve esta declaración en el contexto de lo que se acababa de escribir, nos salta a la vista la verdad de manera más completa. Aquí Jesús nos dice en términos que están fuera de toda duda que, si los creyentes piden algo en su nombre, esto es, de acuerdo con su voluntad, él hará lo que le hayan pedido.

Esta fue una forma de alentar a los discípulos para que orasen pidiendo orientación y bendición, a fin de estar dentro de la voluntad de Dios y hacer las "obras mayores" que él había predicho que harían.

Jesús continuó después su enseñanza describiendo cómo la oración sería contestada: "Si me amáis, guardad mis mandamientos" (v 15). Cuando dice: "Si me amáis", en realidad está diciendo: "Si queréis complacerme, si queréis hacer mi voluntad y dar honra a mi nombre, entonces guardad mis mandamientos". La palabra guardar significa atesorar, tener en cuenta, seguir; significa guardar los mandamientos con cuidado para no romperlos.

El Espíritu Santo

> *Y yo rogaré al Padre, y os dará otro Consolador, para que esté con vosotros para siempre: el Espíritu de verdad, al cual el mundo no puede recibir, porque no le ve, ni le conoce; pero vosotros le conocéis, porque mora con vosotros, y estará en vosotros. No os dejaré huérfanos; vendré a vosotros* (Jn 14:16-18).

Las palabras otro Consolador llevan implícita la idea de que el propio Jesús era también un Consolador; además, el Espíritu Santo es otra persona que trae la bendición de Dios a nuestro corazón. La palabra griega traducida por "Consolador" es paracleto, que en realidad significa alguien llamado junto a otro. La narración de un suceso real escrita en el griego del Nuevo Testamento nos muestra el significado de la palabra. Un niño pequeño, quizá de unos cuatro años de edad, se había caído y se había hecho una herida, así que estaba llorando de dolor y de miedo. Su madre llegó corriendo junto a él, lo levantó, lo abrazó, le limpió la cara, y le sacudió la ropa. En resumen, lo que había hecho era acudir junto a él con amor y cuidado. Esto es lo que significa la palabra paracleto. Esto es exactamente lo que el Señor Jesucristo había hecho durante el tiempo de su ministerio en la tierra y lo que hace el Espíritu Santo por los creyentes hoy. El cuida de ellos realmente, y cuando necesitan cuidado especial, se halla con ellos para satisfacer esa necesidad. Está dispuesto a limpiarles las lágrimas de los ojos y aliviarles las penas.

Como siempre está con ellos, nunca están solos. Es su "Paracleto". En todo momento, día tras día, los creyentes tienen al Consolador. Qué medidas maravillosas prometió el Señor Jesús a favor de cada uno de los suyos cuando les dijo a sus discípulos que le pediría al Padre que enviara otro Consolador.

Jesús habló luego del "...Espíritu de verdad, al cual el mundo no puede recibir, porque no le ve, ni le conoce." (v 17). Es natural pensar que esta incapacidad para recibir al Espíritu Santo se debe a que el mundo se halla en pecado, es malvado y desobediente a la voluntad de Dios, y no lo reconoce como Padre. Sin embargo, esta afirmación no es del todo cierta. En este pasaje se aclara bien. El mundo no puede recibir al Espíritu de Dios porque "...no le ve, ni le conoce." En otras palabras, el mundo no comprende nada sobre el Espíritu, y debido a esta falta de comprensión y de estima, él no puede hacer nada en el mundo.

Esta verdad es asombrosa. En realidad, el Espíritu Santo quiere llegarse a un hombre que haya pecado, a una persona débil o extraviada, o que ignore la verdad. Sólo hay una condición que se le exige a un creyente en Cristo Jesús para que tenga al bendito Paracleto habitando en su corazón: debe comprender quién es el Espíritu Santo y tratarlo según lo que él es. Si alguna persona quiere honrarlo y permitirle entrar, él habitará en su corazón. Entronizado allí, le enseñará al creyente las cosas que lo fortalecerán en su fe e inclinarán su corazón a obedecer la voluntad del Padre. Esta es la obra del Espíritu Santo. Cuando nuestro Señor Jesucristo estaba aquí fue eso lo que hizo. Reunió a los hombres en torno suyo y les dijo "Síganme"; después los guió a lo largo del camino. El Espíritu Santo guiará a los creyentes en las cosas del Señor, y los consolará y fortalecerá a diario, mientras vivan y sirvan a Dios.

Toda esta verdad de la continua compañía del Espíritu Santo, se halla confirmada en una promesa que es preciosa para muchos creyentes: "No os dejaré huérfanos; vendré a vosotros" (v 18). El pensamiento que hay detrás de las palabras en el original es: "No os dejaré sin familia". Todo aquel que carezca de familia sabe lo especial que es esta promesa.

Después de esto Jesús habló con algún detalle sobre la estrecha identificación de los creyentes con él mismo. "Todavía un poco, y el mundo no me verá más; pero vosotros me veréis; porque yo vivo, vosotros también viviréis" (v 19). En esto está la bendición de la vida eterna: vivir aquí en la tierra con el poder del Espíritu Santo, y vivir eternamente en ese lugar glorioso que él nos ha preparado. Estar para siempre con el Señor es el gozo del evangelio.

¡Qué maravilloso es hacerse cristiano! El pecador cree en el Señor Jesucristo y lo recibe en su corazón. Entonces Dios lo adopta como hijo suyo y le envía el Espíritu Santo, que le hace ver clara la voluntad del Padre y guía al creyente a la gracia del Señor Jesucristo. "El que tiene mis mandamientos, y los guarda, ese es el que me ama; y el que me ama, será amado por mi Padre, y yo le amaré, y me manifestaré a él" (v 21). En estas sencillas palabras Jesús describe el tipo de corazón y de mente que prevalece en el creyente.

Esta sección se cierra con un resumen de toda la presentación de esta gloriosa verdad:

Mas el Consolador, el Espíritu Santo, a quien el Padre enviará en mi nombre, él os enseñará todas las cosas, y os recordará todo lo que yo os he dicho (Jn 14:26).

Por lo tanto, esta es la obra gloriosa del Consolador: enseñamos las cosas del Señor Jesucristo, mientras vive en los creyentes y con ellos para siempre.

El camino a la paz (14:27-31)

¡Con qué frecuencia hay alguien que expresa un deseo lleno de añoranza por la paz en medio de este mundo turbulento! El mundo está acosado por calamidades; las huelgas, los motines, y la guerra aumentan mes a mes, tanto que aquellos que no tienen el amor de Dios y la gracia de Cristo Jesús habitando dentro de ellos por medio del Espíritu están fuera de sí, llenos de preocupaciones y temores.

La palabra de Jesús habla de seguridad y consuelo:

La paz os dejo, mi paz os doy; yo no os la doy como el mundo la da. No se turbe vuestro corazón, ni tenga miedo (Jn 14:27).

Es cierto que nunca es sencillo, ni para un cristiano, vivir en un mundo tan lleno de problemas. El Señor Jesús mismo era un "hombre de dolores, conocedor de quebrantos", y sabía lo que era derramar lágrimas. Muchos sucesos nos perturban, y hay muchos pesos que a veces parecen muy grandes. No hay ninguna promesa en la Palabra de Dios de que vayan a cesar las cargas, pero sí está la promesa de que él nos dará fuerza y gracia para llevarlas, a medida que como creyentes nos acerquemos más a él.

Hay mucha gente hoy en día que habla de paz, y embargo hay muy poca que parezca tener paz de corazón. La palabra "paz" se halla en la boca de casi todos, pero hay muchas cosas diferentes que se quieren decir con ella, a pesar de ser una palabra tan pequeña: paz. Sólo es posible conocer su auténtico significado cuando tenemos una cierta medida de paz. La profundidad de la paz de una persona depende de lo profundamente que pida la ayuda del Espíritu Santo. Mucha gente parece pensar que "la paz de Dios" es algo reservado para un futuro muy distante. No comprenden qué significa tener paz de corazón en este mismo momento, hoy, ahora mismo. Estar en paz no quiere decir que cese toda actividad. La paz no consiste en sentarse perezosamente, sin hacer nada en absoluto. Un hombre paralizado se encuentra quieto, absolutamente quieto, pero esto no es razón para que se piense que está en paz. Si un grupo de muchachos en un campo de juego es atacando de pronto por un perro furioso, seguro que correrán a juntarse y se apiñarán unos contra otros, sin apenas atreverse a moverse; pero estarían muy lejos de sentirse en paz. No; la paz no es el cese de la actividad, sino más bien la eliminación de la discordia y el descontento. No hay conflictos cuando la paz de Dios es la que gobierna el corazón y la cabeza.

Quede pues entendido que la paz no es cuestión de que todos seamos iguales. No se dice que un pueblo se halle en paz porque todos sus residentes piensen, actúen, y hablen de la misma forma. Tampoco la paz consiste en la ausencia total de peligro. Nadie puede caminar por una calle, ni viajar a ninguna parte, sin enfrentarse al peligro. El peligro es algo que está por todas partes, momento tras momento, en este mundo entero. Sin embargo, la persona puede tener paz en medio del peligro.

Además, vale notar que la paz no es la liberación total de la frustración. Habrá cosas que la persona no que hacer y posesiones que no pueda adquirir. Puede que haya aspiraciones a la autoridad religiosa o cívica, o a la mejora en los negocios, que no lleguen a realizarse. Pero aún bajo estas circunstancias de frustración, es posible tener perfecta paz de corazón.

La paz es como la armonía

Quizá la mejor manera de describir la paz es comparándola con la armonía perfecta. La armonía en la música parece algo bien sencillo. Una persona que a lo mejor sólo toca seis u ocho notas en un piano o un órgano puede lograrla, y el efecto resulta muy agradable oído. Cuando estas notas diferentes se mezclan en forma agradable entre sí, el resultado es la armonía. Esta puede ser producida por un músico en un teclado, o por un centenar de músicos en una gran orquesta sinfónica.

También podemos comparar la paz con la salud. ¿Qué se quiere decir en realidad cuando afirmamos que alguien está saludable? ¿Cómo lo sabe? Los dientes y los oídos están saludables, en buenas condiciones, cuando no hay dolor ni molestia en ellos. Igual es cuando los órganos están sanos, y también con los demás miembros del cuerpo. Cuando todos trabajan juntos y son capaces de realizar bien el trabajo de un día, dejando alguna energía para algo de expansión también, el cuerpo se halla en paz. Pero, ¿significa esto que esté inerte o inactivo? No; el cuerpo se usa continuamente, las veinticuatro horas del día. El corazón nunca deja de latir, los pulmones continúan respirando en forma regular y pareja, y la sangre es bombeada por todas las partes del sistema circulatorio. Pero debido a cierta regularidad de ritmo, una cierta medida de paz invade todo el cuerpo. El significado completo de esta declaración de Jesús, lo sugiere la frase "mi paz", y la declaración que la sigue: "No os la doy como el mundo la da". ¿Cómo podría el mundo darnos algo parecido a la "paz de Dios que sobrepasa todo entendimiento"?

El mundo considera la "paz" como el estado en que tenemos todo lo que podemos desear. Todo lo que una persona desee para comer y beber; todas las posesiones que codicie, todas las oportunidades para divertirse, los juegos y los demás placeres. En resumen, la satisfacción completa de todo apetito sensual es lo que el mundo considera que es "paz". Sin embargo, ¿lo es?, ¿salirse con la suya en todo?

Y esta no es ciertamente la forma en que llega la paz que procede del Señor Jesucristo. "Mi paz os doy". ¿Mi paz? Recordemos que esto es lo que él dijo en el momento inmediatamente anterior a su ida al huerto de Getsemaní. Recordemos que Jesucristo entró en el huerto y oró hasta que estaba sudando como si fueran grandes gotas de sangre. Recordemos que estuvo rostro en tierra orando a su Padre con el corazón profundamente cargado. Su alma estaba inmensamente turbada, hasta la muerte. No era una carga ligera la que él llevaba. El, el que no tenía pecado, se iba a enfrentar a la experiencia de tomar sobre sí los pecados del mundo. Y él, que sabía lo que sucedería en aquel huerto, su agonía en oración, les dijo a los discípulos que esperaban: "La paz os dejo, mi paz os doy; yo no os la doy como el mundo la da. No se turbe vuestro corazón, ni tenga miedo".

La paz de Dios

Esta es la paz que nos viene cuando todo ha sido rendido a la voluntad de Dios. El creyente le cede todo a Dios, y a cambio, Dios cuida de él. Pongamos a su precioso cuidado todo lo que nos molesta y nos hace doler el corazón. Dejémoslo hacer las cosas a su modo: que sea él quien resuelva el problema, y el alma estará tranquila y en paz. ¡Esta es la paz de Dios! Y verdaderamente que sobrepasa todo entendimiento humano. Esta era la paz que inundaba el corazón y la mente de Jesucristo cuando se enfrentó al Calvario, con su carga de los pecados del mundo. Saldría de su agonía de oración en Getsemaní sabiendo todo lo que le esperaba de inmediato: la traición, los tormentos y la persecución de sus acusadores, el largo camino hacia el Gólgota, y por fin la muerte después de larga agonía. Y, sin embargo, tenía una paz profunda y permanente. Esta es "Mi paz", su paz.

¿Cómo podría Jesús tener una paz así, a punto de subir al Calvario? Es posible que no lo podamos comprender por completo, pero en parte la verdad queda señalada en Hebreos 12:2: "...por el gozo puesto delante de él sufrió la cruz, menospreciando el oprobio, y se sentó a la diestra del trono de Dios". En otras palabras, la paz que Jesús tenía estaba enraizada en la promesa de que su Padre lo guardaría aun a través de la muerte. Y este es el tipo de paz que puede alcanzar el creyente.

Dios les puede dar a los creyentes una paz que está libre del mundo y de todos sus problemas, temores, y cargas. Los cristianos no necesitan de placeres; no necesitan posiciones de riqueza ni de influencia; no necesitan salirse con la suya; no tienen que satisfacer cuanto impulso tenga la carne: ninguna de estas cosas es el camino hacia la paz. Los cristianos quieren la intimidad con Dios.

Quieren vivir en su presencia y ser agradables a su vista. Él puede realizar esta paz en sus corazones y sus vidas a medida que ellos se le entreguen. Les da la seguridad de que los guardará para siempre y vivirá para siempre en ellos por medio del poder de la presencia del Espíritu Santo. El mundo puede ir por su camino. Los cristianos son libres de su poder y su influencia. Dentro de ellos tienen una paz que el mundo no puede dar, y nunca les podrá quitar.

Jesús conocía esta experiencia gozosa en su plenitud.

Habéis oído que yo os he dicho: Voy, y vengo a vosotros. Si me amarais, os habríais regocijado, porque he dicho que voy al Padre; porque el Padre mayor es que yo (Jn 14:28).

En otras palabras, el Señor Jesús les estaba diciendo no sólo que pronto habría de sufrir hasta la muerte: su arresto por los soldados después de la traición, la vergüenza y la humillación en sus manos, la cruz y su agonía, y su muerte. También les hablaba de la gloriosa mañana de la resurrección y de la victoria. Además, les estaba tratando de aclarar a estos hombres, cuyos ojos aún se hallaban endurecidos por los terribles sufrimientos que él debía de padecer, que, si ellos lo amaban de veras, se debían sentir felices de que hubiera comenzado este proceso, y deberían regocijarse, porque a través de todo este sufrimiento él iba rumbo al Padre. Estar con el Padre para siempre, sin posibilidad de separación en el futuro, era una perspectiva de gozo tan maravillosa que hacía soportable cualquier dolor.

No hablaré ya mucho con vosotros; porque viene el príncipe de este mundo, y él nada tiene en mí. Mas para que el mundo conozca que amo al Padre, y como el Padre me mandó, así hago. Levantaos, vamos de aquí (Jn 14:30-31).

Llega un momento en los asuntos de los hombres en que no hay nada más que decir. Incluso es posible que haya la sensación de que Satanás parezca tener el control de las circunstancias. Una persona que vive en su propio hogar, donde debería esperar paz y gozo, encuentra en cambio situaciones duras y difíciles dentro de su propia familia. Hasta aquí pareciera que la mano del hombre se levantara contra él. Quizá otro se enfrente con la envidia y la mala intención en su negocio, o con una amenaza a sus intereses porque es fiel a Cristo. Estas cosas podrían ser inspiradas por Satanás, y es de suponer que el diablo encuentre deleite en acarrear deshonor sobre el nombre de Dios a través de este cristiano. La Biblia nos revela que él está constantemente tratando de desbaratar los propósitos de Dios en la vida del creyente. En un momento así, el seguidor de Cristo no tiene mucho que decir.

No hay mucho que decir cuando nos enfrentamos a las obras de Satanás. La defensa segura del cristiano está en esperar tranquilamente y confiar. Dejemos que Satanás siga haciendo sus cosas, porque lo único que puede hacer es destruir el cuerpo, y Dios puede levantar a los muertos.

Satanás, con permiso de Dios, puede quitarnos cosas de importancia material, pero no puede tocar la riqueza espiritual que está en Cristo Jesús y le pertenece a todo creyente por ser "coheredero con Cristo".

Jesús comprendió la razón exacta por la que se estaba sometiendo a las acciones de Satanás. "Mas para que el mundo conozca que amo al Padre, y como el Padre me mandó, así hago." ¿Qué más se podría hacer? Este "así hago" no se refería a que Jesús siguiera con su vida diaria, con las tareas que se le presentaban mientras trataba con las multitudes de hombres y mujeres necesitados y sufrientes. Iba derecho al juicio, a las acusaciones falsas, a los escupitajos y la vergüenza, a la condenación injusta, y a la muerte agonizante por medio de la crucifixión. Esto es lo que Jesucristo aceptó para que el mundo supiera que él amaba al Padre.

El testimonio de Jesús con respecto a su amor por su Padre fue expresado en la aceptación del dolor, los sufrimientos, y la muerte, tal como ningún otro hombre los ha conocido jamás. Amar al Padre significaba la realización completa de la voluntad del Padre en su vida, muerte, y resurrección.

Jesús terminó este período de instrucción con un sonoro llamado a la acción, a enfrentarse a todo lo que pudiera venir en la voluntad de Dios: "...Levantaos, vamos de aquí". Adelante, a enfrentar el sufrimiento y la muerte, adelante para demostrar que él amaba a Dios: este era el curso de acción que Jesús tomó con poder y paz en su corazón. Esta es la paz que Jesucristo ofrece a los creyentes de hoy, todos los días, mientras caminen por este mundo con su seguridad y su confianza puestas plenamente en él.

Capítulo 15: El Mayor Mandamiento (Juan 15:1-26)

Permanecer en Jesús

En la vida cristiana hay mucho más que la aceptación de Cristo Jesús como Salvador. Oigamos lo que el mismo Cristo dijo con respecto a esta vida:

> *Permaneced en mí, y yo en vosotros. Como el pámpano no puede llevar fruto por sí mismo, si no permanece en la vid, así tampoco vosotros, si no permanecéis en mí* (Jn 15:4).

Esto establece claramente la necesidad de vivir en comunión con Jesús, día tras día y momento tras momento. Les dijo estas palabras a sus discípulos mientras les estaba explicando que su vida espiritual saldría de él, y que no había manera de vivir, caminar, ni servir apartados de él. Les dijo abiertamente que eran incapaces de hacer la voluntad de Dios con su propia fuerza. Dar un paseo más allá de la aceptación inicial de Jesucristo como Salvador es aún más que tener al Espíritu Santo viviendo realmente en la vida del cristiano, aunque incluya esto. Es el concepto de caminar en la voluntad de Dios, siguiendo la orientación de Dios, siendo guiado interiormente por Cristo Jesús y motivado por el Espíritu Santo.

Jesús sabía que pronto sería crucificado, y sabiendo que sólo le quedaba un poco de tiempo con sus discípulos, se tomó este tiempo para prepararlos para la experiencia con la que habían de enfrentarse después que él hubiera partido de ellos en la carne. Cuando se hubiera ido su presencia corporal, ¿qué podían hacer? Estaban acostumbrados a volverse a él día tras día para hallar respuestas a sus preguntas. Él no se volvería a sentar nunca con ellos a la mesa, para compartir su fraternidad mientras compartían la comida. De manera que Jesús tomó este tiempo para enseñarles cómo sería la vida y qué recursos estarían a su disposición cuando su presencia personal ya no estuviera entre ellos.

Jesús comenzó su explicación usando una sencilla figura literaria: "Yo soy la vid verdadera, y mi Padre es el labrador".

La necesidad de podar

Todo pámpano que en mí no lleva fruto, lo quitará; y todo aquel que lleva fruto, lo limpiará, para que lleve más fruto (Jn 15:2).

La poda cuidadosa es necesaria para que tenga éxito la cosecha de frutos, y Jesús aprovecha el conocimiento de sus discípulos sobre el particular. Una rama sin frutos, simplemente hay que cortarla.

Es fácil para los que llevan poco tiempo de cristianos tener una idea insuficiente de lo que han de esperar en su nueva vida. Debido a esto podrían caer en situaciones de esterilidad espiritual. Es posible que crean que ahora cesarán todas sus preocupaciones y sobre todo quedarían libres de problemas serios: la vida será un pasatiempo agradable.

Sin embargo, cualquiera que haya andado la vía del peregrino por algún tiempo sabe que las cosas no son así. El cristiano puede ser llamado a enfrentarse con experiencias muy difíciles. Podrá verse en el caso, por ejemplo, de tener que desprenderse ele algo que considere muy precioso. Cuando se le quite tesoro puede que sienta que el Señor está en contra de él. Pero el Señor podría estar simplemente podando para que el creyente pueda dar más fruto para su gloria. Al llevarse lo que estaba monopolizando la atención y absorbiendo los afectos del corazón, Dios en realidad ha estado podando, a fin de que las energías del creyente puedan ser canalizadas en forma más de acuerdo con su voluntad. La poda se hace una y otra vez, mientras el jardinero vea que cierto árbol o planta lo necesita con el fin de producir mejores frutos.

Jesús continuó su enseñanza señalando lo que sucede después de que se ha hecho la poda. "Ya vosotros estáis limpios por la palabra que os he hablado" (v 3). "Limpios" significa que el creyente ha sido "podado" "...la palabra que os he hablado" —que quiere decir las Escrituras— es útil para podar. La lectura y el estudio cuidadoso de la Biblia tiene en realidad el efecto de limpiar por completo algunas cosas de la vida del cristiano que no están acordes con la voluntad de Dios. Este proceso es necesario y natural en el crecimiento. Muchos hábitos y actitudes, algunos de los cuales es posible que no sean malos en sí mismos ni perjudiciales para los demás, no son edificantes ni de provecho al carácter cristiano. Dios quiere que sean podados.

También deberíamos reconocer que en algunos casos la poda puede ocurrir a través de algún acto de la Providencia. Alguna calamidad o desastre, o puede que algún problema con otras personas, pudieran hacer necesario, o por lo menos aconsejable, que cesemos en ciertas prácticas. Es posible que el creyente ni se dé cuenta de que este cambio en su manera de vivir era importante para su crecimiento en la vida espiritual. El resultado puede ser un aumento de fruto para la gloria de Dios, que por su providencia hizo que este cambio o cambios sucedieran para mayor bendición del creyente.

El fruto de nuestra permanencia en Él

Jesús dice que él es "la vid" y los creyentes son "los pámpanos", y agrega: "Permaneced en mí, y yo en vosotros." Sigue diciendo que ninguna rama puede llevar fruto por sí misma; tiene que ser parte de la vid. Así, la relación entre el creyente y Cristo queda claramente establecida. Es miembro de Cristo como los pámpanos son miembros de la vid. Cuando esto es cierto, el pámpano produce fruto y asimismo los creyentes cuando permanecen en él. Las palabras "...separados de mí nada podéis hacer" simplemente quieren decir "separados de mí no podéis llevar frutos". Esto no significa que el creyente no pueda realizar el trabajo de un día, llenando un horario de ocho horas en la oficina o el taller para ganarse una vida decente para su familia. Tampoco significa que no pueda conducir un auto, ni dedicarse a cualquier forma ordinaria de actividad. Pero sí significa que no puede hacer nada para llevar fruto en la voluntad de Dios alejado del Señor Jesucristo. El creyente no puede vivir la vida cristiana plena separado de la fuerza de Dios que opera en él, es decir, sin "permanecer en la vid". Como maestro consumado, Jesús repitió su idea yendo más allá en el uso de esta figura de expresión.

> *El que en mí no permanece, será echado fuera como pámpano, y se secará; y los recogen, y los echan en el fuego, y arden* (Jn 15:6).

Todos hemos visto plantas así, incluso arbustos y árboles, en los que alguna parte estaba seca, muerta, marchita. Estas partes estaban aún unidas a la rama principal o al tronco. El jardinero viene más tarde y las poda, ramas grandes o pequeñas, y luego las quema. Esta verdad puede apreciarse también en el ámbito de lo espiritual cuando el que profesa ser creyente no permanece en Cristo ni da fruto para su gloria, por lo que es echado fuera como una rama mustia. Su vida no manifiesta gozo, ni abnegación, ni amor por Dios o por los demás. De nuevo vemos la habilidad del Maestro al usar el contraste:

> *Si permanecéis en mí, y mis palabras permanecen en vosotros, pedid todo lo que queréis, y os será hecho* (Jn 15:7).

Cuando el creyente pone toda su confianza en Dios, cuando la Palabra permanece en su corazón, esto es, cuando trata de hacer que su vida se conforme a la orientación del Señor y vive totalmente en su voluntad siguiendo las Escrituras según lo va guiando el Espíritu Santo, entonces, cuando pida lo que desee, Dios le concederá su petición. Es obvio que esto no quiere decir que podamos pedirle cualquier cosa ni todas las cosas. Sus peticiones estarán guiadas por el Espíritu si verdaderamente permanece en Cristo. Pronto descubrirá que lo que él quiere, de alguna manera habrá llegado a ser lo que el Señor quiere. La respuesta está en que el Señor está obrando en el corazón del creyente.

> *En esto es glorificado mi Padre, en que llevéis mucho fruto, y seáis así mis discípulos* (Jn 15:8).

La intención de Dios es producir fruto en la vida de aquellos que aceptan a Cristo Jesús. Dios está haciendo que esta obra se realice en la tierra a través de los creyentes; aquellos que permanecen en Cristo y dejan que el Espíritu Santo los guíe y los inspire. Decir que habrán de "llevar mucho fruto" es simplemente otra manera de expresar el cumplimiento del propósito divino; "así seréis mis discípulos".

Gozo completo

En la amistad íntima con Dios por Cristo hay aspectos aún más profundos, como Jesús expresó a continuación:

Como el Padre me ha amado, así también yo os he amado; permaneced en mi amor. Si guardareis mis mandamientos, permaneceréis en mi amor; así como yo he guardado los mandamientos de mi Padre, y permanezco en su amor. Estas cosas os he hablado, para que mi gozo esté en vosotros, y vuestro gozo sea cumplido (Jn 15:9-11).

Parece increíble que Jesús ame a los creyentes como el Padre lo ama a él. Esto pone de relieve la gracia de Jesucristo y pone seria responsabilidad sobre el cristiano, quien ha de corresponder con toda la dedicación de que sea capaz. Esta es la fuente de todo el gozo que el creyente pueda tener: es el gozo del Señor en su propio corazón, "para que mi gozo esté en vosotros". Este gozo no brota de la correspondencia en forma de servicio de parte del creyente, sino de esa realidad de que Dios en Cristo lo ama.

Esta maravillosa verdad significa que los cristianos han de confiar totalmente en su Señor. Han de mirar a Dios para edificar su fe y recibir orientación diaria, y han de entregarle la vida a él. El resultado ha de ser que en esas vidas se manifestarán cosas agradables a Dios, tales como "... amor, gozo, paz, paciencia, benignidad, bondad, fe, mansedumbre, templanza.", el fruto del Espíritu descrito por Pablo en Gálatas 5:22-23. Estas características del auténtico hijo de Dios crecerán en el cristiano. El Señor estará complacido y satisfecho y el creyente habrá de glorificar al Padre.

Jesús prepara a sus discípulos (15:12-19)

Es importante que los cristianos vean cómo Jesús preparaba a sus discípulos para vivir en este mundo sin su presencia corporal. Los creyentes de hoy viven sin verlo, excepto con los ojos de la fe. No pueden ver su cara, ni oír su voz; no pueden extender el brazo para tocarlo, y, sin embargo, dependen totalmente de él. Al recibir por fe sus enseñanzas y sus promesas, tal como las recogen las Escrituras, el cristiano sabe que Jesucristo vive y que lo ama, y que le habla a diario a través de su Palabra.

Jesús traza ciertas directrices para todos los creyentes, y Juan las recoge para que todos las vean y aprendan:

> *Este es mi mandamiento: Que os améis unos a otros, como yo os he amado. Nadie tiene mayor amor que este, que uno ponga su vida por sus amigos. Vosotros sois mis amigos, si hacéis lo que yo os mando. Ya no os llamaré siervos, porque el siervo no sabe lo que hace su señor; pero os he llamado amigos, porque todas las cosas que oí de mi Padre, os las he dado a conocer. No me elegisteis vosotros a mí, sino que yo os elegí a vosotros, y os he puesto para que vayáis y llevéis fruto, y vuestro fruto permanezca; para que todo lo que pidiereis al Padre en mi nombre, él os lo dé. Esto os mando: Que os améis unos a otros* (Jn 15:12-17).

Este es el modelo de vida que Jesús propuso para todos los que lo aceptaran y quisieran servirle. Afirma explícitamente: "Este es mi mandamiento: Que os améis unos a otros, como yo os he amado". Esta es una norma realmente elevada. Ya había señalado anteriormente su importancia cuando dijo:

"Amaos unos a otros"

> *En esto conocerán todos que sois mis discípulos, si tuviereis amor los unos con los otros* (Jn 13:35).

Deberíamos estudiar más de cerca la palabra "amor", porque tiene grados en su significación. En el Nuevo Testamento "amor" no es en absoluto una cuestión de emociones. Más bien es una
cierta actitud que gobierna los pensamientos, los impulsos, y las acciones hacia los demás. Cuando los cristianos se esfuerzan por hacer las cosas a favor de sus hermanos, se afanan por contribuir a la bienaventuranza y la felicidad de los demás cristianos. No es que el creyente considere a sus hermanos cristianos como perfectos, sino

que en la hora de necesidad el cristiano se llega a ellos para ayudarlos, llevarles aliento, o aconsejarlos. El amor de Dios llena el corazón del creyente y lo hace considerado hacia los demás, de manera que podemos decir que actúa en amor cuando se siente impulsado a manifestarles los frutos de la gracia de Dios.

Es difícil describir lo que quiere decir la palabra amor. No se puede ver con los ojos materiales, como tampoco nadie puede ver el viento que sacude las hojas de los árboles. El amor es un término descriptivo que designa la forma en que una persona actúa con respecto a las demás. La madre expresa amor por su hijo en el cuidado que le da; el joven le hace regalos a su joven favorita; el esposo proporciona bienestar a su esposa y satisface sus necesidades y deseos tanto como con los suyos propios. Cualquiera puede decir "yo te amo", pero es la conducta lo que habrá de probar o desmentir la afirmación. El amor se demuestra con hechos. El significado básico del amor en el sentido neotestamentario de la palabra es el interés en la felicidad y el bienestar de la persona amada. Amar a alguien es tratar de hacer que su experiencia en el mundo sea feliz, hacer de su bienestar un motivo particular de preocupación. Amad "... como yo os he amado", diría Jesús. "Nadie tiene mayor amor que este, que uno ponga su vida por sus amigos". Esto es lo que hizo Jesús por los hombres. Nadie puede dar más que su propia vida. Esa es la ofrenda máxima que puede ponerse en el altar del amor.

Amigos de Jesús

Jesús llevó esta analogía de las relaciones un paso más allá. Les dijo a sus discípulos que ya no eran sirvientes sino amigos. La norma de sus vidas no es solamente obedecerlo; han de tener comunión entre sí. "Os he llamado amigos.", les dice. Les hace comprender que los mantendrá al tanto de lo que va a hacer, a fin de que puedan cooperar voluntariamente con él en el desempeño de su labor.

No manifestó su gracia Jesús solamente con declarar que sus discípulos eran sus amigos, sino que fue un paso más allá, con una afirmación sumamente asombrosa y consoladora: "No me elegisteis vosotros a mí, sino que yo os elegí a vosotros." Su amistad con él no era algo que hubieran alcanzado ellos por su sabiduría o fortaleza, sino que era obra de él. Era él quien los había buscado a todos; era él quien había escogido a sus amigos. Esta verdad significa que Cristo se llega a los creyentes de hoy en día para tener comunión con ellos, y entonces les ordena salir y hacerse portadores de fruto.

Esta palabra ordena no se refiere a la ceremonia ritual en la que se "ordena" a un ministro o a un anciano. La palabra tal como se usa aquí significa en realidad preparar: preparar para una labor o un servicio determinados. Jesús les dijo que no sólo los había escogido sino también preparado para estar en el lugar mismo en que quería que estuviesen. Y esto es lo que sigue haciendo con los suyos: prepara el campo en que laboren y le asigna una tarea a cada uno.

A medida que crecemos en gracia y conocimiento como cristianos, vamos adquiriendo conciencia del hecho de que todo el bien que hemos hecho era —y es— totalmente idea del Señor, y no nuestra.

No es que el cristiano vague a tientas hasta encontrarlo a él; más bien es él quien busca y encuentra al creyente: "Yo os elegí a vosotros, y os he puesto para que vayáis y llevéis fruto, y vuestro fruto permanezca."

A veces le cuesta trabajo al creyente captar esto, en especial cuando está en los primeros pasos de la vida cristiana. Quizá se pueda ver más completamente si parafraseamos la declaración de Jesús usando un nombre imaginario, "Antonio". El pasaje diría: "Antonio no me escogió a mí, sino que fui yo el que escogió a Antonio y lo preparé para ir y dar fruto, y que su fruto permanezca, para que todo lo que Antonio le pida al Padre en mi nombre, él lo haga en obsequio de Antonio".

Al presentar la verdad de la relación vital entre el creyente y el Señor, señaló también Jesús el odio del mundo que se halla fuera de Cristo.

Si el mundo os aborrece, sabed que a mí me ha aborrecido antes que a vosotros. Si fuerais del mundo, el mundo amaría lo suyo; pero porque no sois del mundo, antes yo os elegí del mundo, por eso el mundo os aborrece (Jn 15:18-19).

Esto puede manifestarse en muchas esferas: en el taller, la escuela, la oficina, incluso en la casa, o en medio de nuestro propio círculo de amigos. Santiago nos dice que "cualquiera... que quiera ser amigo del mundo, se constituye enemigo de Dios" (Sg 4:4). Sin embargo, lo mismo es cierto también a la inversa: se puede decir que cualquiera que sea amigo de Jesucristo encontrará la activa enemistad del mundo en contra de él.

Cristo Jesús escoge a los creyentes, los saca del mundo, y los llama a sí. Cuando Juan usa el término "el mundo" se está refiriendo a la forma de vida que se basa en intereses, deseos, y propósitos humanos. Es la vida espiritual sometida a la voluntad del hombre, en oposición a la vida espiritual en la voluntad de Dios. El mundo puede ser cualquier lugar donde la gente esté viviendo según sus ideas y buscando su propio bien a base de sus propios esfuerzos. De manera que, en este uso particular de la palabra, el mundo está compuesto por aquellos que o se oponen o son indiferentes al evangelio de Cristo y a todo lo que está comprendido en su llamamiento y su unción para el servicio.

Lo que han de esperar los creyentes (15:20-26)

Habiendo descrito la estrecha relación existente entre el creyente y su Señor, Jesús continuó señalando el tratamiento que el creyente ha de esperar una vez que se encuentra abiertamente identificado con Cristo.

Hace pensar la realidad de que Cristo Jesús dejara la proclamación pública de su amor, su sacrificio, y su gracia redentora a sus discípulos después de que él regresara al Padre. Esta es, pues, la tarea de todos los creyentes que lo aceptan y lo sirven con corazón fiel y lleno de amor. Por eso él les señaló que el siervo no es mayor que su señor. Si a mí me han perseguido, también a vosotros os perseguirán; si han guardado mi palabra, también guardarán la vuestra (Jn 15:20).

Les advirtió así que no tenían por qué esperar un trato mejor que el que él había recibido y recibiría. Estaba refiriéndose al Calvario, ya en el futuro inmediato. A continuación, habló de que estaba sufriendo rechazo y les advirtió a ellos que el rechazo sería también su parte por el mismo motivo de ser discípulos suyos.

Esto es algo que los cristianos necesitan tener siempre presente. Si los creyentes pretenden ser fieles al Señor Jesucristo en su relación personal con él, y fieles en su testimonio de él ante el mundo, pueden esperar que el mismo mundo que lo rechazó a él se hará sordo a su testimonio y los rechazará a ellos. Esto es lo que hará la gente del mundo, no por los cristianos mismos en sí, sino porque estos testigos les están presentando las cosas de Dios, y es tan cierto ahora como lo era entonces que "... ahora no tienen excusa por su pecado" (v 22). Hemos, pues, de esperar el rechazo hostil y aun la oposición violenta.

Rechazo y persecución

A pesar de la certeza de este rechazo y de esta persecución, el evangelio debe ser predicado. Cristo Jesús murió por los que están perdidos. El vino para hacer todo lo necesario a fin de reconciliar a los pecadores con Dios. Siendo esto así, el evangelio ha de ser predicado en todo el mundo. Cristo Jesús mismo nos dio la Gran Comisión (Mt 28:18-20). Los misioneros deben salir a todas partes y predicar las buenas nuevas de que Jesús murió por los pecados.

Es sumamente importante que comprendamos y aceptemos el hecho de que esta predicación es lo que los padres hacen en la casa; lo que el predicador hace en el púlpito y en su vida diaria; lo que el maestro de la escuela dominical hace en la escuela dominical y durante la semana, y que actuemos en consecuencia. En todos los tiempos y en todo lugar, los cristianos, o están predicando el evangelio, o están poniéndole trabas a esta verdad salvadora. Algunas personas que no conocen a Cristo se hacen su propia opinión sobre él observando las acciones y las actitudes de sus seguidores. El ser humano nace con capacidad para la fe, como también nace con una disposición innata para la adoración, pero necesita que se le hable del amor de Dios tal como es manifestado en Jesús de Nazaret.

Sin duda, la razón por la que muchos no conocen a Cristo Jesús es que nadie les ha contado jamás la historia de Jesús y de su amor.

Sobre cada uno de los que creen en el Señor Jesucristo recae la responsabilidad real de dar testimonio.

Enseñar sobre Cristo, dar el mensaje del evangelio, no es suficiente. Tiene que haber una invitación a venir, creer, y aceptar. No es solamente proporcionar información; es la preocupación personal e inmediata porque la persona o personas que oyen respondan entregándose al Salvador: eso es lo importante. Nadie está predicando realmente el evangelio a menos que su mano esté extendida invitando a los pecadores a venir. A menos que haya una llamada urgente en el mensaje, una preocupación personal sincera porque el oyente venga y se convierta al Señor, ya sea desde un púlpito o en una clase de escuela dominical o en un encuentro fortuito en la escuela, la oficina, la barbería, o la tienda de ropa, el evangelio no habrá sido predicado realmente.

Anteriormente se ha hecho notar que Jesús les advirtió a sus discípulos que los cristianos que salen a hablar de Jesús y de su amor, tienen que aceptar una realidad: habrán de encarar oposición de ciertos elementos del mundo. El cristiano ha de ser testigo de Cristo, ha de compartir su vida, y por lo tanto puede esperar aceptación o rechazo, tal como le sucedió a él y le sigue sucediendo. Cuando las personas reciben la Palabra de Dios están en disposición de considerar como un amigo maravilloso al hombre que la está predicando; si rechazan el mensaje, estarán predispuestos a hablar del predicador en los términos menos amables. Esto es igualmente cierto con respecto al hombre que desde el banco de la iglesia testifica sobre la gracia de Dios en su vida. Es posible que encuentre muchas nuevas amistades en Cristo, o que se vea tildado de fanático, o considerado indigno de amistad. También es cierto esto en el caso de un padre que se ponga de pie en medio de su familia para defender la Palabra de Dios. Este padre podría encontrar que su hijo o su hija se le opone, e incluso llega a expresar odio por él. Al maestro de la escuela dominical que de veras está enseñando la Palabra de Dios e intentando dirigir a sus alumnos al conocimiento de Cristo como Salvador puede sucederle otro tanto. El Señor Jesús tiene unas palabras para todos aquellos que sufran vergüenza por su Nombre.

Mas todo esto os harán por causa de mi nombre, porque no conocen al que me ha enviado (Jn 15:21).

Lo que Jesús decía en realidad era que cuando la gente rechaza al cristiano a consecuencia de su testimonio no es a este en verdad a quien rechazan sino a Cristo: no es algo personal contra el creyente sino contra lo que está diciendo sobre Cristo y sobre el pecado del mundo. Esto hace que el rechazo sea no personal sino en realidad espiritual, puesto que está inspirado por una aversión hacia Dios.

Por qué se rechaza a los cristianos

Jesús fue más hondo aun en su explicación de la oposición del mundo. Les dijo a sus discípulos que, debido a que él había venido, los pecadores ahora "no tienen excusa por su pecado". Esto significa que habrán de odiar el ser puestos al descubierto, y les disgustará que su oposición sea llevada a la luz del día. Es posible encontrar esta actitud entre miembros de las iglesias e incluso entre maestros de escuela dominical. No es del todo infrecuente que haya alguien en una iglesia o en un círculo cristiano que parezca conocer realmente al Señor y manifieste aversión, y quizás incluso resentimiento, si algún otro se aventura a presentarle las cosas más profundas de Cristo. Esta hostilidad a Cristo tiene un origen profundo: "El que me aborrece a mí, también a mi Padre aborrece". Esta es una perspectiva útil para los que dan testimonio por Cristo, porque ayuda a comprender la conducta de los demás: cuando los hombres odian a Cristo es cuando expresan ese odio en su actitud con respecto a aquellos que están dando testimonio de él.

¡Jesús mismo comprendía muy bien por qué los hombres lo odiaban a él!

Si yo no hubiese hecho entre ellos obras que ningún otro ha hecho, no tendrían pecado; pero ahora han visto y han aborrecido a mí y a mi Padre (Jn 15:24).

Una de las razones por las que los pecadores habrán de aborrecer al cristiano que da testimonio hoy es porque el poder del evangelio ha sido manifestado, y el Señor Jesús ha sido presentado una y otra vez como el único Salvador, Guardador, y Amigo. El testimonio cristiano ha hecho una profunda impresión en todo el mundo. Cuando la gente de países paganos encuentra a Cristo, los resultados son más impresionantes, aunque aquí en nuestras tierras. Estas consecuencias están manifiestas a todos, y ponen a aquellos que rechazan a Cristo en la posición de tener una actitud equivocada. Esto les molesta. Esto es lo que los cristianos —y su Señor— han de soportar.

Capítulo 16: **Preparación (Juan 15:27-16:33)**

Jesús les da fortaleza (15:27-16:4)

Como ya hemos señalado, Juan recogió la forma en que Jesús iba preparando a los suyos para lo que habría de suceder después de su muerte, resurrección, y ascensión. Él sabía lo que les esperaba, y quería darles sabiduría y fortaleza para enfrentarse a los días que se avecinaban.

Después de tomar algún tiempo advirtiéndoles y preparándolos para resistir a la oposición con su entendimiento, estableció muy claramente que su misión sería dar testimonio.

Y vosotros daréis testimonio también, porque habéis estado conmigo desde el principio (Jn 15:27).

Sabía que sería llevado del mundo; sabía que tendría que dejarlos; sabía que lo matarían; y sabía también que sus ovejas se dispersarían. Pero al mismo tiempo sabía de las bendiciones que vendrían después de que él estuviera a la derecha del Padre, y quería que sus discípulos comprendieran esto. Quería que estuvieran listos para "cooperar con él, aun cuando lo vieran solamente con los ojos de la fe.

Les hizo una promesa concreta de que no los dejaría solos cuando les habló sobre el Espíritu Santo. Jesús les aseguró a los discípulos también que su Espíritu les aclararía muchas cosas que ellos todavía no podían comprender. Dios tenía el propósito, en su gran plan de salvación, de que el mundo entero conociera el evangelio. Estos discípulos habrían de comenzar el ministerio de la reconciliación compartiendo con el mundo el testimonio de lo que el

Calvario y la Resurrección significan. Estaban especialmente preparados para hacerlo, porque habían estado con su Señor desde el comienzo mismo de su ministerio, y ahora su Espíritu Santo les mostraría más sobre el significado auténtico de todo lo que Dios estaba haciendo en Cristo.

Estas cosas os he hablado, para que no tengáis tropiezo (Jn 16:1).

La palabra tropiezo conlleva un significado basado en la idea de una piedra con la que se tropieza. Les explica que les había dicho estas serias palabras de advertencia, porque no quería que tropezaran cuando apareciera la oposición. Se acercaba la persecución, y quería que estuvieran preparados por medio del conocimiento previo de lo que habría de suceder.

Os expulsarán de las sinagogas; y aun viene la hora cuando cualquiera que os mate, pensará que rinde servicio a Dios (Jn 16:2).

Los cristianos tienen que vivir en el mundo con las demás personas. En el mundo tienen que mantener relaciones con sus patronos, sus compañeros de trabajo, y sus vecinos. Tienen la responsabilidad de hablar con ellos, de darles testimonio, y de comunicarles el evangelio de Cristo. Pero siempre habrá resistencia a este mensaje. En todas partes hay personas que se sienten molestas ante el evangelio, y no quieren oír hablar de él, ni siquiera pensar sobre él. Esto es parte, por supuesto, del hecho de que estas personas han rechazado a Jesucristo y están conscientes de que su corazón no está bien con Dios.

Es posible que el creyente sea fiel en la oración, en la lectura y el estudio de la Biblia, en la asistencia a la iglesia, en la aportación de medios para la obra Señor; puede que esté buscando la guía de Dios, tratando de ser humilde y cooperador con sus vecinos, y amable con todo el que encuentre. Entonces, ¿por qué una oposición tan intensa? Jesús responde esta pregunta antes de que le sea formulada porque él sabía todo lo que puede saberse sobre persecución.

Jesús les advirtió a sus discípulos que "os expulsarán de las sinagogas." y es posible, incluso hoy, que se lancen acusaciones tales contra un testigo fiel de Jesucristo que hagan que sea llamado a disciplina en su propia iglesia. Jesús siguió predicando: "Y aun viene la hora cuando cualquiera que os mate pensará que rinde servicio a Dios". La oposición puede proceder de dirigentes religiosos sinceros, que piensen estar haciendo lo correcto al oponerse a lo que consideran enseñanza extremista. En realidad, hasta el simple acto de orar con fidelidad puede tener como resultado el antagonismo de la gente, aun dentro de nuestro propio hogar.

Jesús explica cómo puede suceder esta oposición:

Y harán esto porque no conocen al Padre ni a mí (Jn 16:3).

Jesús les está dando seguridad a los discípulos a fin de que no flaqueen en su testimonio, aun cuando se les presente una fuerte oposición.

Mas os he dicho estas cosas, para que cuando llegue la hora, os acordéis de que ya os lo había dicho (Jn 16:4).

Mientras él se hallaba personalmente con ellos los podía proteger directamente de la oposición. Pero ahora que los iba a dejar, quería que estuvieran preparados, para que no se desmoralizaran cuando viniera sobre ellos una persecución tan injustificada.

Lo que Jesús les dijo a los discípulos siempre ha sido cierto. En todo momento en que la fe de un cristiano parece estar siendo probada en forma indebida, deberíamos recordar que el Señor viviente sabía todos los detalles antes de que esto sucediera. El sufrió mucho por las mismas oposiciones y penas en sí mismo, y les da a sus seguidores la fortaleza necesaria para soportarlas.

Por esta razón, el cristiano debe llenarse de valor, porque cuando parece que está solo en su servicio o en su testimonio, no lo está en realidad.

Jesús debe irse (16:5-16)

Pero ahora voy al que me envió; y ninguno de vosotros me pregunta: ¿Adónde vas? Antes, porque os he dicho estas cosas, tristeza ha llenado vuestro corazón. Pero yo os digo la verdad: Os conviene que yo me vaya; porque si no me fuese, el Consolador no vendría a vosotros; mas si me fuere, os lo enviaré (Jn 16:5-7).

Sería difícil imaginar cómo podría haber algo mejor en la vida que tener a Jesús caminando junto a nosotros como persona de carne y hueso, día tras día. Sin embargo, el mismo Jesús habría de decir: "Os conviene que yo me vaya." Mientras el Señor Jesucristo se hallaba aquí en persona, caminando y hablando con ellos, el Espíritu Santo no les había sido enviado. (Por una aclaración, el Espíritu Santo no entró en los corazones de los creyentes hasta Pentecostés, que sucedió unos cincuenta días después de que Jesús había partido rumbo al cielo.)

> *Y cuando él venga, convencerá al mundo de pecado, de justicia y de juicio. De pecado, por cuanto no creen en mí; de justicia, por cuanto voy al Padre y no me veréis más; y de juicio, por cuanto el príncipe de este mundo ya ha sido juzgado* (Jn 16:8-11).

La palabra convencer, en el original, lleva en sí el significado de persuadir. De modo que el Espíritu Santo habrá de convencer o persuadir al mundo de pecado, justicia, y juicio.

Con hacer llanas y reales las cosas de Cristo Jesús, el Espíritu Santo puede mostrar el pecado por contraste con lo que es totalmente recto en Jesús. Así mostrará el ejemplo perfecto de justicia. A la luz de una ilustración perfecta, cualquiera puede comprender lo que es realmente la auténtica justicia. Con su muerte, Jesús reveló el juicio de Dios sobre el pecado. Al mirar al Calvario, cualquier persona en cualquier lugar del mundo puede saber qué es lo que hará Dios con el pecado. Es parte de la obra del Espíritu Santo presentar las cosas de Jesucristo de tal manera que los hombres sepan con seguridad cuál es la verdad sobre el pecado, la justicia, y el juicio.

"Las cosas que habrán de venir"

Después de esto, Jesús les dijo que aún había muchas cosas que decir.

> *Pero cuando venga el Espíritu de verdad, él os guiará a toda verdad; porque no hablará por su propia cuenta, sino que hablará todo lo que oyere, y os hará saber las cosas que habrán de venir* (Jn 16:13).

"Las cosas que habrán de venir"... ¡qué promesa! Ellos conocían el pasado: su nacimiento de una madre virgen: el Cordero de Dios que quita el pecado del mundo. Habían visto su bautismo y al Espíritu Santo que venía a posarse sobre él; habían oído su predicación y sus enseñanzas; habían visto los milagros; lo habían oído prometer que quienes confiaran en él nunca morirían: todas estas cosas habían sido dichas y hechas. Sin embargo, ahora había cosas en el porvenir.

Cuando Jesús dijo: "Aún tengo muchas cosas que deciros", no quiso decir que estas cosas habrían de cambiar lo que ya había sido dicho. A continuación les dijo: "Cuando venga el Espíritu... él os guiará a toda verdad". El no hablaría de sí mismo sino de Cristo. Qué parecido a lo que Jesús había dicho: "No puede el Hijo hacer nada por sí mismo, sino lo que ve hacer al Padre." "Mi Padre hasta ahora trabaja, y yo trabajo". También había dicho que el Hijo no dice nada de sí mismo. El Padre dice las palabras, y el Hijo las repite.

> *El me glorificará; porque tomará de lo mío, y os lo hará saber. Todo lo que tiene el Padre es mío; por esto dije que tomará de lo mío, y os lo hará saber. Todavía un poco, y no me veréis; y de nuevo un poco, y me veréis; porque yo voy al Padre* (Jn 16:14-16).

El significado de la palabra glorificar ha sido expuesto anteriormente: "terminar una obra". Jesús les está diciendo aquí a sus discípulos que el Espíritu Santo vendrá y lo glorificará a él; hará que termine aquello que Jesús vino a hacer. Recibirá las cosas de Jesús, cosas que el Hijo y el Padre tienen en común, y las mostrará a los discípulos y a todos los creyentes. Todo lo que el Espíritu Santo revele pertenecerá al Señor Jesucristo.

Debe haberles parecido extraño a los discípulos que Jesús les dijera que por algún tiempo no lo verían, y después volverían a verlo, "porque yo voy al Padre". La muerte por crucifixión, y después los tres días en la tumba, estaban a punto de suceder. Después de esto tendría lugar la resurrección, seguida por cuarenta días en que compartirían de manera esporádica con su cuerpo resucitado, y por fin la separación definitiva de la vista humana cuando ascendiera al Padre. Después de esto vendría el don del Espíritu Santo, quien habría de revelar las cosas de Cristo a sus seguidores de todos los tiempos que habrían de venir.

Los creyentes se hacen más conscientes de la justicia y tienen un anhelo de santidad mucho más fuerte cuando se dan cuenta de que Dios no sólo está vivo, sino que están constantemente en su presencia. Esta comprensión se convierte en una exhortación a llevar una vida de santidad y servicio abnegado.

"Todavía un poco" (16:16-33)

Cuando Jesús continuó enseñando, hablaba de lo que le iba a suceder a él y de su efecto en los discípulos: habría angustia, pero después vendría el gozo. "Todavía un poco, y no me veréis", esta es la angustia. "...y de nuevo un poco, y me veréis, porque yo voy al Padre", este es el gozo. Los discípulos estaban intrigados; sus ojos se habían entenebrecido, y se había esfumado su comprensión con respecto al futuro. Decían:

...¿Qué quiere decir con: Todavía un poco? No entendemos lo que habla (Jn 16:18).

De la angustia al gozo

Sencillamente, no eran capaces de captar lo que él quería decir. Jesús no predijo en detalle la forma en que habrían de suceder las cosas, pero les infundió confianza en que su angustia se convertiría en gozo.

De cierto, de cierto os digo, que vosotros lloraréis y os lamentaréis, y el mundo se alegrará; pero, aunque vosotros estéis tristes, vuestra tristeza se convertirá en gozo (Jn 16:20).

Esta parece ser la forma ordinaria de la experiencia espiritual. Jesús usó la imagen del gozo de una madre con su hijo recién nacido, para mostrar cómo les irían las cosas a los discípulos. La madre siente dolor y pena en su parto, pero cuando el pequeño está en sus brazos, se olvida de la pena y del sufrimiento, y se regocija en el minúsculo recién nacido, "...por el gozo de que haya nacido un hombre en el mundo". También el cristiano ha de regocijarse cuando vea lo que le espera de bendición y de gloria. Con ello podrá olvidar las dificultades que le presente su experiencia humana.

Al continuar su enseñanza, Jesús describió el tipo de experiencia que les proporcionaría gozo a quienes creyesen en él.

En aquel día no me preguntaréis nada. De cierto, de cierto os digo, que todo cuanto pidiereis al Padre en mi nombre, os lo dará. Hasta ahora nada habéis pedido en mi nombre; pedid, y recibiréis, para que vuestro gozo sea cumplido. Estas cosas os he hablado en alegorías; la hora viene cuando ya no os hablaré por alegorías, sino que claramente os anunciaré acerca del Padre. En aquel día pediréis en mi nombre; y no os digo que yo rogaré al Padre por vosotros, pues el Padre mismo os ama, porque vosotros me habéis amado, y habéis creído que yo salí de Dios. Salí del Padre, y he venido al mundo; otra vez dejo el mundo, y voy al Padre (Jn 16:23-28).

Esta era la visión de futuro que les presentó a los discípulos, y es válida para los creyentes de hoy. A medida que los cristianos van caminando con su Señor a la luz de la Biblia, sus oraciones van siendo contestadas. Jesús les dijo a sus discípulos que en su oración no sería necesario pedirle a él porque el mismo Padre los amaba; el Padre los oiría y les respondería. "En aquel día no me preguntaréis nada". Entonces continuó dándoles ánimos cuando les aseguraba: "Todo lo que pidiereis al Padre en mi nombre, os lo dará". De esta manera Jesús los estaba animando a entrar hasta la presencia misma de Dios Padre. Debían recordar que su Señor y Salvador se había entregado a sí mismo por ellos, y usando su nombre, reclamarían una respuesta a su oración. Esta enseñanza es lo que da a los creyentes la bendita seguridad de que mientras vivan en comunión con Cristo Jesús por medio de la fe en él, pueden esperar que su oración sea contestada, según es su voluntad.

Cuando estaba terminando su discurso, Jesús se detuvo a mostrarles que los sucesos que estaban a punto de tener lugar estaban relacionados todos con su propósito de venir a salvarlos. Cuando Jesús hablaba de venir del Padre, estaba haciendo una referencia a Belén.

Cuando usó la expresión "...otra vez dejo el mundo y voy al

Padre", se estaba refiriendo al Calvario y a los sucesos posteriores. Las autoridades pensaban que estaban condenando a muerte a un hombre y dando así fin a su carrera. No sabían que él era el Hijo de Dios, y que ellos no tenían poder sobre él sin la voluntad permisiva del Padre y sin su propia aceptación de la voluntad de su Padre. Todo lo que sucedió se hallaba en sus planes. Aquel "Consumado es" señalaba su regreso al Padre. Jesús les predijo a los discípulos sobre su propio miedo y sobre la traición que él sabía que se avecinaba, al decirles: "...seréis esparcidos cada uno por su lado, y me dejaréis solo."

Solo no

Entonces, señaló otra verdad; la de que en realidad, no lo dejarían solo: "...mas no estoy solo, porque el Padre está conmigo" (v 32). Con estas palabras estaba enseñando que los cristianos pueden contar siempre con la presencia de Dios con ellos. Siempre que los dejen solos, ya sea porque los seres amados se vayan del hogar, o por causa de la persecución, no están realmente solos. La misericordiosa presencia del Padre se halla siempre con ellos y su cuidado amoroso los rodea.

Al llegar al final de este momento de instrucción, Jesús les asegura a sus discípulos que todo se halla bajo la mano de Dios. Sus intenciones serán cumplidas, aun en medio de sucesos dolorosos; de hecho se verán realmente fortalecidos en ellos.

Estas cosas os he hablado para que en mí tengáis paz. En el mundo tendréis aflicción; pero confiado, yo he vencido al mundo (Jn 16:33).

De manera que la victoria final y completa le pertenece al cristiano. Jesús estaba victorioso en su hora de prueba, y la paz, el gozo, y la victoria del creyente están basados en la victoria espiritual y eterna de Jesucristo. Es posible tener paz y gozo en este mundo pecador y enemigo de hoy. Es normal esperar que al hacerse cristiano el creyente pueda tener la seguridad de que todo obra para su bien. Esto es cierto con respecto al final, pero el camino de la vida puede complicarse con muchas pruebas y mucho dolor y sufrimiento. Esta fue la clara enseñanza de Jesucristo en el momento en que se enfrentaba con su hora de angustia y de muerte.

Capítulo 17: La oración de Jesús (Juan 17)

La hora ha llegado (17:1-8)

Estas cosas habló Jesús, y levantando los ojos al cielo, dijo: Padre, la hora ha llegado: glorifica a tu Hijo, para que también tu Hijo te glorifique a ti (Jn 17:1).

La voluntad de Dios tiene un propósito y un objetivo. Dios lleva las cosas hasta esa culminación. El plan para la vida de Jesús de Nazaret habla sido cumplido. Ahora faltaba la muerte, y habría de ser la muerte de la deshonra: la muerte de un criminal común sobre una cruz. Jesús no sólo tenía conocimiento pleno de todo esto, sino que además estaba dispuesto a aceptar el plan de Dios, su Padre. Pudo decir: "Padre, la hora ha llegado", y llevar a su cumplimiento los propósitos de Dios.

El capítulo decimoséptimo de Juan es el capítulo de la oración. En él se recoge lo que ha sido llamado "oración sacerdotal de Jesucristo". Lo correcto es leerlo con un sentido de honra y reverencia, porque aquí se nos dice lo que el Hijo de Dios le dijo a su Padre. En realidad, aquí tenemos una revelación de la comunión pura con Dios. Él dijo estas cosas para beneficio nuestro, para que pudiéramos conocer la relación existente entre él y su Padre.

Si se nos hace la pregunta: "¿Qué vino a hacer Jesucristo?", la respuesta debería venirle de inmediato a la mente a todo cristiano: "...para que dé vida eterna a todos los que le diste" (v 2). Las palabras vida eterna se refieren a la vida que viene solamente de Dios. Esta no es una extensión de la vida que la persona tiene actualmente mientras transcurre su existencia natural. Es una vida nueva impartida por Dios; la vida misma del Padre. Esta es la vida de Dios en el alma, cuando los creyentes vienen al conocimiento del único Dios verdadero y de Jesucristo, a quien Dios ha enviado con este mismo propósito.

Jesús llamó a su Padre "único Dios verdadero". Muchas personas tienen otros dioses nacidos de su propia creación y de su pensamiento. El hombre es brillante para imaginarse los dioses que quiere adorar, pero sólo hay un Dios verdadero. Él no es la opinión combinada de diversos cultos o religiones. Él es real, cierto, "...*Rey de los siglos, inmortal, invisible, el único y sabio Dios.*" (1 Tm 1:17). Él es en sí mismo lo que es, sin que interese la opinión de nadie más.

La glorificación del Padre

Jesús hace uso nuevamente de la idea de la glorificación de Dios:

Yo te he glorificado en la tierra; he acabado la obra que me diste que hiciese. Ahora pues, Padre, glorifícame tú al lado tuyo, con aquella gloria que tuve contigo antes que el mundo fuese (Jn 17:4- 5).

Estas afirmaciones son paralelas: la una significa lo que dice la otra. Así surge clara la enseñanza de que la obra real de Jesucristo en la tierra fue terminar lo que se hallaba en la mente, el corazón, y las intenciones de Dios Padre. Pablo escribiría sobre esto:

Porque somos hechura suya, creados en Cristo Jesús para buenas obras, las cuales Dios preparó de antemano para que anduviésemos en ellas (Ef 2:10).

Por lo tanto, las personas redimidas son el plan de Dios llevado a su perfección y en ellas son glorificados Dios y Cristo.

He manifestado tu nombre a los hombres que del mundo me diste; tuyos eran, y me los diste, y han guardado tu palabra. Ahora han conocido que todas las cosas que me has dado proceden de ti; porque las palabras que me diste, les he dado; y ellos las recibieron, y han conocido verdaderamente que salí de ti, y han creído que tú me enviaste (Jn 17:6-8).

Cristo Jesús está como realizando un recuento para Dios con respecto a aquellos que Dios le había encomendado. "Han guardado tu palabra... las palabras que me diste, les he dado... ellos las recibieron... y han conocido verdaderamente que salí de ti". Estas palabras les proporcionan gozo y consuelo. a los creyentes, porque todo esto se refiere a todo cristiano, a todos los que aceptan a Cristo Jesús como Salvador y Señor. Jesús está diciendo en este momento: Padre, estos me han seguido, y han sabido responder al mensaje. Son dignos de esta gloria.

Jesús ora por los suyos (17:9-14)

Cuando se estudia con reverencia este relato de Juan, se ve con claridad que Jesucristo ora por los creyentes en una forma en que no ora por los demás. Los cristianos se hallan para él en un círculo especial de cuidado, amor, e intercesión. Así que eleva su corazón a Dios para decir:

Yo ruego por ellos; no ruego por el mundo, sino por los que me diste; porque tuyos son, y todo lo mío es tuyo, y lo tuyo mío, y he sido glorificado en ellos (Jn 17:9-10).

En estas palabras, que tanto le sirven de apoyo y de consuelo al corazón de todo el que cree, se halla una verdad que es casi asombrosa cuando se descubre, por lo que significa en sí misma.

El evangelio cristiano es conocido de ordinario por el público en general. En Navidad, los hombres y las mujeres cantan villancicos que están llenos de significado, aun para el corazón menos preocupado. Hay iglesias por todas partes. Probablemente sean pocas las personas de nuestros países que no hayan oído orar o cantar himnos. Aunque con frecuencia la Biblia permanece desconocida y sin leer, la mayoría de las personas educadas tienen la idea de que "saben" qué hay en ella. Correcta o equivocada, basada solamente en el consenso común de la opinión pública, la gente del mundo se ha construido una imagen de Jesucristo. Tienen ideas acerca de él, que no son muy exactas, sin embargo, están bastante bien definidas en su mente. El factor que preocupa es que con frecuencia, la imagen de Jesucristo, tan popular y corriente entre la gente, sencillamente no corresponde a la realidad auténtica de Jesucristo, tal corno lo describen las Escrituras.

Se da por supuesto con gran facilidad que Jesucristo ha de tratar a todos los hombres de igual manera. Se pueden "interpretar" las Escrituras para que signifiquen lo que queramos. Alguno dirá: "Dios no hace acepción de personas", mientras otros señalarán que Jesucristo tiene que tratar a todos los hombres, las mujeres, y los niños de igual forma, ya sean ricos o pobres, jóvenes o ancianos, grandes o pequeños; todo esto es verdadero en cierto modo. Ciertamente es verdad con respecto a los pecados de los hombres y al llamado a tornarse a Dios. La invitación se hace a toda persona que esté en el mundo de hoy: todo el que quiera, puede venir. Esto es cierto. Pero la obra hecha por Jesucristo, el resultado real de creer en su muerte expiatoria en la cruz, y las consecuencias que de ella se siguen no son para todos.

Estos beneficios son solamente para aquellos que acepten la oferta, que confiesen sus pecados y pidan a Dios ser limpios por medio de la sangre derramada por Jesucristo; específicamente, para aquellos que crean. Juan detalló cuidadosamente esto en el prólogo del libro (Jn 1:12).

¡Verdad gloriosa para los creyentes! Jesús ora por ellos. Si los cristianos tan sólo pudieran captar esto en su plenitud, creerlo en forma implícita, descansar confiadamente en ello, ¡qué cambio habría en su experiencia! Nada podría ser más llano en su significado: "Yo ruego por ellos; no ruego por el mundo". El promete "terminar su obra", ser glorificado en sus seguidores. Qué humildes debería hacer a los cristianos el saber que él los va a usar como instrumentos en sus manos para la realización plena de sus santos propósitos. Ciertamente no se necesita un estímulo mayor para llevar una vida de entrega y obediencia.

Uno en Cristo

Y ya no estoy en el mundo; mas estos están en el mundo, y yo vaya ti. Padre santo, a los que me has dado, guárdalos en tu nombre, para que sean uno, así como nosotros (Jn 17:11).

Los creyentes deben ser uno en Cristo. Han de fundirse en una sola unidad en él. Si un hombre adopta un hijo, y ya tiene tres, el hijo adoptado toma su nombre, recibe el mismo trato que los otros tres, y es considerado como suyo propio. La familia tendrá ahora cuatro hijos. Esta comunión es el motivo por el que oraba Jesús mientras preveía el momento de su partida.

> *Cuando estaba con ellos en el mundo, yo los guardaba en tu nombre; a los que me diste, yo los guardé, y ninguno de ellos se perdió, sino el hijo de perdición, para que la Escritura se cumpliese* (Jn 17:12).

A manera de ilustración sobre la forma en que los discípulos serían mantenidos juntos en unidad, dijo: "Yo les he dado tu palabra." Este era el gran medio de mantenerlos unidos. La Biblia es mucho más importante de lo que la gente piensa de ordinario. Es la misma comida vital de los creyentes. El cristiano verdadero es el que busca la verdad, tal como aparece en las Escrituras, y se alimenta de ella para la edificación de su espíritu.

Nuestra relación con el mundo (17:15-26)

El Señor Jesucristo oró mucho más de lo que está relatado. Hubo momentos en que se pasó toda la noche en oración. Su comunión con su Padre era, en gran parte, privada y aislada. Incluso el grupo íntimo de los doce conocidos como sus discípulos no siempre tenía conocimiento de sus momentos de oración. Esta oración es la única larga que aparece en las Escrituras. Sin embargo, ahora, a la derecha del Padre en el cielo, él ora constantemente por los creyentes.

Podemos tener una idea de la forma en que ora por la narración de Juan.

> *No ruego que los quites del mundo, sino que los guardes del mal. No son del mundo, como tampoco yo soy del mundo. Santifícalos en tu verdad; tu palabra es verdad* (Jn 17:15-17).

La palabra santificar significa en realidad apartar. De manera que Jesús le estaba pidiendo al Padre que apartara a los suyos que se hallan en el mundo para conservarlos para sí. Es obvio que Jesús ve a sus discípulos en el mundo "como extranjeros y peregrinos". Él no quiere que compartan las cosas del mundo como si pertenecieran a él. Por estar en el mundo, se enfrentarán con el mal, pero Jesús le pide al Padre que los guarde de complicarse con él.

Se puede reconocer a los cristianos como personas que hacen cuanto pueden para servir a Dios y hacer su voluntad. ¿Cómo deberían pensar con respecto al mundo? Podría servirles de ayuda imaginarse a sí mismos como un barco en medio del océano. No hay necesidad de alarmarse por la profundidad del océano, ni tan siquiera por las olas que podrían voltear el buque mientras este no deje que el océano se meta en él. El barco sobre el mar no presenta problema alguno, pero el mar dentro del barco sí sería un desastre. Los cristianos pueden vivir con Dios en el mundo mientras el mundo no se logre meter en sus corazones.

Los cristianos tienen que vivir en el mundo. Esto no tiene por qué dañar a la iglesia ni a sus miembros en particular. Pero si, en el transcurso de su asociación diaria con la gente del mundo, lo mundanal se introduce en la iglesia, de tal manera que los asuntos mundanos penetren en la comunión espiritual del grupo, entonces los cristianos habrán "provocado una avería", por así decirlo, y su vida y testimonio sufrirán. Se ve claramente que esto es lo que Jesús quería decir, cuando dijo: "No ruego que los quites del mundo, sino que los guardes del mal". Los malos hábitos, las malas asociaciones, pensamientos, y hechos proceden de la intimidad con hombres mundanos. "Santifícalos en tu verdad; tu palabra es verdad". La fidelidad a la verdad de Dios, tal como la expresa la Biblia, es el resguardo del barco cristiano mientras navegue por los mares del mundo.

Enviados al mundo

Como tú me enviaste al mundo, así yo los he enviado al mundo (Jn 17:18)

Verdaderamente, Jesús era el "enviado" de Dios, enviado para nuestra redención, para perfeccionar la salvación de todos los que creyeran en él. Fue enviado al mundo para redimir a todos los que a él se allegaran. Jesús no tiene la intención de hacer que su pueblo salga del mundo y se aparte y viva en alguna torre de marfil. Los envía al mundo con sus intenciones, su misión, y su mensaje. El Señor Jesús no vino a disfrutar ni a realizar nada por su propia iniciativa, o a adquirir riquezas o fama. No hizo pintura ninguna, no escribió ningún libro, no construyó un imperio ni inventó un motor o dirigió un ejército. En cuanto al mundo se refiere, no hay otro motivo por el cual Jesús fuera enviado que el de "buscar y salvar" a los perdidos. Este mismo Jesús les dice a sus seguidores: "Como Dios Padre me envió, así yo os envío a vosotros".

Cuando una persona recibe a Jesús como Salvador, se convierte en hija de Dios. Dios la cuenta entre los suyos. Puesto que el cristiano es realmente hijo de Dios, ¿por qué no iba Dios a tomarlo de una vez a casa consigo? Puesto que ha salvado al creyente del pecado y de las cosas del mundo,

¿por qué no sacarlo inmediatamente de este mundo malvado presente y llevarlo a su presencia para siempre? Dios tiene otros a los que quiere ganar. Hay hombres y mujeres que necesitan conocer su plan de salvación, porque él los quiere también para que sean suyos. La única forma de llegar a ellos es por medio del testimonio de los creyentes que han nacido de nuevo a la vida nueva en Cristo Jesús. Cuando una persona se llega a él tal como es, acepta a Cristo y es salvada por gracia, cree en él, confía en él y busca su voluntad, Dios usará también a esa persona. La enviará al mundo como se envía a un pastor en busca de las ovejas perdidas, para traer a los demás ante él.

Jesús dio un paso más en su explicación con respecto a su propio compromiso con los creyentes: Y por ellos yo me santifico a mí mismo, para que también ellos sean santificados en la verdad (Jn 17:19).

A pesar de que él era el Señor de todo y Cabeza de la Iglesia, se apartó a sí mismo para la tarea de salvar a los perdidos. Deliberadamente se dedicó a esta única cosa, y como miembros de su Cuerpo, los creyentes comparten su compromiso.

Mas no niego solamente por estos, sino también por los que han de creer en mí por la palabra de ellos (Jn 17:20).

"Para que todos sean uno"

Hasta en aquel momento en que se enfrentaba a la cruz, estaba pensando en todos los que habían de creer en él a través de los siglos.

Continuaba teniendo la compañía de todos los creyentes en su mente, mientras explicaba la unidad que habría en su experiencia.

> *Para que todos sean uno; como tú, oh Padre, en mí, y yo en ti, que también ellos sean uno en nosotros; para que el mundo crea que tú me enviaste* (Jn 17:21).

Podría decirse que debido a que esto fue escrito por hombres de hace cientos de años, no debería imponerles carga alguna a los creyentes de hoy. Sin embargo, el lenguaje de los versículos veinte y veintiuno no deja lugar a dudas. Él estaba orando por todos los creyentes. ¡Qué maravilla y qué gozo hay en ese conocimiento! Ora todavía por todos los que creen en él.

> *La gloria que me diste, yo les he dado, para que sean uno, así como nosotros somos uno. Yo en ellos, y tú en mí, para que sean perfectos en unidad, para que el mundo conozca que tú me enviaste, y que los has amado a ellos como también a mí me has amado. Padre, aquellos que me has dado, quiero que donde yo estoy, también ellos estén conmigo, para que vean mi gloria que me has dado; porque me has amado desde antes de la fundación del mundo. Padre justo, el mundo no te ha conocido, pero yo te he conocido, y estos han conocido que tú me enviaste. Y les he dado a conocer tu nombre, y lo daré a conocer aún, para que el amor con que me has amado, esté en ellos, y yo en ellos* (Jn 17:22-26).

Jesús termina este período de oración con un tema general: la idea de la unidad en Cristo. Esta no es una unidad externa, como la que se logra juntando las piezas de un rompecabezas. Debería ser la unidad interior que procede de la presencia del Espíritu Santo dentro de cada corazón creyente, uniéndolos a todos en un todo glorioso en Cristo, su Cabeza. Los creyentes deberían considerarse ramas injertadas en un árbol del cual son parte ahora. Cuando se adopta un hijo, se convierte en miembro de la familia, y toma su apellido, con todos los derechos y los privilegios. Así es también con los creyentes.

En la parte final de esta oración, manifiesta su gran amor por sus seguidores, por la preocupación que expresa con respecto a su experiencia personal. Quiere que sean bendecidos con la unidad con él y entre ellos mismos. Esta armonía les producirá gran gozo. Cuando el mundo vea esta unidad en comunión, reconocerá el mismo espíritu en ellos que el que se manifestaba en él cuando hacía todas las cosas que le agradaban al Padre. Con respecto a los discípulos mismos, pidió que pudieran estar con él para compartir su gloria por toda la eternidad. Quería que disfrutaran la bienaventuranza del amor de Dios para siempre, y esto sería posible en la comunión que ellos podrían tener en perfecta unidad con el Padre, con él, y entre sí.

Capítulo 18: Jesús ante Pilato (Juan 18)

Los cristianos deberían entrar en el estudio de estos últimos días de la carrera terrenal de Jesús con el corazón lleno de gratitud, admiración, y alabanza. Con todo, el estudio del relato sobre lo que le sucedió a Jesús revela lo que se puede esperar que les suceda a sus seguidores. El siervo no es mayor que su Maestro. Lo que le sucedió a él, podrá sucederle a cualquier cristiano que permanezca en él.

El arresto (Jn 18:1-11)

Juan da una narración sencilla y ajustada a los hechos de lo que sucedió. Jesús se hallaba en vísperas de la traición y del arresto. Este arresto tiene que haber sido una experiencia muy humillante. ¡Qué duro de aceptar para Dios! No sólo se le llevó custodiado, sino que la traición con la que se le entregó a los funcionarios de la ley partió de uno de sus escogidos: la suma de todas las humillaciones.

Aunque sabía que la traición estaba a la mano, Jesús siguió actuando como si nada. Cuando había terminado " de enseñar, se llevó a sus discípulos consigo y salieron a un cierto huerto para descansar y orar:

...Porque muchas veces Jesús se había reunido allí con sus discípulos (Jn 18:2)

De manera que continuó con su rutina de costumbre. No hay nada peor que ser traicionado por un amigo íntimo, pero Jesús sabía que así sucedería.

Pero Jesús, sabiendo todas las cosas que le habían de sobrevenir...

(Jn 18:4). Así que Jesús de Nazaret no fue sorprendido. Estaba preparado para esto.

Cuando los soldados llegaron a donde él estaba y le dijeron que buscaban a Jesús, no se escondió. Les dijo tranquilamente: "Yo soy". Era como si les hubiera dicho: "Arréstenme; yo soy el que buscan". Su tranquila declaración tuvo un efecto muy poco corriente en estos soldados romanos. Retrocedieron y cayeron en tierra.

> *Le respondieron: A Jesús nazareno. Jesús les dijo: Yo soy. Y estaba también con ellos Judas, el que le entregaba. Cuando les dijo: Yo soy, retrocedieron, y cayeron a tierra. Volvió, pues, a preguntarles: ¿A quién buscáis? Y ellos dijeron: A Jesús Nazareno. Respondió Jesús: Os he dicho que yo soy; pues si me buscáis a mí, dejad ir a estos; para que se cumpliese aquello que había dicho: De los que me diste, no perdí ninguno* (Jn 18:5-9).

No había razón alguna para que sus seguidores fueran aprisionados por los soldados. Por eso Jesús les dijo: Yo soy el hombre que ustedes buscan. Dejen ir en paz a los demás.

Pedro trata de ayudar

En este momento, Pedro se lanzó presto a defender a su Señor. Sacó su espada e hirió al siervo del sumo sacerdote, cortándole la oreja. Pero Jesús se volvió a Pedro con unas rápidas palabras para detenerlo.

Mete tu espada en la vaina; la copa que el Padre me ha dado, ¿no la he de beber? (Jn 18:11). Jesús se negó a ser libertado. Mateo señala que se trató de una decisión voluntaria de Jesús.

> *Acaso piensas que no puedo ahora orar a mi Padre, y que él no me daría más de doce legiones de ángeles* (Mt 26:53).

Cuando preparaba a sus discípulos, Jesús les había dicho que cuando llegara el momento de su muerte, deberían recordar que él entregaría su vida para tomarla de nuevo. Ahora que lo habían arrestado, con autorización de la voluntad de Dios, se negaba a aceptar ninguna liberación, entregando por tanto su vida, tal como había dicho que haría.

Los cristianos pueden aprender mucho de este incidente en el arresto de Jesús. En su obediencia a él, los creyentes pudieran tener también que enfrentarse con la hostilidad. Es posible que se enfrenten con la enemistad, e incluso con la traición en una u otra forma. Él fue traicionado por uno de los suyos, y esto le podría suceder a cualquier cristiano. Esta oposición no tiene por qué ser en ningún sentido motivada por el creyente; Judas fue personalmente responsable de su acto de traición.

Se puede dar por seguro que Judas estaba al tanto de la costumbre que tenía su Maestro de ir al huerto de Getsemaní para orar en el fresco de la noche. Podría guiar al enemigo hasta el lugar mismo.

Del lado del enemigo

Mateo nos informa que Judas traicionó a su Maestro y amigo con un beso, usando el gesto de la amistad auténtica para entregarlo al enemigo. La observación que hace Juan de que "...estaba también con ellos Judas." puede que cuente realmente la historia de lo que le sucedió a este hombre.

El que un cristiano ande en compañía de los enemigos de Dios es siempre una situación peligrosa. La asociación con los enemigos en el mundo tendrá ciertamente como consecuencias menos lectura de la Biblia, menos oración, menos uso del tiempo para adorar a Dios. El cristiano de hoy no puede traicionar a su Señor hasta llevarlo a la muerte, como hizo Judas, pero sí puede traicionar su amistad llena de amor.

Al parecer, el amor al dinero era una debilidad inherente a la naturaleza de Judas. En las vidas de algunos cristianos hay también ataduras internas, cosas amadas o deseadas más allá de toda mesura, no necesariamente pecaminosas en sí mismas pero que no están en la voluntad de Dios para ellos. Un deseo o un hábito así puede realmente convertirse en una trampa que paralice al creyente, impidiéndole seguir al Señor.

La negación de Pedro (18:12-27)

Observar a Jesús de Nazaret en estas últimas horas antes de morir por los pecadores no sólo resulta iluminador, sino que también hay mucho que aprender cuando miramos con cuidado y profundidad a algunos de los hombres que estaban con él, como por ejemplo a Simón Pedro, ya bien conocido por su hábito de hablar siempre que sentía el impulso de hacerlo. En este momento de la traición y el arresto, Juan nos relata:

...y seguían a Jesús Simón Pedro y otro discípulo... (Jn 18:15)

Muy pocos siguieron a Jesús aquella noche. La mayoría lo abandonó y huyó. Pero Pedro lo siguió, demostrando así su amor y su coraje. Parece claro que el otro discípulo era Juan. Centenares de personas habían estado alrededor de Jesús, pero sólo estos dos lo siguieron.

Se hace notar que era Juan el que tenía conocidos en la corte y fue el instrumento para lograr que Pedro fuera admitido en el recinto interior del palacio de Caifás.

...Salió, pues, el discípulo que era conocido del sumo sacerdote, y habló a la portera, e hizo entrar a Pedro (Jn 18:16).

Los que estudian estas cosas nos hacen notar que Juan habla de sí mismo llamándose "el otro discípulo". Es posible que haya sido conocido de la familia, o pariente del sumo sacerdote; el asunto es que se le permitió a Juan entrar al palacio y llevar consigo a un amigo. Será bueno que recordemos que se trataba de un compuesto de edificios, rodeado por cuatro muros, con una puerta principal. El templo se hallaba en un grupo de edificios similar, en el que se hallaban sus diversas dependencias. No era un solo edificio, sino varios, que rodeaban un patio. Pedro se había quedado afuera porque era un forastero desconocido, y era muy temprano, de madrugada. De manera que Juan fue quien consiguió que Pedro entrara en el patio del palacio.

La mujer que le había abierto la puerta exterior a Pedro, le hizo inmediatamente una pregunta: "¿No eres tú también de los discípulos de este hombre?" Así vino la primera negación: "No lo soy".

Caifás y Jesús

En el cuarto interior que se hallaba al otro lado del patio, Caifás, el sumo sacerdote, estaba interrogando a Jesús con respecto a su doctrina, y a su pretensión de ser el Hijo de Dios. Jesús le respondió con claridad:

Yo públicamente he hablado al mundo; siempre he enseñado en la sinagoga y en el templo, donde se reúnen todos los judíos, y nada he hablado en oculto. ¿Por qué me preguntas a mí? Pregunta a los que han oído, qué les haya yo hablado; he aquí, ellos saben lo que yo he dicho (Jn 18:20-21).

Su franca sinceridad puso furiosos a los funcionarios que lo habían arrestado.

Cuando Jesús hubo dicho esto, uno de los alguaciles, que estaba allí, le dio una bofetada, diciendo:

¿Así respondes al sumo sacerdote? Jesús le respondió: Si he hablado mal, testifica en qué está el mal; y si bien, ¿por qué me golpeas? (Jn 18:22-23).

Aunque la conducta personal de Jesús se había caracterizado por la mansedumbre y la humildad, no dudó en responderles a sus acusadores. Los sumos sacerdotes, en las demás preguntas, trataron de atrapar a Jesús, haciéndolo admitir que había hecho algo malo en una u otra forma. Pero Jesús esquivó la trampa recordándoles que había predicado abiertamente: todos lo habían oído; nada había sido hecho ocultamente. Debido a esta franqueza, un alguacil lo maltrató, golpeándole. Hay veces en que una acusación falsa que ha sido justamente negada, arroja luz sobre las perversas intenciones de los acusadores. Esto fue lo que sucedió en aquel momento. Los gobernantes sabían en su corazón que él no había hecho nada malo, pero esto no detenía sus intenciones de destruirlo.

El error de Pedro

Mientras Jesús estaba recibiendo estos maltratos, Pedro estaba en el patio calentándose al fuego con los hombres que habían arrestado a su Maestro. El curso trágico que tomaron las actitudes y los hechos de Pedro junto a aquellos soldados nos muestra que la compañía de aquellos extraños estaba influyendo en su ánimo. Aquí hay una lección real para todos los cristianos en medio de esta triste experiencia. En el mundo la gente tiene toda suerte de maneras de aliviar sus sentimientos. Usan aparatos para aliviar la tensión y para tratar de escapar de los problemas. Para el cristiano podría ser una tentación unírseles en alguna de estas prácticas que en sí mismas parecen inofensivas. No tenemos duda alguna de que Pedro se calentó en aquella hoguera, pero a qué precio. Allí se le enfrentó un pariente del hombre al que le había cortado la oreja. Ciertamente esto él no lo esperaba, y ante una acusación verdadera, negó su relación personal con Jesús. Inmediatamente el gallo cantó, tal como Jesús le había predicho. Lo que para Pedro había sido solamente una forma ele calentarse sin atraer la atención, se convirtió de pronto en una situación en la que negó a su Señor.

Sólo unas pocas horas antes, Pedro había estado junto a Jesús ante aquellos mismos soldados, y su actitud en el conflicto había sido hostil. Había usado una espada contra un siervo del sumo sacerdote. Sin embargo, ahora se une a ellos en forma amigable. ¿Quién puede comprender una conducta así?

Podemos llegar a una cierta comprensión de la mente de Pedro si recordamos que él siempre había estado inclinado a ver las cosas desde un punto de vista humano. Anteriormente, cuando había tratado de evitar que Jesús fuera a Jerusalén, Cristo lo llamó Satanás (Mt 16:21-23). Esta era la fuente de los problemas de Pedro su costumbre de pensar en forma natural, como piensa el hombre pecador, y no espiritualmente. ¡Qué gran advertencia para los cristianos de hoy!

Además de pensar en forma humana, Pedro estaba tan lleno de confianza en sí mismo, que dijo a Jesús:

Aunque me sea necesario morir contigo, no te negaré... (Mt 26:35).

Los que creen en Cristo están rodeados de tentaciones, y a diario reciben sugerencias para negar a su Señor en formas sutiles. La única protección que tienen los cristianos contra estas cosas es tener una gran confianza en la victoria total de Cristo, inspirada por la presencia del Espíritu Santo que habita en nosotros.

Jesús ante Pilato (18:28-36)

Después de ser juzgado ante el sumo sacerdote, Jesús fue llevado a la corte de Pilato, el gobernador romano. De manera que lo sacaron del tribunal eclesiástico, el tribunal religioso de los judíos, para llevarlo al tribunal civil y político de los romanos. Los dirigentes judíos tenían una razón para desear que esto sucediera. La fiesta de la Pascua estaba a punto de comenzar, y debido a sus leyes ceremoniales, los judíos no querían entrar en el tribunal de Pilato durante ese tiempo. Teniendo en cuenta lo que estaban planeando hacerle a Jesús, una precaución así por parte de ellos parece rara. Esta gente era tan cuidadosa con su conducta que no querían entrar en aquel tribunal porque eso los haría impuros; sin embargo, se hallaban tramando realmente darle muerte a un hombre inocente.

Esto nos hace recordar a uno de los jefes de los sacerdotes: el que contrató a Judas y le pagó treinta piezas de plata para que traicionara a su Señor, pero después era demasiado moral para aceptar este dinero cuando Judas se lo quiso devolver.

Pilato salió a donde se hallaban los judíos (ya que ellos no querían entrar en su tribunal con él) y fue al grano: "¿Qué acusación traéis contra este hombre?" Su respuesta fue cuidadosamente evasiva. En efecto, le dijeron: "Si este no fuera un malhechor, no te lo habríamos entregado". Pero pronto saltó a la vista su verdadera razón: querían destruir a Jesús, pero la ley romana les prohibía infligir la pena de muerte.

> *Entonces les dijo Pilato: Tomadle vosotros, y juzgadle según vuestra ley. Y los judíos le dijeron: A nosotros no nos está permitido dar muerte a nadie; para que se cumpliese la palabra que Jesús había dicho, dando a entender de qué muerte iba a morir* (Jn 18:31-32).

El reino de Jesús

Cuando Pilato regresó a la sala del tribunal, y llamó a Jesús para que compareciera ante él, comenzó a interrogarle, diciéndole: "¿Eres tú el rey de los judíos?" (v 33). En este interrogatorio se ve con claridad que Pilato no quería ser rudo, sino que estaba tratando de llegar a la verdad.

Jesús le respondió: ¿Dices tú esto por ti mismo, o te lo han dicho otros de mí? Pilato le respondió:

¿Soy yo acaso judío? Tu nación, y los principales sacerdotes, te han entregado a mí. ¿Qué has hecho? Respondió Jesús: Mi reino no es de este mundo; si mi reino fuera de este mundo, mis servidores pelearían para que yo no fuera entregado a los judíos; pero mi reino no es de aquí (Jn 18:34-36).

De pie ante Pilato, Jesús de Nazaret dio expresión a una importantísima verdad cuando le dijo: "Mi reino no es de este mundo". La verdad del asunto es que el evangelio del Señor Jesucristo es algo que ni comenzó en este mundo ni va a terminar tampoco en este mundo, y opera día tras día con fuerzas y elementos que no son de este mundo. Cuando Jesús se refirió a su reino, habló de todo lo que había hecho, hace, y hará como Hijo de Dios; todo lo que está bajo su dominio y dirección.

Cuando las almas nacen de nuevo se convierten en súbditos de su reino, miembros del Cuerpo de Jesucristo, que es la Iglesia. Se hallan bajo su gobierno, como miembros de ese reino, que es espiritual. Escribiendo sobre esto, Pablo afirma:

Pero esto digo, hermanos: que la carne y la sangre no pueden heredar el reino de Dios... (1 Co 15:50).

La obra de Cristo Jesús en el alma no es una obra humana. Lo que el Señor hace en todo aquel que esté dispuesto a recibirlo no comienza aquí, no terminará aquí, ni tampoco es llevado a cabo por poder alguno de este mundo. El mundo no comprende esto, ni lo comprendió cuando Pilato interrogó a Jesús, para recibir de él esta respuesta: "Mi reino no es de este mundo." La misión de los cristianos en este mundo es decirles a los hombres y a las mujeres que Jesucristo vino a salvarlos.

No se trata tanto de ayudar al mundo. Los cristianos deberían pensar en función de los pecadores perdidos, en forma individual, los que necesitan un Salvador que los rescate del pecado. Si una persona vive a la orilla del océano y alguna vez ha visto lanzar un bote salvavidas en medio de una terrible tormenta para alcanzar a un barco pesquero que se está hundiendo, podrá darse cuenta de lo poco realista que sería esperar que el capitán del barco salvavidas lleve consigo pintura y brocha para pintar las puertas del camarote. Si los miembros de un cuerpo de bomberos reciben una llamada y van a una casa que se está quemando y encuentran tres niños atrapados en el tercer piso seguramente que no iban a llevar consigo limpiador de ventanas cuando suban por la escala de incendios para poder limpiar la ventana antes de rescatar a los niños. Lo que harían sería rescatarlos, y no tratar de mejorar el aspecto de la casa. Los cristianos pasan por este mundo como peregrinos y extranjeros, con la misión definida de ganar a los perdidos para Jesucristo.

El hombre ordinario del mundo se siente con derecho a criticar a la iglesia y a proponer sugerencias respecto a su misión y su conducta. Su idea de que puede hacerlo se basa en el hecho de que piensa de la religión como un asunto de buenas obras: ayudar a los pobres, llevar a los enfermos a las clínicas, cuidar de los huérfanos... Las buenas obras, en sí mismas, están muy bien. Los cristianos tienen corazón tierno. Tratan de ayudar a aquellos que lo necesiten. Pero su labor principal es llegar a las almas con el evangelio salvador de Jesucristo. "Mi reino no es de este mundo" es una declaración que sigue siendo válida para estos tiempos.

El dilema de Pilato (18:37-40)

Le dijo entonces Pilato: Luego, ¿eres tú rey? Respondió Jesús: Tú dices que yo soy rey. Yo para esto he nacido, y para esto he venido al mundo, para dar testimonio a la verdad. Todo aquel que es de la verdad, oye mi voz. Le dijo Pilato: ¿Qué es la verdad? y cuando hubo dicho esto, salió otra vez a los judíos, y les dijo: Yo no hallo en él ningún delito. Pero vosotros tenéis la costumbre de que os suelte uno en la pascua. ¿Queréis, pues, que os suelte al rey de los judíos? Entonces todos dieron voces de nuevo, diciendo: No a este, sino a Barrabás. Y Barrabás era ladrón (Jn 18:37-40).

Juan pone de manifiesto la inmensa responsabilidad de Pilato, enfocando su atención sobre aquel hombre en cuyos hombros descansaba la decisión de lo que se haría con Jesús de Nazaret.

Pilato es el ejemplo del político u hombre de negocios que no quiere verse enredado en ninguna discusión de tipo religioso. Esta clase de hombres son legión actualmente alrededor del mundo. Su único móvil a través de todo el incidente era proteger o favorecer sus propios intereses.

Pilato era el gobernador romano de Palestina. Representar al grande y poderoso gobierno de Roma era un gran dividendo. Quería decir algo más de que Pilato era un buen político. Para alcanzar un puesto como este, el hombre tenía que haber demostrado que era un ciudadano apto y valioso en la misma Roma. Este era Poncio Pilato, un hombre que no estaba particularmente opuesto a la religión sino más bien deseoso de permanecer fuera de las discusiones y las decisiones de ese tipo. Pero Pilato tuvo la experiencia que tiene tanta gente. Descubrió que es imposible pasar por alto a Jesucristo.

Cuando Dios envió a Jesús al mundo fue como si hubiera extendido el brazo para darle la mano al hombre. Si una persona se tropieza con otra en la calle y le extiende la mano está precisando a esa otra persona a responderle. Si esta persona no estrecha la mano que se le ha extendido es que ha tomado ya la decisión de rechazar este gesto de amistad. Desconocer la mano es la decisión misma. Pero Pilato se vio forzado a enfrentarse a Cristo.

Cuando Jesús le respondió: "Tú dices que yo soy rey", la expresión idiomática griega que utilizó tenía el mismo sentido que si hoy día alguien dijera: ¡Tú lo has dicho! Jesús continuó destacando este aspecto de su personalidad: "Yo para esto he nacido, y para esto he venido al mundo." Aquí tenemos un retrato completo y conciso del Hijo de Dios y de su misión. Al ampliar cuál era esta misión en el mundo, Jesús le dijo a Pilato que él había venido para "dar testimonio de la verdad". Pilato entonces le preguntó: "¿Qué es la verdad?" Jesús no le contestó, y no hay indicación alguna del motivo por el que no lo hizo. Bien pudiera ser que cuando Pilato expresó su pregunta en la forma de una vieja cuestión filosófica, Jesús permaneciera en silencio porque la pregunta conduciría a una discusión infructuosa.

Después de hacer esta pregunta, Pilato salió para decirles a los judíos, que en lo que a él se refería, el acusado no tenía culpa alguna.

No pudo encontrar nada malo en él. En cada una de las narraciones evangélicas, las palabras de Pilato que se recogen, dan testimonio de que él creía en la inocencia de Jesús. Sin embargo, Marcos añade un comentario que arroja una interesan te luz sobre la acción final de Pilato: ...y Pilato, queriendo satisfacer al pueblo, les soltó a Barrabás, y entregó a Jesús para que fuese crucificado (Mr 15:15).

Pilato trató de liberar a Jesús, pero la turba en su agitación exigía que Jesús fuera condenado. El hombre que fue liberado en lugar de él era un ladrón. Otras narraciones evangélicas nos dicen que los jefes de los sacerdotes y los escribas habían soliviantado al pueblo, y lo animaban a gritar en contra de Jesús. De manera que en el aire matinal resonó un grito: "¡Crucifícale! ¡Crucifícale!" Pilato trató de quitarse de encima el peso de esta responsabilidad, pero no lo logró. Al cabo se decidió por "satisfacer al pueblo".

Ciertamente, Pilato no quería tomar una decisión equivocada en este caso. Comprendía muy bien que los judíos le habían entregado a Jesús porque lo odiaban. Sabía que su causa era injusta, que este prisionero que se hallaba ante él no había hecho nada incorrecto, y trató lo mejor que pudo de liberarlo. Pero hemos de concluir que por grande que fuera el deseo que tuvo de no hacer el mal, este deseo quedó borrado por el hecho de que sí lo hizo, pese a que no era lo que él habría deseado. La narración parece mostrar que si Pilato hubiera podido seguir su propio intento, Jesús habría sido libertado.

En esta situación, Pilato resulta un vivo ejemplo del hombre que no quiere comprometerse con respecto a la cuestión de asistir a la iglesia. Es posible que un hombre así no quiera decir que está opuesto al predicador, pero hay alguna cuestión interna que está influyendo en él. No dirá que no quiere hacerse cristiano, pero evitará por todos los medios posibles todo enfrentamiento directo con la necesidad de aceptar a Cristo. Lo que en efecto está diciendo es: Esto es asunto mío, ¡déjeme en paz! Yo no lo molesto a usted; ¿por qué me molesta usted a mí? Dios, en su providencia, y en la realización de su plan de salvación, había permitido que su Hijo fuera llevado ante la presencia de Pilato. Aun cuando esta persona no quiso la responsabilidad de juzgar y condenar a Jesús, no pudo eludir el problema mismo.

Cuando Pilato se enfrentó aquella mañana a Jesús parecía como si estuviera decidiendo lo que se habría de hacer con el Señor. Lo que él no comprendió fue que en realidad se estaba condenando a sí mismo. Cuando, para "satisfacer al pueblo", Pilato entregó a Jesús a sus soldados para la crucifixión estaba en realidad dictando su propia condena. Esto debe servir de seria advertencia para todos. Cada persona tiene que enfrentarse al caso de Jesucristo honrada y serenamente. Lo que haga con respecto a Jesús y a su invitación será indicación exacta de lo que Dios Todopoderoso hará con él.

Capítulo 19: La crucifixión (Juan 19)

Azotado (19:1-17)

Sería bueno, no hay duda, que todo cristiano leyera por lo menos una vez por semana alguna de las narraciones evangélicas sobre el juicio y la crucifixión de Jesús. Le sería de ayuda leerlo en varias versiones. Alguna versión moderna que no cautive al lector con el hermoso lenguaje de la Reina-Valera podría causarle un impacto y hacerle darse cuenta de la brutalidad con que se hicieron las cosas. Esto sería especialmente útil para cualquiera cuyo interés personal en Jesús no sea tan fuerte como debería serlo. Una persona tal puede que no capte completamente todo lo que llevaba en sí la expiación por medio del sufrimiento físico. Tomando un evangelio tras otro, leyéndolos en voz alta, esta persona podrá darse cuenta de lo que Jesús sufrió, y su corazón se verá movido a comprender que esto sucedió por él.

Juan continúa su narración en el capítulo diecinueve, diciendo: "Así que, entonces tomó Pilato a Jesús, y le azotó". Por supuesto que esto no se debía a que Jesús hubiera sido culpable de algún crimen o alguna obra mala, o porque no se hubiera comportado bien en la prisión, o porque en alguna forma le hubiera faltado al respeto a Pilato. Evidentemente, era tan sólo parte de los procedimientos de rutina que acompañaban a la declaración de culpabilidad.

> *Y los soldados entretejieron una corona de espinas, y la pusieron sobre su cabeza, y le vistieron con un manto de púrpura; y le decían: ¡Salve, Rey de los judíos! y le daban de bofetadas* (Jn 19:2-3).

Se ve claramente que se había corrido la voz de que Jesús había declarado ser rey. Por eso los soldados fueron más allá de los procedimientos normales en su crueldad. En una cruel bufonada, tejieron una corona de espinas y se la clavaron en la cabeza. La púrpura es el color de la realeza, así que alguno de ellos se consiguió un manto de ese color. Entonces se pusieron a arrodillarse delante de él, y se burlaban diciéndole: "¡Salve, Rey de los judíos!" Además, lo golpeaban con los puños y le daban bofetadas.

> *Entonces Pilato salió otra vez, y les dijo: Mirad, os lo traigo fuera, para que entendáis que ningún delito hallo en él. Y salió Jesús, llevando la corona de espinas y el manto de púrpura. y Pilato les dijo: ¡He aquí el hombre!* (Jn 19:4-5).

Pilato intentó una vez más conseguir la libertad de Jesús, pero sus esfuerzos fueron en vano. Jesús fue conducido ante aquella multitud agitada, con la corona de espinas y el manto púrpura, ante la mirada de sus enemigos.

"¡Crucifícale!"

Cuando le vieron los principales sacerdotes y los alguaciles, dieron voces, diciendo: ¡Crucifícale!

> *¡Crucifícale! Pilato les dijo: Tomadle vosotros, y crucificadle; porque yo no hallo delito en él. Los judíos le respondieron: Nosotros tenemos una ley, y según nuestra ley debe morir, porque se hizo a sí mismo Hijo de Dios* (Jn 19:6-7).

Este era el punto crucial de toda la situación: "se hizo a sí mismo Hijo de Dios". Esta era su acusación principal, el motivo por el que más odiaban a Jesús. Una vez más, Pilato les dijo que no encontraba delito en este hombre que ahora les presentaba.

Pero este comentario de Pilato ciertamente no logró nada: todo siguió igual. Él era el gobernador, el hombre cuya palabra pesaba, y había permitido que las autoridades judías tomaran a Jesús. Era personalmente responsable por ello. La réplica de los judíos a Pilato, diciéndole que Jesús tenía que morir de acuerdo con su ley, era su forma de tomar ventaja para lograr que sus deseos se vieran satisfechos. Tenían que darle alguna razón al gobernador romano, y esta cuadraba muy bien dentro de sus propósitos, porque Jesús había afirmado que era realidad que él era el Hijo de Dios. Cuando Pilato oyó esto, se sintió intranquilo. No le gustaba nada todo este asunto, y no confiaba en los judíos. Sabía que sus razones eran superficiales, pero no veía cómo detener la marcha de las cosas sin poner en peligro su propio futuro político.

Aun así, Pilato hizo un intento más:

Y entró otra vez en el pretorio, y dijo a Jesús: ¿De dónde eres tú? Mas Jesús no le dio respuesta. Entonces le dijo Pilato: ¿A mí no me hablas? ¿No sabes que tengo autoridad para crucificarte, y que tengo autoridad para soltarte? Respondió Jesús: Ninguna autoridad tendrías contra mí, si no te fuese dada de arriba; por tanto, el que a ti me ha entregado, mayor pecado tiene. Desde entonces procuraba Pilato soltarle; pero los judíos daban voces, diciendo: Si a este sueltas, no eres amigo de César; todo el que se hace rey, a César se opone (Jn 19:9-12).

Los judíos estaban utilizando cuanto argumento se les ocurría, incluyendo esta insinuación de que Pilato no era "amigo de César". Conocían bien la política romana, y sabían que esto tendría un efecto decisivo sobre el gobernador. El resultado de su presión fue que finalmente Pilato cedió, y les entregó a Jesús.

Los romanos que estaban complicados en el asunto, no tenían manera de conocer el significado total de lo que estaba sucediendo, pero todo creyente que lea este relato sabe que Jesús soportó todo este tormento: la vergüenza, el sufrimiento, las burlas, y los abusos, por el bien de los pecadores.

Dios permitió que esto sucediera. El cielo ha de haber contemplado esta escena con angustia y horror. Debe haber herido el corazón de Dios Padre el ver a su Hijo sufrir. Y, sin embargo, así se estaba obrando la salvación en el plan de Dios, cuando el Hijo llevaba a cabo la voluntad del Padre. No sólo el Hijo de Dios fue llevado a una muerte vergonzosa por hombres que no eran dignos de atar las correas de sus sandalias, sino que Dios había permitido que esto llegara a suceder. Esta era la medida de la gracia del Señor Jesucristo, que vino a dar su vida en rescate por muchos.

A la cruz

> *Entonces Pilato, oyendo esto, llevó fuera a Jesús, y se sentó en el tribunal en el lugar llamado el Enlosado, y en hebreo Gabata. Era la preparación de la pascua, y como la hora sexta. Entonces dijo a los judíos: ¡He aquí vuestro rey! Pero ellos gritaron: ¡Fuera, fuera, crucifícale! Pilato les dijo: ¿A vuestro rey he de crucificar? Respondieron los principales sacerdotes: No tenemos más rey que César. Así que entonces lo entregó a ellos para que fuese crucificado. Tomaron, pues, a Jesús, y le llevaron. Y él, cargando su cruz, salió al lugar llamado de la Calavera, y en hebreo, Gólgota* (Jn 19:13-17).

Después de haber Pilato tomado su decisión a regañadientes, y condenado a Jesús de Nazaret por traición tal como lo exigían los judíos, los sucesos se sucedieron con rapidez hasta el final. Habiendo ocupado su lugar en el tribunal para pronunciar sentencia. Pilato hizo traer a Jesús ante él para oír la proclamación pública. Era cerca del mediodía cuando trató de dejar por terminado el asunto a base de entregar a Jesús a la voluntad de los judíos, diciéndoles: "¡He aquí vuestro rey!" Casi podemos sentir que Pilato está intentando una vez más quitarse de encima la responsabilidad por condenar a esta persona. Pero los judíos no quisieron encargarse del asunto de la condenación de Jesús.

Querían que fuera matado, y ya habían señalado que según su ley, no podían condenar a muerte. De manera que le gritaron: "Fuera", exigiéndole al gobernador romano que lo ejecutara según la ley romana. En un esfuerzo final, Pilato les preguntó: "¿A vuestro rey he de crucificar?" Esto suscitó una respuesta inmediata y astuta: "No tenemos más rey que César". Así quedaba Pilato sin alternativa alguna: ahora estaría obligado a proceder a la destrucción por traidor de este hombre.

La acción decisiva que termina este juicio fue la simple entrega del prisionero Jesús de Nazaret a los soldados para que se ejecutase la pena de muerte por crucifixión. No era un suceso fuera de lo corriente. En aquel mismo día, otros dos hombres serían ajusticiados. Que este prisionero llevara su propia cruz hasta el lugar de ejecución era también el procedimiento habitual.

Se puede sentir la tragedia de todo este suceso en la manera en que lo relata Juan. Los mismos soldados que lo crucificaron no tenían idea de quién era. Simplemente estaban cumpliendo con una encomienda de rutina. Pilato, que fue quien autorizó la crucifixión, no estaba convencido del todo de que el prisionero mereciera este castigo, ni se hallaba personalmente satisfecho con lo que sentía que tenía que hacer en su condena. La gente que había gritado para que lo destruyeran había sido empujada a este frenesí multitudinario por expertos agitadores. Los jefes de los sacerdotes, que eran responsables por haber insistido en la pena de muerte, estaban tratando de resguardar su propia posición de jefes y de mantener el status qua aun a costa de destruir a este hombre bueno, cuyas enseñanzas se habían convertido en una amenaza para todo su sistema. Y así, todo el drama se fue desarrollando en una cadena continua de sucesos, hasta que Jesús hubo caminado toda la distancia que lo separaba del Calvario cargando su cruz, despreciado y rechazado.

Es posible que no todos aquellos que eran responsables de su crucifixión hayan sabido realmente lo que estaban haciendo, ni lo que estaba sucediendo, pero Jesús lo sabía. El comprendía muy bien que su muerte voluntaria por los pecadores era preciosa a los ojos de su Padre en el cielo, y que en esta muerte él estaba haciendo lo que era necesario para redimir las almas de todos los que creyeran en él.

Así, en toda esta turbulenta confusión, con gente que hacía ciertas cosas por una razón buena o mala, pequeña o grande, por su propio beneficio, o simplemente en cumplimiento de su deber, en todo esto, la voluntad de Dios estaba cumpliéndose. No hay indicación alguna de que la voluntad de Dios varíe debido a las circunstancias o a las ideas egoístas de los hombres. Dios siempre cumple sus propósitos, y el creyente puede compartir esto con él tan sólo con depositar en él su confianza.

Es correcto que los cristianos nos regocijemos en la vida eterna. Sin embargo, deberíamos recordar lo que costó. Cada vez que los cristianos llegan a la celebración de la temporada de Pascua, deberían tener en la mente el terrible sufrimiento, la agonía corporal, y la angustia de corazón que Jesús soportó por ellos. Es maravilloso, más allá de toda comprensión, que los creyentes puedan gozar de la paz que hay en el perdón de los pecados. Pero esta paz interior es real porque Jesucristo estuvo colgado de aquella cruz por nosotros. Costó la sangre del amado Cordero de Dios. Ningún cristiano debería olvidar jamás que la fuente de su gozo fue el dolor y el sufrimiento de su Señor.

El significado de un título (18:18-22)

Y allí le crucificaron, y con él a otros dos, uno a cada lado, y Jesús en medio. Escribió también Pilato un título, que puso sobre la cruz, el cual decía: JESUS NAZARENO, REY DE LOS JUDIOS. Y muchos de los judíos leyeron este título; porque el lugar donde Jesús fue crucificado estaba cerca de la ciudad, y el título estaba escrito en hebreo, en griego, y en latín. Dijeron a Pilato los principales sacerdotes de los judíos: No escribas: Rey de los judíos; sino, que él dijo: Soy rey de los judíos.

Respondió Pilato: Lo que he escrito, he escrito (Jn 19:18-22).

Cuando llevaron a Jesús de Nazaret a morir en una cruz sobre una colina en las afueras de la ciudad, lo trataron como un prisionero corriente. El relato nos muestra que no hubo tratamiento especial aquí: simplemente tres criminales en tres cruces. Esta narración se ajusta a los hechos, y no hay intento alguno por parte de Juan de suscitar emoción en el lector. Es un relato sencillo y modesto, presentado de forma más concisa.

Y, sin embargo, la muerte del Hijo de Dios fue algo muy notable. No había sucedido nada como esto antes, ni sucedería nunca después. Fue algo tan asombroso, que los ángeles del cielo "anhelan mirar" en estas cosas y comprenderlas (1 P 1:12). Aunque se presenta el relato de manera tan sencilla, la voluntad de Dios que hay detrás de él queda presentada claramente. Dios podía haber actuado en cualquier momento para evitar la muerte de su Hijo. Su mano se hallaba en todo detalle de aquellos momentos de sufrimiento. La señal de la actitud misericordiosa en que Dios trata a los pecadores es el hecho de que permitiera a los soldados cumplir sus órdenes, para que los hombres pudieran ser salvos por medio de Cristo Jesús (Ro 5:8).

Muerte victoriosa

La muerte de los otros dos hombres, uno a cada lado de él, carecía de significado para el mundo. Pero la muerte de Jesús de Nazaret era algo diferente. Él había anunciado que sería ajusticiado, pero también había dicho que no permanecería entre los muertos. Había dicho que venía a este mundo a morir, pero moría para ser levantado a una nueva vida. Por el poder de Dios, todos los que creen en él pueden tener la esperanza de que también resucitaran, de manera que para ellos la muerte ha perdido su aguijón.

Sin duda mucha gente contempla la muerte como un hoyo negro y profundo hecho en el suelo, donde se colocan los restos de alguien que les es querido y que ahora se ha marchado para siempre. Pero la muerte no es eso para el creyente. La muerte se parece más a un túnel: es posible que parezca profundo y tenebroso, pero hay una luz gloriosa en el otro extremo. Al pasar por entre las tinieblas, el alma llega a la gloriosa presencia del mismo Dios. Esta es la comprensión cristiana de la muerte, y todo el que crea en el Señor Jesús tiene esta esperanza en su corazón (1 Ts 4:13-18).

Es voluntad de Dios que todo aquel que quiera seguir a Jesucristo deba morir a sí mismo. El cristiano, en su fe, debe experimentar realmente esta muerte. No siempre es cosa fácil. Satanás tratará de hacer que todo aquel que intente seguir al Señor tropiece y caiga. Él fue quien tentó a Jesús al comienzo mismo de su ministerio público (Mt 4:1-10) y de nuevo casi al final (Mt 16:21-27), y todo aquel que se vuelva al Señor en fe puede esperar una tentación similar que le proponga no llegar a la entrega total. Cuando el cristiano piensa sobre su propia crucifixión espera rendirse a Dios para permitir que tenga lugar. Sin embargo, es posible que Dios proporcione medios humanos que sean los que lo crucifiquen. El Señor Jesús dijo: "Yo entrego mi vida", pero fueron los rudos soldados quienes llevaron a cabo la crucifixión, con todas sus preparaciones y con su angustia final. Jesús anduvo todo el camino, cargando su cruz, y sometió a los clavos sus manos y pies, pero fueron los soldados los que realmente lo atravesaron con los clavos. Este aspecto es el que a menudo resulta duro de aceptar.

Crucificado con Cristo

Así como Jesús de Nazaret rindió su cuerpo y permitió que fuera destruido hasta la muerte, para poder levantarse de entre los muertos, también el creyente cede en él su naturaleza humana a la voluntad de Dios y permite que su propio yo sea crucificado. Sólo así podrá ser levantado de entre los muertos. La experiencia en sí no será la misma en dos personas distintas. Cada una de ellas tiene su propia naturaleza, pero siempre está presente el aspecto de negarse a sí mismo, y de considerarse muerto para el mundo, pero vivo para Dios.

Este asunto de ser entregado a otros seres humanos es el precio que paga el creyente. Es cuestión de humillación. La crucifixión de sí mismo no tiene relación con la salvación de ninguna otra persona, sino que es una parte de la experiencia espiritual del propio creyente. Es necesario que el cristiano pase por ella, para que sea levantado a novedad de vida.

Hasta los judíos tuvieron que renunciar a obtener una "victoria" completa sobre Jesús. Pilato deshizo su orgullo en su mismo centro cuando se negó a cambiar la inscripción que había hecho. Quizá fuera su manera de rendirle algún tributo a una persona que él en su interior no podía menos que admirar. Pero había grandes hechos todavía por suceder. Los jefes de los judíos habrían de descubrir que Dios era más grande que su status qua.

Los soldados cumplen la profecía (19:23-30)

Normalmente, la voluntad de Dios se lleva a cabo a través de la vida de los hombres y mujeres que aceptan y sirven a Jesucristo, pero también es llevada a cabo en el mundo por los pecadores; por aquellos que son sus verdaderos enemigos. Esto es lo que significa que Dios tenga poder para reinar sobre ellos, y para hacer que incluso el furor de los hombres lo sirva a él.

Cuando los soldados hubieron crucificado a Jesús, tomaron sus vestidos, e hicieron cuatro partes, una para cada soldado. Tomaron también su túnica, la cual era sin costura, de un solo tejido de arriba abajo.

Entonces dijeron entre sí: No la partamos, sino echemos suertes sobre ella, a ver de quién será. Esto fue para que se cumpliese la Escritura, que dice: Repartieron entre sí mis vestidos, y sobre mi ropa echaron suertes. Y así lo hicieron los soldados (Jn 19:23,24).

Estos soldados estaban actuando exactamente de acuerdo con sus deseos, sin embargo, estaban haciendo justamente lo que Dios había sabido que harían. El conocimiento previo de tipo profético no obliga al hombre a actuar, sino que se debe a que Dios sabe lo que esa persona habrá de hacer en todo momento. Las personas que no tienen a Dios o a sus caminos en la mente ni en el corazón cumplirán con su voluntad sin darse cuenta. Este pensamiento es para hacer meditar a cualquiera. Estos soldados fueron usados por Dios para llevar a cabo la muerte del Señor Jesucristo, y cuando después se repartieron la ropa del prisionero crucificado, cumplieron la profecía de Dios, puesto que David había hablado de este suceso siglos antes en el Salmo 22.

Otro ejemplo muy conmovedor de este salmo sobre la crucifixión es el grito de Jesucristo en la cruz: "Dios mío, Dios mío, ¿por qué me has desamparado?" (Sal 22:1). Y nuevamente, la última oración de este Salmo," al final del versículo treinta y uno, en la expresión hebrea "él hizo esto" se acerca mucho al grito que nuestro Señor lanzó desde la cruz: "Consumado es". El Salmo veintidós completo es de naturaleza profética. Parece posible que Jesús haya estado recitando este Salmo para sus adentros mientras colgaba de la cruz. Si tenemos esta posibilidad en mente, el Salmo se hará notablemente más vital.

Jesús, María y Juan

Estaban junto a la cruz de Jesús su madre, y la hermana de su madre, María mujer de Cleofas, y María Magdalena. Cuando vio Jesús a su madre, y al discípulo a quien él amaba, que estaba presente, dijo a su madre: Mujer, he aquí tu hijo. Después dijo al discípulo: He ahí tu madre. Y desde aquella hora el discípulo la recibió en su casa (Jn 19:25-27).

Aquí podemos notar el cuidado, el amor, y la consideración de Jesús por su madre. Aun en medio del dolor de esta terrible manera de morir, y en medio de la agonía de cargar con los pecados del mundo, Jesús estaba resolviéndole su futuro a su madre llena de dolor. Esto nos da una rápida visión de su cuidado amoroso sobre los suyos: su consideración de las necesidades, su preocupación por su dolor. Él es capaz de *"compadecerse de nuestras debilidades."* (Hb 4:15).

Hay algo significativo en el reporte sobre las mujeres fieles que estaban presentes durante la crucifixión. Con cuánta frecuencia durante el ministerio terrenal de Cristo, las mujeres lo ayudaron. Y también ha sido cierto en el esparcimiento del evangelio que el gran ministerio de las mujeres, por medio de la participación y la comprensión, ha tenido un gran valor para la iglesia. Estas mujeres no pudieron hacer nada en la cruz hasta que Jesús muriera. Cuando esto pasó, ayudaron a preparar su cuerpo para la tumba. No tuvieron manera alguna de cambiar el curso de los acontecimientos, pero tuvieron la valentía de reunirse junto a su Señor en este momento.

Jesús de Nazaret había sido desconocido, desheredado, despreciado, y rechazado por los hombres. "Los suyos no le recibieron", sin embargo, allí estaban esas mujeres, al pie de la cruz, quebrantadas, fieles, adorándolo en el interior de sus corazones destrozados. Había sido rechazado y humillado. Las autoridades, tanto judías como romanas, habían hecho un espectáculo público del Hijo de Dios. Lo habían tratado ignominiosamente, pero aquí estaban las mujeres que lo amaban y que lo estaban adorando humildemente, aun ahora, en el momento de su vergüenza y de su muerte. Todo el bien que había hecho Jesús, parecía haber sido olvidado por las multitudes. Había sanado a tantos, abierto ojos ciegos, devuelto la vida a muertos, y hecho caminar a los cojos. Todo parecía haber sido olvidado, y las multitudes lo escarnecían; pero las mujeres permanecían firmes.

Qué ejemplo el que nos presentan estas pocas mujeres apesadumbradas que permanecían lealmente junto a él.

Después de esto, sabiendo Jesús que ya todo estaba consumado, dijo, para que la Escritura se cumpliese: Tengo sed. Y estaba allí una vasija llena de vinagre; entonces ellos empaparon en vinagre una esponja, y poniéndola en un hisopo, se la acercaron a la boca. Cuando Jesús hubo tomado el vinagre, dijo: Consumado es. Y habiendo inclinado la cabeza, entregó el espíritu (Jn 19:28-30).

Juan pone énfasis en que Jesús fue cuidadoso en su conducta para hacer todas las cosas en cumplimiento de lo que predecían las Escrituras. Esto implica que tenía la preocupación de que nuestra confianza en él y en su misión quedara fortalecida con sus acciones y experiencias. El uso del vinagre puede haber sido una costumbre corriente en aquellos tiempos, pero él quiso señalar que se le había dado, tal como estaba predicho en el Salmo 69:21.

"Consumado es"

Consumado. Todo el programa que Dios había comenzado con su pueblo antes de la creación: el sacrificio expiatorio que había sido planeado desde antes de la fundación del mundo. Consumado. La redención del pecado y la nueva vida en Cristo. Consumadas. El don de la vida eterna, la seguridad del "lugar preparado para nosotros" cuando termine esta vida. Todo esto queda confirmado al decir Jesús "Consumado es". Estas fueron las últimas palabras de Jesús de Nazaret. La próxima vez que hable, ya será el Cristo resucitado, en el cuerpo nuevo de su resurrección.

Cuando Jesús dijo "Consumado es" es posible que se haya referido a su encarnación en un cuerpo humano. Pero, por supuesto, como Hijo de Dios, seguía cumpliendo con el propósito eterno dispuesto en la voluntad de su Padre.

Cuando Jesús murió puso en movimiento toda una cadena de sucesos: la resurrección, las numerosas apariciones a sus discípulos y a otras personas, la ascensión, la venida del Espíritu Santo, y el comienzo de la proclamación del evangelio de salvación a todo el mundo, que ha continuado hasta nuestros días, y continuará hasta que él vuelva de nuevo.

La prueba de Su muerte

> *Entonces los judíos, por cuanto era la preparación de la pascua, a fin de que los cuerpos no quedasen en la cruz en el día de reposo (pues aquel día de reposo era de gran solemnidad), rogaron a Pilato que se les quebrasen las piernas, y fuesen quitados de allí. Vinieron, pues, los soldados, y quebraron las piernas al primero, y asimismo al otro que había sido crucificado con él. Más cuando llegaron a Jesús, como le vieron ya muerto, no le quebraron las piernas. Pero uno de los soldados le abrió el costado con una lanza, y al instante salió sangre y agua. Y el que lo vio da testimonio, y su testimonio es verdadero; y él sabe que dice verdad, para que vosotros también creáis. Porque estas cosas sucedieron para que se cumpliese la Escritura: No será quebrado hueso suyo. Y también otra Escritura dice: Mirarán al que traspasaron* (Jn 19:31-37).

Los hombres han propuesto la teoría de que Jesús de Nazaret cayó en una especie de coma en la cruz, y fue bajado y puesto dentro de una tumba, pero que no murió en realidad. Sin embargo, no puede caber duda alguna en la mente de nadie después de leer este relato de Juan. La evidencia está demasiado clara, expresada en términos médicos correctos. Debido a que era el tiempo de preparación para la Pascua, los judíos estaban ansiosos de que los cuerpos fueran descendidos de las cruces. Por lo tanto, le pidieron a Pilato que hiciera que los soldados les rompieran las piernas a los tres hombres. Los soldados le rompieron las piernas al primer hombre, y después al otro hombre que había sido crucificado con Jesús, pero cuando llegaron al cuerpo de Jesús, "como le vieron ya muerto, no le quebraron las piernas". Esto es un testimonio dado por los mismos soldados de que, efectivamente, la muerte le había llegado a Jesús.

Un corazón roto

La narración escrita por Juan apoya la idea de que Jesús muriera en realidad a consecuencia de la rotura del corazón; de que su corazón reventara literalmente dentro de él. Cuando la lanza le traspasó el costado, salieron sangre y agua. Las autoridades médicas afirman que esta descripción cuidadosa indica que el gran depósito de sangre que era el corazón de Jesús, había estallado mientras estaba colgado de la cruz; cuando la lanza le abrió el costado fue natural que salieran sangre y agua.

Los cristianos utilizan muchos términos que nos traen a la mente este hecho. Es frecuente que se refieran a la "sangre de Cristo", y con esto quieren significar su muerte, por supuesto. Los creyentes cantan sobre una "fuente llena de sangre, sacada de las venas de Emmanuel", y su pensamiento regresa al Calvario, y a la fuente de sangre que fue derramada para "lavarnos más blancos que la nieve". Los cristianos cantan que "hay poder, poder, sin igual poder, en la sangre que él vertió". Una y otra vez, recuerdan al "Cordero de Dios, que quita el pecado del mundo". En su muerte quedó demostrado el amor de Dios por el mundo entero.

Remos de ver en esto la gran verdad del mensaje evangélico: Jesús fue enviado por Dios para morir por el pecado de todos los hombres. Esto es tan importante que no hay palabras con qué describirlo. Se le conoce con el nombre de sufrimiento vicario y también se le llama muerte por sustitución.

Jesús sustituyó con su vida sin pecado la vida del pecador, expiando así su pecado. Jesús murió para que Dios pudiera tratar con el pecador partiendo del sacrificio expiatorio de Cristo.

El entierro de Jesús (19:38-42)

Después de todo esto, José de Arimatea, que era discípulo de Jesús, pero secretamente por miedo de los judíos, rogó a Pilato que le permitiese llevarse el cuerpo de Jesús; y Pilato se lo concedió.

Entonces vino, y se llevó el cuerpo de Jesús. También Nicodemo, el que antes había visitado a Jesús de noche, vino trayendo un compuesto de mirra y de áloes, como cien libras. Tomaron, pues, el cuerpo de Jesús y lo envolvieron en lienzos con especias aromáticas, según es costumbre sepultar entre los judíos. Y en el lugar donde había sido crucificado, había un huerto, y en el huerto un sepulcro nuevo, en el cual aún no había sido puesto ninguno. Allí, pues, por causa de la preparación de la pascua de los judíos, y porque aquel sepulcro estaba cerca, pusieron a Jesús (Jn 19:38-42).

Desde el mismo momento en que quedó confirmada la muerte de Jesús, todo el maltrato y la crueldad terminaron, y todo lo que se hizo con aquel cuerpo inerte, se hizo con un cuidado amoroso y reverente. Fueron las manos de José de Arimatea las que descendieron su cuerpo de la cruz. A este se le unió Nicodemo, y juntos prepararon el cuerpo del Señor para su entierro. Lo envolvieron en lienzos, con las especias que era costumbre usar, y lo colocaron en la tumba.

Los otros evangelios nos aclaran que José era un hombre joven, rico, y bien conocido, miembro del concilio, el cuerpo de gobierno más alto del pueblo. Este joven influyente era un seguidor secreto de Jesús. Creía en su corazón, pero nunca lo había confesado por miedo a los judíos. Su conducta prueba que era un auténtico creyente, pero también era secreto, lo que casi parece una contradicción de términos. Se podría poner en duda si es posible que llegue a haber un estado mental así con esa falta de acción, sin embargo, lo es. La expresión de la fe en Cristo no es como debería serlo, pero bajo las circunstancias, podemos comprender que no lo hubiera confesado. Ahora llega públicamente a solicitar el cuerpo de Jesús.

Había sido tan sólo aquella misma mañana cuando se había condenado a Jesús como a criminal común, y lo habían ejecutado. El sumo sacerdote era el funcionario más alto de aquella comunidad, y él había testificado contra Jesús con decisión tal que su muerte resultaba inevitable. Los jefes de los sacerdotes habían alentado la hostilidad contra Jesús de Nazaret en medio del pueblo. El concilio en pleno lo había condenado. José de Arimatea era miembro de aquel cuerpo supremo de gobierno. Había guardado en secreto su fe personal, pero ahora hizo lo que ha honrado su nombre para siempre.

Es evidente que la acumulación de abusos, crueldades, y humillaciones derramados sobre Jesús había llegado a tal punto que José no pudo seguir en silencio. Era como si hubiera expresado en voz alta: ¡Ya esto ha ido demasiado lejos! Si van a tratar así a Jesús, he de admitir ahora ante todos ustedes, que él es mi Señor y mi Salvador. Cuando nadie más le estaba manifestando lealtad alguna, este joven dio un paso al frente y reclamó su cuerpo, como diciendo: Yo le pertenezco, así que déjenme hacerme cargo de su cuerpo. Y llevó esta petición directamente ante Pilato.

El testimonio de José

José de Arimatea podría ser considerado el primer testimonio de Jesucristo crucificado. Este es el principio de ese testimonio que ahora se ha esparcido por todo el mundo. Esto es lo que todo creyente cristiano hace ahora: dar testimonio de la gracia salvadora y conservadora de Jesucristo.

Hoy en día se ha repudiado la Biblia, y se ha puesto en duda el evangelio, lo que ha tenido como consecuencia una confusión cada vez mayor y un rechazo generalizado de Jesucristo. Este es el momento en que los creyentes deben dar un paso adelante para decir, tal como hizo José: ¡Yo le pertenezco; yo creo en él; él es el Hijo de Dios y mi Redentor! Este testimonio es el que le da gloria a su nombre.

Sin duda, en el testimonio cristiano hay muchas razones para desalentarse, y a veces da la impresión de que casi todo el mundo se estuviera apartando del evangelio. La conducta de los dirigentes de las iglesias puede llenar de desánimo el corazón, e incluso hallamos hombres que se llaman ministros del evangelio y admiten abiertamente que no creen en las Escrituras. Pero entonces, en las tinieblas de la incredulidad, como rayo de luz que aparece súbitamente en noche oscura y tormentosa, encontramos un laico que se levanta para testificar sobre el amor y el poder del Hijo de Dios.

¡Qué oportunidad para que los hombres y las mujeres se levanten y sean contados entre los suyos!

¡Qué consolador es oír que alguien se levanta y da testimonio de que fue salvado porque creyó en el Señor Jesucristo y que se está gozando, en su comunión con él ahora. En cualquier comunidad, en la escuela o el taller, la oficina, o dondequiera que el cristiano pase sus días de trabajo, hay ante él una puerta abierta para dar un paso al frente e identificarse con el nombre de Jesucristo. Así como José supo destacarse y dar franco testimonio de su propia fe en Jesús en un momento en que todos habían huido, los cristianos de hoy pueden confesar abiertamente su fe en Jesucristo y unirse a ese grupo valiente y fiel que no tiene miedo de ponerse de pie y ser contado entre los suyos.

Capítulo 20: La resurrección (Juan 20)

María fue una mañana (20:1-18)

El primer día de la semana, María Magdalena fue de mañana, siendo aún oscuro, al sepulcro; y vio quitada la piedra del sepulcro (Jn 20:1).

Esta porción de la Escritura se escucha cada domingo de Resurrección en muchas naciones y muchos idiomas. Los corazones gozan al pensar en el triunfo que se expresa, y el pueblo canta: "De la tumba se levantó, con triunfo poderoso sobre sus enemigos". Es maravilloso saber que

Dios puede levantar a los muertos y darles vida.

Al mirar a la crucifixión, podemos maravillarnos de la humildad y mansedumbre que Dios manifestó enviando a su Hijo a este mundo. Esa misma mansedumbre y esa humildad se pueden ver en la Resurrección. El Cristo resucitado no se fue a la presencia de Pilato, ni se enfrentó al sumo sacerdote, ni tan siquiera al grupo de soldados romanos que habían martillado los clavos en sus manos y sus pies, o al soldado que le había atravesado el costado con la lanza. Una acción así habría sido dramática y habría impresionado a muchos con un sentido de victoria para el evangelio.

Pero Jesús se reveló solamente a los creyentes. Si el mundo no se había impresionado con las Escrituras; si los hombres no habían creído los milagros, las señales, y los prodigios, la resurrección tampoco los habría impresionado. Se habría inventado algún otro cuento sobre un cuerpo inconsciente que había sido puesto en una tumba, y no hubiera sucedido nada más. Esto es lo que le dijo Abraham al hombre rico cuando le pidió que enviara a alguien desde la tumba para que advirtiese a sus hermanos a fin de que no cayeran al infierno donde él se hallaba. El rico sostenía que, si alguien se levantaba de entre los muertos para volver a su comunidad, la gente le prestaría atención y haría caso a lo que le dijera. Abraham le contestó que los hermanos tenían a Moisés y a los profetas, y si no les estaban haciendo caso a ellos, tampoco le prestarían atención a nadie más, aunque se levantara de entre los muertos (Lc 16:31).

María Magdalena fue la primera en descubrir que el cuerpo de Jesús ya no se hallaba en la tumba.

¿Por qué había llegado tan temprano? Puede haber sido porque amaba a Jesús. Él la había liberado de tanto y su gratitud era tan grande que tenía que ir. Es posible, pero aquí no termina la historia. El cuerpo de Jesús había sido descendido de la cruz inmediatamente antes de la caída del sol. La preparación para la Pascua estaba a punto de comenzar. Por esto, tomaron el cuerpo, lo envolvieron en lienzo con especias aromáticas, y lo pusieron en la tumba. Según sus costumbres, todavía les tomaría más tiempo preparar el cuerpo para el entierro y para el embalsamiento definitivo. Después de que hubiera terminado el período de la Pascua, vendrían para terminar el proceso de embalsamiento. María Magdalena era una de las que querían venir a ayudar, tanto que fue la primera en llegar.

Pedro y Juan

> *Entonces corrió, y fue a Simón Pedro y al otro discípulo, aquel al que amaba Jesús, y les dijo: Se han llevado del sepulcro al Señor, y no sabemos dónde le han puesto. Y salieron Pedro y el otro discípulo, y fueron al sepulcro. Corrían los dos juntos; pero el otro discípulo corrió más aprisa que Pedro, y llegó primero al sepulcro. Y bajándose a mirar, vio los lienzos puestos allí, pero no entró. Luego llegó Simón Pedro tras él, y entró en el sepulcro, y vio los lienzos puestos allí, y el sudario, que había estado sobre la cabeza de Jesús, no puesto con los lienzos, sino enrollado en un lugar aparte. Entonces entró también el otro discípulo, que había venido primero al sepulcro; y vio, y creyó* (Jn 20:2-8).

Algunos han señalado que Juan, como era más joven que Pedro, corrió más rápido, y por eso llegó primero a la tumba. No se da razón alguna por la que Juan no se decidió a entrar. Esperó afuera. Pedro entró, y después lo siguió Juan. Esto está en concordancia con el carácter de Pedro, que siempre era el primero en hablar o actuar. Los lienzos se hallaban en un lugar, y separado de ellos, "enrollado en un lugar aparte", se hallaba el sudario que había estado colocado alrededor de la cabeza de Jesús. No se ofrece ninguna explicación, aunque esto sería una indicación de que él se hallaba realmente vivo. Puede ser indicación también de lo cuidadoso que era nuestro Señor en sus hábitos personales durante su vida en la tierra. Es posible que este trazo haya sido evidencia de que el mismo Jesús había doblado personalmente el sudario de esta forma. No se hallaba tirado en el suelo, sino "enrollado".

El relato afirma que cuando Juan entró y miró, "vio y creyó". Es evidente que Juan, quien se presentaba a sí mismo como "el discípulo al que Jesús amaba", no vio ni creyó plenamente hasta aquel momento. Al parecer, Juan compartía la experiencia común de todos los discípulos en aquella situación.

Porque aún no habían entendido la Escritura, que era necesario que él resucitase de los muertos. Y volvieron los discípulos a los suyos (Jn 20: 9-10).

Como no sabían lo que las Escrituras enseñaban con respecto a la resurrección, los discípulos no pudieron captar el significado de este suceso. Es posible que se sintieran conmovidos ante la tumba vacía, pero se volvieron tranquilamente y regresaron a su casa. Jesús les había dicho que se levantaría de entre los muertos. Les había explicado que si su cuerpo era destruido, en tres días lo reconstruiría, pero aun así, no habían comprendido, o no habían creído. Ni aun ahora estaban convencidos. Es probable que se encontraran totalmente trastornados por el asombroso giro que habían tomado las cosas, y por eso, se alejaron calladamente, sin decirle nada a nadie.

¡Esta vivo!

Los versículos del once al dieciséis nos narran un maravilloso relato sobre el profundo amor de Jesús por los suyos.

> *Pero María estaba fuera llorando junto al sepulcro; y mientras lloraba, se inclinó para mirar dentro del sepulcro; y vio a dos ángeles con vestiduras blancas, que estaban sentados el uno a la cabecera, y el otro a los pies, donde el cuerpo de Jesús había sido puesto. Y le dijeron: Mujer, ¿por qué lloras? Les dijo: Porque se han llevado a mi Señor, y no sé dónde le han puesto. Cuando había dicho esto, se volvió, y vio a Jesús que estaba allí; mas no sabía que era Jesús. Jesús le dijo: Mujer, ¿por qué lloras? ¿A quién buscas? Ella, pensando que era el hortelano, le dijo: Señor, si tú lo has llevado, dime, dónde lo has puesto, y yo lo llevaré. Jesús le dijo: ¡María! Volviéndose ella, le dijo: ¡Raboni! (que quiere decir, Maestro)* (Jn 20:11-16).

El gesto de María de inclinarse a mirar dentro del sepulcro era lo más natural en una persona afligida. Su corazón se hallaba apesadumbrado; estaba llorando, tanto por su muerte como porque habían quitado el cuerpo de allí en alguna forma desconocida. Entonces, cuando se inclinó para ver mejor el lugar donde había estado colocado su cuerpo, he aquí que vio dos ángeles. Después de responder a la pregunta de ellos, se volvió, y vio la figura de un hombre afuera.

María no reconoció a Jesús. No se explica si fue que Dios impidió que lo reconociera, o si fue que sus ojos estaban cegados por las lágrimas; el caso es que no conoció a su Señor. El amor no siempre es realista: una mujer no puede cargar el cuerpo de un hombre muerto, pero su corazón amante estaba preocupado solamente por darle a aquel cuerpo la preparación debida para el entierro definitivo, y por eso le dijo: "Dime dónde lo has puesto, y yo lo llevaré". En ese momento, la llamó por su nombre: "¡María!" Es posible que usara la forma hebrea de ese nombre, y lo dijera con un acento que seguramente ella conocía muy bien: "¡Miriam!" Su reacción llegó en una sola palabra: "¡Raboni!" La experiencia de María nos sugiere algo que siempre será cierto. El Señor Jesús se revela siempre al corazón humilde que lo adora.

> *Jesús le dijo: No me toques, porque aún no he subido a mi Padre; mas ve a mis hermanos, y diles: Subo a mi Padre y a vuestro Padre, a mi Dios y a vuestro Dios. Fue entonces María Magdalena para dar a los*

discípulos las nuevas de que había visto al Señor, y que él le había dicho estas cosas (Jn 20:17-18).

Nunca han podido aclarar los que estudian las Escrituras lo que Jesús quiso decir cuando le impidió a María Magdalena que lo tocara en ese momento. En qué forma se hallará esto relacionado con su ascensión al Padre está más allá de la comprensión basada en la revelación de la Biblia. No se dice si María Magdalena comprendió lo que él le dijo en este comentario, pero sus instrucciones sí le resultaron llanas y claras.

El mensaje de María

María Magdalena recibió un mensaje en el que se incluían dos asuntos importantes. Les llamaba a sus discípulos "mis hermanos", lo que no sólo era muy confortador sino también sumamente amoroso. En su hora de tinieblas en la cruz, habían huido, abandonándolo con desaliento y temor.

Su acción ponía de manifiesto su debilidad, e incluso posiblemente sus dudas. Pero ahora los llamaba "mis hermanos", haciéndoles recordar su gracia, y el alto privilegio que tenían de pertenecer a él.

Cuando les envió el mensaje de que subía a su Padre y su Dios, los incluyó a ellos diciendo "vuestro Padre y vuestro Dios". En esto es de notar lo amorosamente que los eleva en sí mismo hasta la presencia misma y la comunión de Dios Todopoderoso. En él, ellos también eran pertenencia de Dios y estarían con él para siempre.

Juan nos dice que María Magdalena hizo lo que se le había dicho. No nos presenta comentario alguno sobre la reacción de los discípulos. En los otros tres evangelios hay algunas referencias al hecho de que no podían creer que él estuviera realmente vivo. Pero Juan, sea como fuere, no hace referencia a esto. Dice que se les dio el mensaje y omite toda referencia a sus pensamientos o a sus acciones como respuesta al mensaje.

El otro asunto importante fue su primera aparición al grupo de los discípulos, aquella misma noche.

Cuando llegó la noche de aquel mismo día, el primero de la semana, estando las puertas cerradas en el lugar donde los discípulos estaban reunidos por miedo de los judíos, vino Jesús, y puesto en medio, les dijo: Paz a vosotros. Y cuando les hubo dicho esto, les mostró las manos y el costado. Y los discípulos se regocijaron viendo al Señor. Entonces Jesús les dijo otra vez: Paz a vosotros. Como me envió el Padre, así también yo os envío (Jn 20:19-21).

Esta narración llana y sencilla revela que el grupo de los discípulos estaba reunido —casi podríamos decir que apiñado— detrás de las puertas cerradas, por miedo a las autoridades judías. Su jefe había sido Jesús, pero él había sido condenado públicamente por la corte suprema de la nación judía.

Había sido tratado abiertamente como un criminal ordinario. El tribunal romano había deliberado sobre él y lo había condenado a muerte. Los discípulos lo habían visto morir en medio de la agonía de la cruz. Todo lo que Jesús había afirmado, parecía estar amenazado. Si el pastor había sido herido, también lo serían las ovejas indefensas. Por eso se hallaban reunidos, llenos de perplejidad y de terror.

"Paz"

Jesús les había advertido que les sería difícil creer, y ahora la tensión y el terror habían borrado tantas cosas de su mente que lo que surgía en forma natural era la duda y el temor. Mientras se hallaban reunidos en esta reclusión asustadiza, con las puertas cerradas, de pronto apareció una figura en medio de ellos. Sus primeras palabras fueron para tranquilizarlos: "Paz a vosotros". Él sabía que se hallaban asustados, y que el terror había llenado sus corazones. Este Señor, tierno, cariñoso y amante, sabe siempre qué es lo que atemoriza y turba a sus discípulos.

Cuando llega, su primera palabra es "paz".

Así es como el Señor satisface las necesidades de los discípulos cuando estos se enfrentan a este nuevo reto a su fe. No los reprende por no haber sabido reconocerlo, ni los regaña por no conocer su voz. Les había hablado de "paz", y ahora va a construir los cimientos para que crean plenamente y acepten la realidad de su resurrección. Extiende sus manos marcadas por los clavos, y descubre su costado traspasado. Entonces se dieron cuenta. No había error posible con respecto a esas manos y a ese costado herido que se hallaban ante sus ojos. Era el Señor, al que ellos habían visto morir en la cruz. Habían visto traspasar aquel costado, y habían visto salir sangre y agua de él. Ahora no podía haber confusión alguna.

"...Y los discípulos se regocijaron viendo al Señor" (v 20). Habían estado desalentados, confundidos, y sumidos en el desánimo. Ahora se regocijaban, con todo el gozo y la paz que implica esta expresión. No sólo tenían gozo por ver a aquel a quien amaban; también era que ahora sabían, con toda certeza, que la Palabra de Dios era cierta y que sus planes serían realizados en el mundo. La aparición súbita de su Señor, que había salido vivo de la tumba, les hablaba de cosas portentosas. Había una promesa maravillosa para los días por venir. Ahora habían quedado restituidos a la plenitud de bendición de la comunión con él.

Convencimiento y misión

Ver a Jesús vivo les dio convencimiento a los discípulos. Tan pronto como estos hombres estuvieron convencidos, su tristeza se convirtió en gozo y su confusión se hizo paz. En este momento fue cuando Jesús les dijo: "Como me envió el Padre, así también yo os envío". En lugar de la confusión, tuvieron convencimiento, y con el convencimiento, recibieron su misión. Esta misión era la de salir a todo el mundo a predicar el evangelio. Dios había enviado a su Hijo a este mundo para buscar y salvar a los perdidos. Ahora son sus discípulos los enviados; son sus hijos redimidos los que salen a buscar a los perdidos y a traerlos a él, para que los pueda salvar y después los envíe a ellos también. Es una cadena sinfín que continuará hasta que venga el Señor.

¡Qué maravilloso sería si todo cristiano recordara esto! Cuando el Hijo de Dios vino al mundo para hacer la voluntad de su Padre no tomó parte en ninguna actividad mundana, ni buena ni mala. No buscó puestos públicos ni eclesiásticos. No patrocinó ninguna causa local, por valiosa que fuera. Se gastó a sí mismo en el servicio de los demás. No acumuló riquezas ni propiedades. Toda su vida fue "hacer la voluntad del que me envió". Este es en realidad el modelo según el cual han de proceder en su ministerio los cristianos que han sido enviados a cumplir su voluntad. "...Como me envió el Padre, así también yo os envío".

...y habiendo dicho esto, sopló, y les dijo: Recibid el Espíritu Santo (Jn 20:22).

Está claro que esto quiere decir que hay algo más para el futuro. Habrían de recibir una dotación más rica que nunca para poder trabajar. En esta misma manifestación les dio la promesa de que serían eficaces cuando estuvieran cumpliendo su misión.

A quienes remitiereis los pecados, les son remitidos; y a quienes se los retuviereis, les son retenidos (Jn 20:23).

Esta es una declaración extraordinaria. Implica el hecho de que los creyentes no sólo estarán haciendo lo que él quiere que hagan cuando obedezcan su misión, sino que, por el poder del Espíritu, habrá hombres y mujeres que serán realmente salvados del pecado. Esto no significa que se les esté dando a los cristianos el poder de conceder algún tipo de "perdón o remisión". Los cristianos, en su propia predicación y su enseñanza, no pueden perdonar el pecado, pero tienen el mensaje que puede traer a los pecadores a Jesucristo, que es quien puede y quiere perdonar, para que sean justificados a los ojos de Dios por medio de la sangre que él derramó.

¡Qué cosecha tan maravillosa ha sido recogida en los campos misioneros de todo el mundo gracias a que los cristianos han cumplido esta misión! Dondequiera que van los misioneros, dondequiera que los predicadores proclaman estas maravillosas nuevas, todo aquel que cree y recibe al Señor Jesucristo es liberado del pecado y entra en comunión con el Dios viviente. El pastor, el evangelista, el misionero, el maestro de escuela dominical, el padre o la madre, todo aquel que le dé estas buenas nuevas a otra persona, en realidad está trayéndola a la liberación del pecado por la gracia de Jesucristo. ¡Qué humilde debería sentirse ante esto todo creyente, y cómo podría inspirar un testimonio más fiel! ¡Qué amoroso es el

Dios y Padre del Señor Jesucristo, que les da a sus seguidores estos privilegios!

Tomás cree (20:24-31)

Pero Tomás, uno de los doce, llamado Dídimo, no estaba con ellos cuando Jesús vino. Le dijeron, pues, los otros discípulos: Al Señor hemos visto. Elles dijo: Si no viere en sus manos la señal de los clavos, y metiere mi dedo en el lugar de los clavos, y metiere mi mano en su costado, no creeré.

Ocho días después, estaban otra vez sus discípulos dentro, y con ellos Tomás. Llegó Jesús, estando las puertas cerradas, y se puso en medio y les dijo: Paz a vosotros. Luego dijo a Tomás: Pon aquí tu dedo, y mira mis manos; y acerca tu mano, y métela en mi costado; y no seas incrédulo, sino creyente. Entonces Tomás respondió y le dijo: ¡Señor mío y Dios mío! Jesús le dijo: Porque me has visto, Tomás, creíste; bienaventurados los que no vieron, y creyeron (Jn 20:24-29).

"Tomás el incrédulo" es un personaje notorio dondequiera que se conoce la historia del evangelio. En este relato que nos presenta Juan en su evangelio hay una pista significativa para comprender la incredulidad de este discípulo. "Tomás... no estaba con ellos cuando Jesús vino". Es posible que todos los discípulos estuvieran llenos de dudas antes de que Jesús apareciera en medio de ellos. No se explica por qué Tomás no se hallaba allí. Esta ausencia le costó varios días más de tristeza y de duda, porque aunque los discípulos le contaron la gozosa noticia de la resurrección, se negó a aceptar su testimonio. Le dieron a conocer su intimidad con el Señor en una comunión personal verdadera, pero Tomás les contestó con terquedad que no creería, a menos que pudiera ver y tocar por sí mismo aquellas manos llagadas y aquel costado herido. Hay una seguridad que sólo se puede adquirir en la intimidad personal con el Señor. Ni aun el testimonio sincero de los demás creyentes podía darle a Tomás un convencimiento que lo dejara satisfecho.

Sin duda, hay muchos como Tomás hoy en día. La incredulidad y la falta de disposición para responder al evangelio son naturales en el corazón humano. El testimonio de los demás creyentes es importante y esencial, pero se necesita la obra de Dios en cada corazón, individualmente. Así como Jesús le había dicho a Pedro que no eran la carne ni la sangre las que le habían revelado a él que era el Cristo, sino su Padre que está en el cielo, así ha de ser en la predicación del evangelio. Es necesario que Dios obre en el corazón por su Santo Espíritu para que se produzca el convencimiento.

Jesús no dejó a Tomás en su duda obstinada. Puesto que él había declarado que sólo creería después de una demostración física, el Señor le proporcionó amablemente este testimonio especial. Es posible que Tomás no se diera cuenta de que actuaba por orgullo, aunque su decidida actitud era un rechazo total del testimonio de sus compañeros en el discipulado.

En realidad, Tomás actuaba con toda normalidad. No siempre podemos confiar en nuestros propios ojos. Cuando un hombre compra un traje es posible que le guste el aspecto de la tela, sin embargo, extienda la mano y la frote entre los dedos para comprobar lo que sus ojos le habían dicho. Lo mismo sucede cuando una mujer escoge tela para hacerse un vestido. Es probable que no compre hasta que no haya palpado el material con las manos, probándolo entre los dedos para ver su suavidad o su tersura, estirándolo para determinar el tipo de tejido. Hace su decisión tanto por el tacto como por la vista. No importa qué sea lo que una persona esté escogiendo: invariablemente las manos entrarán en juego antes de que la decisión final sea tomada.

Cuando Jesús apareció por segunda vez, les dirigió su saludo a todos: "Paz a vosotros". Después de esto, le habló directamente a Tomás. "Pon aquí tu dedo... acerca tu mano... y no seas incrédulo, sino creyente". Tomás cayó de rodillas exclamando: "¡Señor mío, y Dios mío!" Con esto manifestaba una fe total y la consiguiente adoración.

Jesús de Nazaret hizo de esta experiencia de Tomás la ocasión para una declaración profunda: "Bienaventurados los que no vieron, y creyeron". Todo cristiano del presente, cuya fe esté basada en el evangelio tal como lo predican los creyentes, tiene parte en esta bendición. Hoy en día hay personas que parecen estar esperando alguna experiencia de tipo físico, psicológico, o emocional antes de poder aceptar plenamente el evangelio. También están los que testifican que fue después de ciertas manifestaciones cuando pudieron creer. Sin poner en duda la validez de su experiencia y su testimonio, estas palabras del Señor resucitado afirman de manera distinta que hay bendición para todo aquel que crea sin señales externas.

En todo caso, no debemos pasar por alto el hecho de que Tomás tuvo toda esta experiencia porque se hallaba ausente la primera vez que Jesús se manifestó a sus discípulos después de la resurrección. No hay explicación sobre el porqué de su ausencia, pero permanece en pie el dato de que no se hallaba con el grupo, y aquí mismo encontramos una verdad importante. Es sumamente necesario que el cristiano sea fiel en su asistencia a los cultos de la iglesia. También debería ser fiel en su reunión con el Señor en su propio "lugar secreto". Algunas veces, la persona dirá: "Estoy demasiado ocupado para salir el miércoles por la noche e ir al estudio bíblico. De todas maneras, no estoy mucho tiempo con mi Biblia. No puedo comprenderla, y hay tanto en ella que se escribió con respecto a gente de hace tanto tiempo". Lo cierto es que la fe viene "por el oír, y oír la Palabra de Dios". Ausentamos de la comunión con los demás cristianos en el estudio de la Palabra de Dios, es una manera segura de debilitar nuestra propia fe. Si buscamos la comunión con los demás que tienen nuestra misma fe, y tratamos de alimentarnos con la Palabra y de ser fieles en la oración, nuestra fe crecerá y se fortalecerá, para nuestro propio gozo de cristianos, así como para el gozo de aquellos con los que nos asociemos.

Capítulo 21: **La continuación del ministerio de Jesús (Juan 21)**

Jesús se les aparece a los creyentes (21:1-14)

Después de esto, Jesús se manifestó otra vez a sus discípulos junto al mar de Tiberias; y se manifestó de esta manera: Estaban juntos Simón Pedro, Tomás llamado el Dídimo, Natanael el de Caná de Galilea, los hijos de Zebedeo, y otros dos de sus discípulos. Simón Pedro les dijo: Vaya pescar. Ellos le dijeron: Vamos nosotros también contigo. Fueron, y entraron en una barca; y aquella noche no pescaron nada. Cuando ya iba amaneciendo, se presentó Jesús en la playa; mas los discípulos no sabían que era Jesús. Y les dijo: Hijitos, ¿tenéis algo de comer? Le respondieron: No. Él les dijo: Echad la red a la derecha de la barca, y hallaréis. Entonces la echaron, y ya no la podían sacar, por la gran cantidad de peces. Entonces, aquel discípulo a quien Jesús amaba dijo a Pedro: ¡Es el Señor! Simón Pedro, cuando oyó que era el Señor, se ciñó la ropa (porque se había despojado de ella), y se echó al mar. Y los otros discípulos vinieron con la barca, arrastrando la red de peces, pues no distaban de tierra sino como doscientos codos. Al descender a tierra, vieron brasas puestas, y un pez encima de ellas, y pan. Jesús les dijo: Traed de los peces que acabáis de pescar. Subió Simón Pedro, y sacó la red a tierra, llena de grandes peces, ciento cincuenta y tres; y aun siendo tantos, la red no se rompió. Les dijo Jesús: Venid, comed. Y ninguno de los discípulos se atrevía a preguntarle: Tú, ¿quién eres? sabiendo que era el Señor. Vino, pues, Jesús, y tomó el pan y les dio, y asimismo el pescado. Esta era ya la tercera vez que Jesús se manifestaba a sus discípulos, después de haber resucitado de los muertos (Jn 21:1-14).

Algo que nos hace meditar grandemente en las apariciones de Jesús después de resucitar es que sólo se manifestó a aquellos que creían en él. Antes de aquel momento, se había mostrado al mundo, había llamado a los hombres del mundo para que pusieran su confianza en él, y ellos lo habían crucificado. Le habían demostrado que no querían tener nada que ver con él, y habían gritado: "¡Quítalo!"

No hay relato alguno de que el Señor resucitado se haya manifestado a ningún no creyente. No era para aquellos que lo habían llevado a la muerte el privilegio de verlo en la gloria de su cuerpo de resurrección, ni compartir en fama alguna las bendiciones de aquellos que lo amaban y se regocijaban en su salvación. La próxima vez que el mundo lo viera, había de venir en gloria con diez mil de sus ángeles, tomando venganza sobre aquellos que no conocen a Dios (2 Te 1:7-8).

El hecho de que algunos de los apóstoles fueran a pescar no significa que fueran desobedientes a ninguna misión que se les hubiera encomendado. Esta era una actividad natural, su forma diaria de ganarse la vida. Tenían que trabajar; tenían que conseguir la comida. En esta particular ocasión, después de una larga noche, sus redes se hallaban vacías.

No reconocieron a Jesús cuando él estaba de pie en la orilla. El los llamó, y ellos le respondieron, sin reconocer aún su voz. Cuando les dijo que echaran la red al otro lado del barco, obedecieron a lo que les pareció una buena sugerencia. Reaccionaron con disposición a dejarse guiar. Esta preparación que tenían para dejarse guiar fue lo que los llevó directamente a una bendición mayor de la que habían esperado.

Fue Juan el discípulo que reconoció a Jesús, y de nuevo mostró su característica reserva. A pesar de su gran amor por su Señor, no se movió para acercarse a Jesús. Sin embargo, sí le dijo a Pedro quién era la persona que estaba en la orilla. Fue Pedro, en una forma también característica de su propia naturaleza, el que saltó al mar para llegar adonde estaba Jesús lo más rápidamente posible. Este Pedro era el hombre que había negado a aquel mismo Señor, pero también era el hombre que había sido perdonado, y que habría de convertirse en un testigo grande y poderoso del Cristo resucitado. Este contraste en las reacciones de estos dos hombres es iluminador, porque demuestra que Dios puede usar todo tipo de hombres y mujeres en su servicio, y de hecho así lo hace.

El desayuno

Cuando el barco llegó a la orilla, los discípulos encontraron una camada de brasas sobre la cual había ya un pez, y pan. Jesús lo había preparado todo para una comida. Les dijo: "Traed los peces que acabáis de pescar". Esto les daba la oportunidad de compartir la preparación final y proporcionar parte de la comida. Jesucristo siempre está deseoso de usar los talentos y el trabajo de sus discípulos para realizar sus propios propósitos para la gloria de su Padre.

Simón Pedro fue a sacar la red y encontró ciento cincuenta y tres peces. A pesar de esta gran cantidad de peces, la red no estaba rota. Esta circunstancia no era corriente, e impresionó a los discípulos que Jesús fuera Señor incluso en los aspectos prácticos de todo trabajo que ellos realizaran. Sin más comentarios, Jesús les invitó a compartir la comida, y sin ninguna vacilación que pudiera haber causado el escepticismo natural, los discípulos reaccionaron obedeciendo. Esta ocasión tiene que haber sido sumamente impresionante para estos hombres.

"¿Me amas?"

> Cuando hubieron comido, Jesús dijo a Simón Pedro: Simón, hijo de Jonás, ¿me amas más que estos? Le respondió: Sí, Señor; tú sabes que te amo. Elle dijo: Apacienta mis corderos. Volvió a decirle la segunda vez: Simón, hijo de Jonás, ¿me amas? Pedro le respondió: Sí, Señor; tú sabes que te amo. Le dijo: Pastorea mis ovejas. Le dijo la tercera vez: Simón, hijo de Jonás, ¿me amas? Pedro se entristeció de que le dijese la tercera vez: ¿Me amas? y le respondió: Señor, tú lo sabes todo; tú sabes que te amo. Jesús le dijo: Apacienta mis ovejas (Jn 21:15-17).

Aquí tenemos un ejemplo clásico del llamado al ministerio. El Señor quiere que nuestro corazón esté entregado totalmente a él para que podamos ser usados para alcanzar a otros. Puede que tenga significado la coincidencia de que Pedro negara a Jesús tres veces durante la noche del juicio, y que por lo tanto el Señor Jesús le pregunta con respecto a su amor tres veces. Pero es aún mucho más digna de tenerse en cuenta la elección de palabras hecha por Jesús.

En el idioma griego hay distintas palabras que son traducidas todas en español por la palabra "amar". Cuando Jesús le dijo a Simón Pedro: "¿Me amas?", la primera respuesta de Pedro utilizó una palabra que significaba: Tú sabes que soy tu amigo. Cuando respondió por segunda vez a su pregunta, Pedro le replicó usando la misma expresión. En su tercera pregunta, Jesús le dijo: ¿Eres mi amigo? Aquí usó la palabra más débil, la más pequeña. Pedro se entristeció cuando se dio cuenta de lo que Jesús estaba sacando a la superficie, y en su tercera respuesta, usó la palabra más fuerte, y le dijo: "Tú sabes que yo te amo". Este fue el método que utilizó Jesús para llevar a Pedro a una entrega total de su persona.

Cuando Juan comenzó su narración sobre la vida y la obra de Jesús, señaló cómo Jesús llamara primero a sus discípulos a "venir y ver", y después a "seguirlo". Ahora que está llegando al final de su narración, presenta a Jesús diciéndole a Pedro: "Sígueme". Esta es una palabra de ánimo muy definida para los creyentes. El Señor Jesús, al ascender, no iba a dejar que sus discípulos tuvieran que construirse sus propias vidas; cuando se hallaba a punto de partir, los llamó a realizar una misión para él. Es cierto que no habrían de ver más su faz durante su vida terrena, pero en la persona del Espíritu Santo tendrían su presencia en el corazón: una intimidad más grande que la que hubieran podido tener cuando Jesús andaba con ellos por los caminos. Nunca tendría que llegar el momento en que los cristianos, como herederos de estas promesas, tuvieran que caminar o trabajar solos; tampoco tendrían que enfrentarse a situación alguna sin el conocimiento de que el Señor les había dicho: "Sígueme". Contarían con la seguridad de su presencia, y su guía estaría a disposición del creyente que le obedeciera. Él nunca está detrás de su siervo; siempre va por delante para guiarlo, o camina junto a él para bendecido.

Esa promesa es hoy tan válida como en aquel día en que él la hizo. No ha cambiado nada en su amor, su poder o su voluntad, ni ha fallado jamás ni una sola palabra de lo que prometió.

El camino del que sirve

> *De cierto, de cierto te digo: Cuando eras más joven, te ceñías, e ibas a donde querías; mas cuando ya seas viejo, extenderás tus manos, y te ceñirá otro, y te llevará a donde no quieras. Esto dijo, dando a entender con qué muerte había de glorificar a Dios. Y dicho esto, añadió: Sígueme* (Jn 21:18-19).

Esta es una declaración de profundo significado espiritual para todos los creyentes. Está basada en la experiencia humana ordinaria. Cuando los hombres son jóvenes, se suben las mangas de la camisa para trabajar, se amarran el cinturón, y comienzan sus labores con toda su fortaleza.

Escogen su propio equipo, van a donde quieren, y trabajan sobre todo siguiendo su propia iniciativa. Cuando llegan a la edad anciana, están más dispuestos a trabajar humildemente bajo la dirección de los demás.

Esto puede ser aplicado igualmente a la vida espiritual. Es posible que los jóvenes cristianos reciban un llamado para servir al Señor. Entonces, estarán listos para emprender lo que él quiera que hagan: enseñar en la escuela dominical, prepararse para el ministerio cristiano, trabajar arduamente en la iglesia, y dar generosamente de sus entradas para que la obra de Dios pueda prosperar. Todo se halla en sus manos. Si quieren trabajar, sienten que tienen el poder para hacerlo. Esta libertad de acción es una señal de juventud.

Cuando Jesús le habló a Pedro de ser viejo, no quería decir necesariamente tener ochenta o noventa años. Estaba hablando de la edad de la madurez, cuando la persona actúa como adulta, y acepta cualquier responsabilidad que le venga. Cuando le hablaba de extender sus manos, le estaba describiendo la posibilidad del crucificado. De esta forma le decía a Pedro que llegaría un momento en que no sería ya su propio jefe. Sería otro el que lo guiara, lo dirigiera, y lo enviara a todo lo que tuviera que hacer. Jesús incluyó las palabras "y te llevará a donde no quieras". Esto quiere decir que Pedro sería llevado a situaciones que él personalmente hubiera preferido evitar. Esta es la suerte común de todos los que viven la vida cristiana. Los cristianos se darán cuenta de que otras personas toman las riendas, como quien dice. Vale siempre la pena meditar en el hecho de que cuando Jesús fue crucificado, lo ajustició una gente que no lo comprendía lo más mínimo.

Los cristianos pueden aprender mucho de esta declaración de Jesús a Pedro. Habrá gente en la comunidad, el hogar, o la iglesia que intentarán crucificar al creyente y no se darán cuenta de lo que están haciendo. Trabajarán contra el cristiano para herirle o hacerle daño, pero es posible que no estén plenamente conscientes del significado de sus acciones. El Señor estaba advirtiendo a Pedro con respecto a esto mismo, y su advertencia sigue siendo válida hoy. Cuando el cristiano es joven, quizá pueda hacer lo que quiera, pero cuando le llegue la madurez, cuando comience a cargar con responsabilidades, los demás tratarán de manejarle su vida. Esta lección es difícil de aprender, y lo único que puede hacer el creyente es dejar que el Señor haga las cosas a su manera, y sea quien supere estas situaciones.

Juan indica que estas palabras de Jesús eran también una predicción de la forma en que Pedro habría de morir. La tradición nos dice, por cierto, que Pedro fue crucificado. Pero cualquiera que haya sido su destino físico, las palabras presentan una proyección espiritual válida para todo cristiano. La única manera de servir al Señor es entregándosele mediante la negación de sí mismo: la crucifixión del ego personal.

> *Volviéndose Pedro, vio que les seguía el discípulo a quien amaba Jesús, el mismo que en la cena se había recostado al lado de él, y le había dicho: Señor, ¿quién es el que te ha de entregar? Cuando Pedro le vio, dijo a Jesús: Señor, ¿y qué de este? Jesús le dijo: Si yo quiero que él quede hasta que yo venga, ¿qué a ti? Sígueme tú* (Jn 21:20-22).

Misión personal

Inmediatamente después de hacer esta profunda declaración sobre la necesidad de someterse negándose a sí mismo, Jesús le aclaró a Pedro que cada creyente habrá de tener una misión personal propia que le será entregada. Los cristianos no podrán entender su responsabilidad observándose unos a otros, sino solamente atendiendo a la orientación que del mismo Señor le viene a cada uno en forma individual. Con claridad y franqueza Jesús le indicó a Pedro que la misión de Juan en el ministerio no era cuestión suya. Dios no autoriza a ningún cristiano a vigilar y juzgar la conducta de los demás cristianos. No es facultad de ningún miembro de la iglesia vigilar lo que otro dé para el mantenimiento, o la frecuencia con que dirige la oración, o el número de almas que gana. Estos quedan entre el individuo y su Señor. Cada cristiano ha de rendirle cuentas a Dios por las obras hechas en el cuerpo, pero no es privilegio ni función de ningún otro cristiano evaluar o juzgar su conducta.

Este dicho se extendió entonces entre los hermanos, que aquel discípulo no moriría. Pero Jesús no le dijo que no moriría, sino: Si quiero que él quede hasta que yo venga, ¿qué a ti? Este es el discípulo que da testimonio de estas cosas, y escribió estas cosas; y sabemos que su testimonio es verdadero (Jn 21:23-24). Juan incluye en este relato cómo se originó un falso rumor por causa de opiniones desautorizadas que se habían expresado con respecto a la conducta de un creyente. Esto lleva su propia advertencia.

Este rumor nos aporta por lo menos una enseñanza más. Los predicadores que quieran interpretar algún pasaje de las Escrituras tienen que tener en cuenta que, si la verdad que contiene no ha sido experimentada en su propia vida espiritual, ellos no están en condiciones de mostrar cuál sea su auténtico significado. El hombre debería ser lo suficientemente humilde como para guardar silencio con respecto a todo aquello que no sea parte de su vida personal.

Y hay también otras muchas cosas que hizo Jesús, las cuales, si se escribieran una por una, pienso que ni aun en el mundo cabrían los libros que se habrían de escribir. Amén (Jn 21:25).

¡Y cuán bienaventuradamente cierto es que el Señor Jesús sigue haciendo cosas grandes y poderosas día tras día, año tras año! Sólo podemos alabarlo, por nuestra salvación y por la de los muchos que lo buscan de continuo y deciden llevar una vida que le agrade.

En estas palabras Juan deja ver que no ha estado escribiendo una biografía ni un relato exhaustivo del ministerio público de Jesús de Nazaret. Debemos recordar (Jn 20:30-31) que Juan tenía una finalidad al escribir este recuento. Había escogido ciertos asuntos y los había presentado para ayudar a sus lectores a aceptar a Jesús de Nazaret como "el Cristo, el Hijo del Dios viviente".

Un resumen de Juan

"Lleno de gracia y de verdad": este fue el juicio de Juan al echar una mirada atrás a los años de intimidad, y escribir toda la impresión que dejó en él y en los demás discípulos Jesús de Nazaret. Es probable que estas palabras fueran escritas años después de que Juan, el discípulo amado, anduviera con su Señor. Pero ellas resumen todo lo que él pensaba sobre el Hijo de Dios mientras estuvo en este mundo. El hombre que quiera conocer la verdad tiene que venir a Jesucristo; si quiere recibir gracia, tiene que mirar a él, porque es al mismo tiempo Salvador y Señor.

Jesús es maestro. En su evangelio Juan relató las cosas que el Hijo de Dios hizo por los hombres y mujeres de su propia nación en los días de su vida terrenal como Jesús de Nazaret. Juan nos mostró cómo cuidó de sus seguidores, enseñándoles y manifestándoles su amor por ellos. Es cierto que no siempre lo comprendían, pero más tarde, cuando el Espíritu Santo entró en sus corazones, las cosas que Jesús les había enseñado se hicieron claras para ellos. Su manera de proceder como Maestro es digna de ser tenida en cuenta. Nunca envió a uno de sus seguidores a realizar una tarea. Su manera de hacer las cosas era ir delante en la realización de un trabajo. Invariablemente les decía: Venid tras de mí, seguidme. Siempre tenía en mente que ellos debían estar con él:

> *"Para que todos sean uno; como tú, oh Padre, en mí, y yo en ti, que también ellos sean uno en nosotros; para que el mundo crea que tú me enviaste"* (Jn 17:21).

Los preparó para el momento en que habría de dejarlos, dándoles la seguridad de que tendrían la compañía del Espíritu Santo, quien habría de habitar en sus corazones.

> *Pero cuando venga el Consolador, a quien yo os enviaré del Padre, el Espíritu de verdad, el cual procede del Padre, él dará testimonio acerca de mí. Y vosotros daréis testimonio también, porque habéis estado conmigo desde el principio* (Jn 15:26-27).

Aunque Jesús tuvo que dejar a sus discípulos, no quiso abandonarlos. Esta promesa ha de haber llenado de gozo sus corazones, especialmente cuando la recordaban después del día de Pentecostés. Los cristianos confían en que el Señor Jesucristo habrá de regresar en gloria, y hasta entonces, el Espíritu Santo los consuela, guía, enseña, y sostiene gracias a su presencia en ellos.

En su última reunión con sus discípulos, Jesús dio muestras de consideración y de cuidado amoroso por los suyos. Hablaba para darles ánimo cuando les decía: "No os dejaré huérfanos". Este es el significado verdadero de la palabra en griego: huérfanos, o sea, no os dejaré solos como los huérfanos. Este relato escrito por Juan se convierte en motivo de aliento cuando los cristianos meditan en la previsión que tuvo Cristo Jesús con respecto a las necesidades de los suyos de hoy en día.

Jesucristo es la fuente de todo lo que hay de maravilloso en la vida en este mismo momento. Cada día, mañana, mediodía, y noche, siempre hay recursos que están a disposición del cristiano: una gracia que sobrepasa toda medida y que va mucho más allá de nuestro propio valor. Dios mismo envía esta gracia para fortalecer y consolar a los suyos. El Señor Jesús mismo es un Consolador. La Biblia dice que el Espíritu Santo fue enviado como Consolador, y es el Señor Jesús el que se mueve y habla por medio de su Espíritu, dándonos un sentido vivo de su presencia y su poder. Esto es lo que él dijo: "Permaneced en mí, y yo en vosotros". De manera que Jesús es la Fuente de todo esto para cualquier creyente del momento actual, de hoy mismo, de este momento en que lee estas páginas.

¡Créalo y vívalo!

Los cristianos pueden llegar a comprender que todo el mundo es creación de Dios, y que esta vida se halla en sus manos, y no en las manos de los gobiernos actuales, o de los dictadores que perturban y angustian al mundo. El creyente se dará cuenta de nuevo de que su mano se halla en las manos sabias y cariñosas de Dios Todopoderoso.

El conocimiento del cristiano crecerá a medida que tenga comunión con los demás cristianos y lea su Biblia y la estudie día tras día. El Espíritu Santo lo tomará de la mano y le mostrará las cosas de Cristo, guiará sus pasos, y le mostrará el misterio que había estado escondido de los demás.

En añadidura a todo esto, Jesucristo ha ido a preparar un lugar para los suyos, como dice en Juan 14:3, "*...para que donde yo estoy, vosotros también estéis*". D.L. Moody diría en una ocasión: "Cristo es un Salvador tan grande como lo hagamos nosotros". Los creyentes son los que se pueden restringir a sí mismos, haciendo así imposible que él les dé de sí todo lo que tiene para darles. Esta es la gran pérdida que sufren algunos cristianos cuando no viven cerca de Cristo.

Con todo lo que ha sido señalado en estos estudios sobre el Evangelio de Juan, lo cierto es que Cristo es mayor que todo lo que pueda decirse sobre él; su amor es más profundo de lo que pueda imaginar hombre alguno. Sólo la eternidad nos revelará las glorias que la imaginación no puede llegar a sugerirnos jamás, ni el entendimiento humano terrenal puede llegar a captar.

Y aquel Verbo fue hecho carne, y habitó entre nosotros (y vimos su gloria, gloria como del unigénito del Padre), lleno de gracia y de verdad (Jn 1:14).

¡Aleluya, qué gran Salvador!

www.ingramcontent.com/pod-product-compliance
Lightning Source LLC
Chambersburg PA
CBHW071656090426
42738CB00009B/1546